Olaf Nägele

Goettle und die Hexe vom Federsee

Olaf Nägele

Goettle und die Hexe vom Federsee

Ein Baden-Württemberg-Krimi

Olaf Nägele ist 1963 in Esslingen am Neckar geboren und hat nach langjährigen Aufenthalten in München, Stuttgart und Hamburg den Weg in seine Heimatstadt zurückgefunden. Seit dem Jahr 2000 lebt und arbeitet er hier als Autor, Texter und Journalist. Neben Veröffentlichungen in Anthologien und als Verfasser von Hörspielen für den SWR hat er sich vor allem durch seine satirisch angehauchten Lesungen beim Publikum einen Namen gemacht.
www.olafnaegele.de

1. Auflage 2016

© 2016 by Silberburg-Verlag GmbH,
Schönbuchstraße 48, D-72074 Tübingen.
Alle Rechte vorbehalten.
Umschlaggestaltung: Christoph Wöhler, Tübingen.
Coverfoto: © Martin Schlecht – Fotolia.com
Lektorat: Michael Raffel, Tübingen.
Druck: CPI books, Leck.
Printed in Germany.

ISBN 978-3-8425-1481-2

Besuchen Sie uns im Internet
und entdecken Sie die Vielfalt unseres Verlagsprogramms:
www.silberburg.de

Ihre Meinung ist wichtig …

… für unsere Verlagsarbeit. Wir freuen
uns auf Kritik und Anregungen unter:

www.silberburg.de/Meinung

...

Als Grossmann wieder erwachte, befand er sich in einem kleinen, schlicht eingerichteten Raum. Er konnte einen Tisch und einen Stuhl erkennen, eine Kommode, auf der eine Vase stand. Diffuses Licht umgab ihn. Er versuchte, den Kopf zu drehen, um irgendetwas zu erkennen. Die Bewegung schmerzte, er zuckte zusammen. Ein Geräusch: das Schaben an einer Scheibe, oder ein Quietschen, als würden Fingernägel über eine Schiefertafel fahren. Wo war er? Wie war er an diesen Ort gekommen? Kurze Sequenzen der Erinnerung. Er war bei ihr gewesen. Wo war sie? Er riss die Augen weit auf. Bedrohliche Fratzen starrten zum Fenster herein, Höllenwesen mit feurigen Augen, die ihre scharfen Krallen über das Glas zogen und dabei einen durchdringenden Schleifton erzeugten. Grossmann wollte schreien, wandte den Blick ab, sah, wie die Wände seines Zimmers auf ihn zukamen. Er konnte das Knirschen hören, das Malmen von Stein auf Stein. Panik erfüllte ihn, er fühlte, wie die Beklemmung in seiner Brust wuchs, ihm den Atem raubte. Rache. Sie nahm Rache. Und sie hatte ihre Mittel. Das wusste er.

Aus der Ecke des Zimmers vernahm er ein Röcheln. Bedrohlich, angsteinflößend. Sein Puls raste, der Schweiß rann. Seine Beine begannen zu zucken. Er sah ihnen zu, als gehörten sie nicht zu ihm, fasziniert zunächst von der krampfenden Choreografie, im nächsten Moment entsetzt, als er erkannte, dass er keine Kontrolle mehr über sie hatte. Ein Fluch. Sie hatte ihn verflucht. Er versuchte erneut zu schreien, doch nur ein schwaches Kieksen entrang sich seiner Kehle. Die geometrischen Figuren des Drucks von Kandinsky, der an der gegenüberliegenden Wand hing, bewegten sich auf ihn zu. Sie rotierten, lösten sich von der Bildfläche, eroberten den Raum. Grossmann warf sich hin und her, versuchte, den farbigen Geschossen auszuweichen. Sein Atem rasselte. Er bekam nicht mehr genug Luft.

»Hilfe«, flüsterte er tonlos in das Kreischen der Wände. Der Stich in der linken Brust wurde stärker. Grossmann fasste sich ans Herz.

»Nein, nein, bitte …«

Und dann stand plötzlich diese Lichtgestalt vor ihm, eine weißbläulich schimmernde Kreatur. Sie schob sich auf ihn zu, hüllte ihn ein, verschaffte ihm einen Moment lang Kühlung.

»So wenig Vertrauen«, raunte sie ihm zu. »Das kann doch nicht ungesühnt bleiben. Vertrauen ist doch das Wesentliche.«

In der hohen Fistelstimme klang Wehmut mit. Grossmann öffnete die Lippen, um etwas zu erwidern. Er wollte versichern, dass er Vertrauen hatte, ganz egal in was und wen. Vertrauen war doch alles, vor allem in diesem Moment. Er hätte alles gegeben, um vertrauen zu dürfen. Wenn nur dieser Traum aufhören könnte … Wenn die Dämonen verschwänden …

Er hechelte wie ein ungeübter Langläufer. Der Schweiß, sein Puls, das Stechen in der Brust. Die Wände, die Fratzen am Fenster.

Die Lichtgestalt war aus seinem Blickfeld verschwunden, doch Grossmann konnte ihre Anwesenheit spüren.

»Bitte, ich bereue …«, murmelte Grossmann.

Es waren seine letzten Worte.

1 – Drei Tage zuvor

Aufgeregtes Schnattern, ein Fiepen im dichten Röhricht, das Schlagen von Flügeln im Wasser. Er blieb einen Moment stehen, um den Geräuschen, die keine sichtbare Quelle hatten, zu lauschen. Er genoss diese Stimmung des hereinbrechenden Abends und nutzte die Zeit bis zum Essen, um den Steg, der eineinhalb Kilometer in den Federsee hineinführte, bis zur Wasserkante entlangzugehen. Er liebte die schwache Federung der Planken unter seinen Füßen, während er den Weg entlangschritt, der keinen Horizont erkennen ließ. Umrahmt von Schilfstängeln, die sich sanft im Wind bogen, die im Dämmerlicht wie dünne Finger wirkten und rauschten, als wollten sie seiner Anwesenheit Applaus spenden. Mit jedem Schritt kam es ihm so vor, als ginge er der Unendlichkeit entgegen, wohl wissend, dass er am Ende des Stegs auf die Plattform stoßen würde, eine hölzerne Insel, umgeben vom trüben Wasser des Sees. Wolken spiegelten sich auf der Oberfläche, schufen als Ensemble mit den Seerosentupfern dreidimensionale Gemälde, die von weißen Schiffchen aus Schwanenfedern durchkreuzt wurden. Er sog diese Ruhe in sich auf, atmete ganz tief ein, als könnte er sie in seinen Lungen speichern, kostete den Moment der Einsamkeit, des Mit-sich-alleine-Seins aus. Dieses Gefühl war es wohl, was im Allgemeinen als Achtsamkeit bezeichnet wurde: Kein Gestern, kein Morgen, nur das Jetzt war wichtig. Mit all seinen Komponenten: Gedanken, Gefühle, Erinnerungen, Assoziationen.

Achtsamkeit. Vor zwei Wochen noch hätte er jedem, der ihn mit diesem Begriff konfrontiert hätte, sein Smartphone unter die Nase gehalten, hätte den Kalender angeklickt und ihn angesichts der endlosen Einträge um Erklärung gebeten. Achtsamkeit, das war etwas für Träumer, für Esoteriker, für Leute, die nicht wussten, wie sie die Zeit totschlagen sollten. Achtsamkeit war die Dividende für Versager, Achtsamkeit muss man sich leisten können, hätte er noch vor zwei Wochen gesagt. Wenn ihn jemand gefragt hätte.

Aber dann kam der Zusammenbruch. Herzrhythmusstörungen, dem Infarkt ganz knapp entronnen. Verordnete Auszeit, verlorene Zeit. Anfangs. Er hatte sich für eine Kur in der Adalbert-Härle-Klinik entschieden, die mit einem ganz neuen Heilkonzept gegen jedes Zipperlein für sich warb: die Rulaman-Methode. Im Grunde ging es darum, sich wie ein Mensch in der Steinzeit zu verhalten, zu bewegen, zu ernähren. Jeden Tag einige Stunden an der frischen Luft, viel Fleisch, Obst, Gemüse, Kräuter und Wildpflanzen, Tinkturen und Heiltees standen auf dem Programm. Die Kraft der Natur im Glas und auf dem Teller. Brot, Nudeln, Bier und Wein waren vom Speiseplan des modernen Steinzeitmenschen verbannt.

Das ausgedehnte Bewegungsprogramm war lästig, lediglich die Massageeinheiten der ansehnlichen Therapeutinnen stimmten ihn versöhnlich. Das Schlimmste jedoch war dieses Psycho-Gequatsche, diese Hirnwäsche mit Weichspülgang: Entdecke dich selbst, Mut zum Ich, raus aus dem Hamsterrad. Hohles Gewäsch, völlig realitätsfremd. Wer erfolgreich sein wollte, musste nun mal ranklotzen. Da gab es keinen Acht-Stunden-Tag. Das konnte sich maximal ein Beamter leisten. Viel bringt viel, das war immer seine Devise gewesen, und er war nicht schlecht damit gefahren. Er hatte bereits den Abbruch der Therapie in Erwägung gezogen, doch dann hatte er diesen Tipp bekommen. Dass es unweit der Klinik eine Dame gab, die ganz andere Heilkräfte mobilisieren konnte. Und auch wenn sie behauptete, dass ihr Ansatz ein ganzheitlicher sei, so richtete sie ihre Künste ganz gezielt darauf, die Energien vor allem in einem Körperteil zum Fließen zu bringen. Tantra-Heilerin nannte sie sich, doch sie war mehr als das. Freilich brachte sie auch Körpersäfte zum Fließen, und genau genommen war er anfangs nur deswegen zu ihr gegangen. Ein bisschen Abwechslung zu dem biederen Klinikalltag, in dem selbst die Kurschatten kränkelten, konnte nicht schaden.

Er hatte gespürt, dass Miriam, die Frau mit den magischen Händen und dem überirdischen Körper, ihn auch auf eine andere Weise berührte, die so gar nichts mit ihrer Massagekunst zu tun hatte. Es war, als streichelte sie seine Seele. Sie hatte ihm in den wenigen Sitzungen mehr vermittelt als die gesamten Schönredner der Härle-Klinik. Sie hatte ihm Fragen gestellt zu seinem Leben, zu seinem Wirken, auf die er keine Antworten hatte. Was ist deine wertvollste Eigenschaft? Was kannst nur du anderen schenken? Was ist dir wichtig? Was soll von dir in Erinnerung bleiben? Wie klingt dein Alltag? Wie klingt Ruhe? Wie riecht Wohlbefinden? Hunderte von Fragen – und er hatte nur mit Phrasen geantwortet, während sie ihn mit einer Liebe angesehen hatte, dass er den Blick abwenden musste.

Er lächelte. Lächle, und dein Tag lächelt zurück. Auch so ein Satz, der einem im äußersten Fall auf einer Packung Räucherstäbchen begegnen dürfte und der sich nun wie selbstverständlich in sein Gedächtnis schob.

Er nickte einem Paar zu, das auf einer der Sitzbänke Platz genommen hatte, um die Dämmerstimmung gemeinsam zu genießen. Die beiden erwiderten seinen Gruß; klar, hier grüßte jeder jeden. Brüder und Schwestern im Leid, die Krankheit kennt keine Kassenunterschiede, die Behandlung schon.

Die Härle-Klinik nahm ausschließlich Privatpatienten auf, jeder Tag des Aufenthalts schlug mit 1200 Euro zu Buche. Nicht gerade geschenkt, aber das war nun mal der Preis für eine außergewöhnliche Therapieform bei bestmöglicher ärztlicher Versorgung. Das Haus war modern eingerichtet, die Zimmer hell, das Personal freundlich. Die Mitpatienten gehörten wie er der besserverdienenden Gesellschaftsschicht an, das ersparte ihm den Anblick von Menschen in ausgebeulter Jogginghose, Kapuzenshirt und Adiletten. Dass die Krankheit bei vielen Menschen auch das Stilbewusstsein befiel, war für ihn unerträglich. Krankheit war mit Würde zu ertragen, alles andere kam einer persönlichen Bankrotterklärung gleich.

Er sah auf die Uhr. In zehn Minuten würde es Abendessen in der Klinik geben, doch er hatte nicht vor, daran teilzunehmen. Er hatte entschieden, seine Mahlzeit im Gasthaus zum Hecht einzunehmen, das für seine Fischspezialitäten bekannt war. Bei dem Gedanken an ein Hechtfilet mit Rosmarinkartoffeln lief ihm das Wasser im Mund zusammen. Dazu ein Viertel Riesling, vielleicht auch zwei, und zum Abschluss einen Zibartenschnaps. Alles bio, passte irgendwie auch in seine Rulaman-Diät, fand er. Und morgen würde er dem Chefarzt erklären, dass er die Kur abbrach. Er hatte sein persönliches Heilprogramm gefunden, das ihm hundertmal mehr wert war. Und das ihn, mit ein bisschen Glück, ein Leben lang begleiten würde.

Willkommen in Bärbels kleiner Giftküche,
www.baerbelsblog.de
Wissenswertes aus Fauna und Flora
Pflanze der Woche: Die Kartoffel

Hallo, meine Lieben,
heute kommen wir zu einem vergessenen Phänomen. Die Kartoffel ist ja aus unseren Küchen nicht mehr wegzudenken. Knusprige Kartoffelpuffer, resche Bratkartoffeln oder schlonziger Kartoffelsalat verfeinern schwäbische Gerichte, verleihen ihnen gar das Beilagenkrönchen. Einst wurde die Kartoffel, oder besser die Kartoffelstaude, als reine Zierpflanze importiert. Kein Wunder, denn blühend sind die Stauden mit ihren weißen Blüten und den roten Beeren eine wahre Pracht. Dass die Knolle essbar ist, wurde erst später entdeckt.
Aber Vorsicht: Grüne Stellen bei der Kartoffel sind giftig, und der Verzehr kann im schlimmsten Fall zum Tode führen. Die Symptome der Vergiftung reichen von Magenschmerzen, Durchfall und Erbrechen bis hin zu raschem Pulsschlag, Halluzinationen und Koma. Also, immer schön Augen auf bei der Zubereitung. Guten Appetit.
Eure Bärbel

2

An der Tür des Pfarrhauses von St. Joseph klingelte es. Renate Münzenmaier, die mit hochrotem Kopf inmitten der Rauchschwaden des Kochtopfes stand, in dem ihre viel gerühmten handgeschabten Spätzle vor sich hinköchelten, fluchte leise, blickte schuldbeladen zum Kruzifix an der gegenüberliegenden Wand, murmelte eine Entschuldigung und schlurfte schließlich den Gang entlang, um zu öffnen. Vor ihr stand der Paketzusteller Hermann Dobler, der mit einem kleinen Plastikstab das Display seines elektronischen Erfassungsgerätes bearbeitete.

»Ja, wia, scho wieder a Päckle. Des isch ja scho des dritte in der Woch«, kommentierte Renate Münzenmaier die Lieferung und bestätigte mit ihrem Kürzel die Annahme.

»Ja, und wieder ohne Absender. Wenn das mal nicht aus Flensburg kommt«, feixte der Zusteller.

»Wie, aus Flensburg?« Renate Münzenmaier sah den Postboten verständnislos an. »Der Herr Pfarrer hot doch gar koin Führerschein.«

Der Zusteller sah kurz von seinem Display auf und runzelte die Stirn. »Na, das Kraftfahrtbundesamt wird seine Punkte ja auch nicht im Päckchen verschicken. Nee, vielleicht kommt das Paket von Beate Uhse oder so. Die schreiben doch auch keinen Absender drauf. Sie wissen schon …«

Hermann Dobler zwinkerte der Haushälterin zu und grinste. Die verstand immer noch nicht.

»Kann die net schreiba, die Frau Uhse, oder wie? Ond woher kennt die denn der Herr Pfarrer? Also, normal isch des ja net.«

Doblers Grinsen erstarrte. Er war sich nicht sicher, ob die burschikose Mittsechzigerin den Scherz nicht einordnen konnte oder ob er derjenige war, der auf den Arm genommen wurde.

»Beate Uhse, so heißt ein Versand von Erotikartikeln. Die schreiben keinen Absender auf das Paket, damit nicht jeder erfährt, dass Schweinkram drin ist«, klärte der Postbeamte auf. »Aber ich habe da einen Blick für.«

Renate Münzenmaier errötete. »Jetzt machet Se aber, dass Se fortkommat. Der Herr Pfarrer bstellt doch koin Schweinkram. Des derf der doch gar net. No net mol dran denka.«

Der Postbote zuckte mit den Schultern. »Man hat schon Pferde vor der Apotheke kotzen gesehen. Ist doch auch nur ein Mann, der Herr Pfarrer. Manche Dinge lassen sich nicht wegbeten.«

Er überreichte der Haushälterin das Paket und verabschiedete sich. Renate Münzenmaier hielt den Karton mit einem gewissen Abscheu von sich weg. »Der wird doch net ... auf seine alte Tag«, murmelte sie vor sich hin. Vor ihrem inneren Auge lief ein Film ab, der das Zeug hatte, bei der nächsten Beichte ganz oben auf der Sündenliste zu stehen. »Krautkrapfa, Zwetschgakucha«, flüsterte Renate Münzenmaier wie ein Mantra vor sich hin, um die unkeuschen Bilder durch eindeutig schönere zu ersetzen.

»Ah, isch des Päckle für mi?«

Die Haushälterin erschrak. Sie hatte Pfarrer Goettle nicht kommen hören. Nun stand ihr Chef hinter ihr, die Arme nach der Zustellung ausgestreckt.

»Was schleichat Sie sich denn so an«, herrschte sie den Geistlichen an.

»Was kann i denn dafür, wenn Sie mit offene Auga schlofat. Jetzt gebat Se scho her.«

Andreas Goettle riss seiner überraschten Angestellten das Paket aus den Händen und zerfetzte, von rasender Neugier angetrieben, die Verpackung. Er förderte einen weiteren Karton zutage, auf dem ein Gegenstand abgebildet war, der einem Fernglas ähnlich sah.

Erleichtert betrachtete Renate Münzenmaier das Bild. »Was isch denn des?«

»A Nachtsichtgerät. Des sieht mr doch.«

Pfarrer Goettle betrachtete den Karton von allen Seiten, strich behutsam mit den Fingerkuppen über die Abbildung und lächelte selig. Ein wenig ähnelte er den Firmlingen, wenn sie die Päckchen ihrer Paten öffneten und die lang ersehnte Spielkonsole zutage förderten.

»Und zu was isch des guat, so a Nachtschichtgerät?«, schaltete sich seine Haushälterin ein.

Goettle rückte nah an sie heran. »Nachtsicht hoißt des. Damit kann i beobachta, was Sie in der Nacht in Ihrer Kammer machat, wenn 's Licht aus isch«, wisperte er ihr zu.

Renate Münzenmaier gab ihm einen empörten Klaps auf den Oberarm.

»Was soll i scho in meiner Kammer macha, wenn 's Licht aus isch. Schlofa halt, was denn sonst?«

Sie stemmte die Hände in die Hüften, um deutlich zu machen, dass sie es ziemlich ungehörig fand, dass ihr Chef ihren Schlaf überwachen wollte.

»Über des Was-denn-sonst kann i Ihne scho bald mehr saga.«

Er lachte, als er das verdutzte Gesicht von Renate Münzenmaier sah. »Koi Angst, Frau Münzenmaier. Wenn i mi langweila will, schalt i die Glotze an. Aber mol im Ernst: In Biberach weht bald ein ganz neuer Wind. Kriminaltechnisch gseha. I hab nämlich vor, mein Geschäftsfeld um das Detektivwesen zu erweitern.«

Andreas Goettle warf sich in die Brust, was ihm eine überhebliche Note verlieh. Seine Ermittlungen, die zur Lösung des Mordfalls Kaiser beigetragen hatten, schienen ihm zu Kopf gestiegen zu sein.

»Wer zugrunde gehen soll, der wird zuvor stolz; und Hochmut kommt vor dem Fall. Steht scho im Alta Testament. Hen Sie net gnuag zom doe?«, erkundigte sich die Haushälterin erzürnt.

Die nebenberuflichen Interessen ihres Chefs gingen ihr allmählich zu weit, zumal er einige seiner hauptberuflichen Aktivitäten ihrer Meinung nach ein wenig vernachlässigte.

Der Bibelkreis hatte sich schon beschwert, dass die regelmäßigen Treffen eher einer Verkaufsshow glichen. Seine Idee, die Ministranten nach jeder Messe mit Bauchläden auszustatten, um den Gläubigen Weihwasser to go und Hostie süß-sauer anzubieten, deren Erlös in die Kollekte einfließen sollte, hatte der Kirchenrat ebenso abgelehnt wie die Übernahme der Kosten für die Programmierung einer »God's App«.

»Die Kirche muss mit der Zeit ganga, sonst verliert mr den Anschluss«, hatte Goettle gewettert und sofort sein nächstes Projekt vorgestellt. Er wollte es seinen Gemeindemitgliedern ermöglichen, via Skype, also über die Kamerafunktion am heimischen Computer, zu beichten. »In einer vertrauta Umgebung bespricht sich so a Sünde doch viel netter. Die Ave Marias könnat die Leut au drhoim beta«, begründete er seinen Vorschlag, der wieder auf keinerlei Gegenliebe stieß. Zumal die meisten seiner Schäfchen überhaupt nicht wussten, was Skype war. Und dass der umtriebige Geistliche eine Seminarreihe in der Adalbert-Härle-Klinik anbot, die unter dem effektheischenden Titel »Selfie mit Gott« angepriesen wurde, handelte ihm hämische Kommentare von Gemeindemitgliedern ein. »In der Härle-Klinik werdat doch bloß Spenner behandelt. Da müssa mir uffpassa, dass onser Pfarrer net glei dabehalta wird.«

Das Nachtsichtgerät ließ auf weitere Aktivitäten schließen, die mit seiner ursprünglichen Aufgabe als Gemeindeseelsorger nur schwer in Verbindung gebracht werden konnten.

»I sag Ihne oins, Frau Münzenmaier. Sündenprävention ist das christliche Gebot der Stunde. Noch bevor eines meiner Gemeindemitglieder einem Furz im Hirn ... also einem sündiga Gedanka nachgeha kann, bin i scho zur Stell, um dies zu verhindern. Ond i kenn doch meine Pappenheimer. I woiß genau, wem i auf der Zahn fühla muss.«

Er verengte seine Augen zu Schlitzen. »Und den Spitzbua, der andauernd in dr Klingelbeutel neigreift und die

Scheine rausholt, den hab i au bald. Es gibt da nämlich so ein Pulver, mit dem man Fingerabdrücke …«

Die Haushälterin winkte ab. »Des will i gar net höra. Wenn des der Bischof erfährt, dann hem mr den Salat. Der hot scho bruddelt, als Sie sich in die Mordsache Kaiser ei'gmischt hen. Herrgottnoi, mei Essa …«

Renate Münzenmaier eilte in die Küche zurück, um sich um ihre Spätzle zu kümmern.

Goettle sah ihr nach. »Dr Bischof …«, murrte er. »Was woiß der denn scho von Sündenprävention.«

Er betrachtete noch einmal seine Neuanschaffung und nickte. Ein guter Kauf, so ein Nachtsichtgerät konnte man immer gebrauchen. Er wusste nur noch nicht genau, wofür.

3

Das Telefon stand an diesem Morgen nicht still.

Hauptkommissarin Greta Gerber hatte bislang noch nicht die Zeit gefunden, die stattliche Reihe an Post-it-Zetteln, die an ihrem Rechner klebten, abzuarbeiten. Sie verfluchte sich, dass sie dem Urlaub von Laura Behrmann zugestimmt hatte, die für ihre bestandene Prüfung zur Kommissarin von den Eltern eine Reise nach New York geschenkt bekommen hatte.

Sie nahm den Hörer ab, lauschte der männlichen Stimme, fertigte Notizen und legte stöhnend auf. »Schon wieder ein Einbruch. Der dritte in den letzten zwei Wochen. Dieses Mal in der Matthias-Erzberger-Straße.«

»Die isch doch in Bachlangen draußen, oder?«, fragte Polizeiobermeister Fritz, der sich gerade intensiv mit seinem Leberkäswecken auseinandersetzte. Er war kurz davor, den ersten Biss zu setzen. Seine gezwirbelten Bartspitzen zitterten in freudiger Erwartung.

Greta rief den Stadtplan von Biberach auf und gab die Adresse in das Suchfeld ein. »Richtig. Das ist eine Parallelstraße zur Stresemannstraße, aus der uns vor zwei Tagen ein Einbruch gemeldet wurde. Und gar nicht weit weg von der Friedrich-Ebert-Straße. Einbruch letzte Woche. Ich würde mal sagen, unsere Täter haben sich auf diese Villengegend spezialisiert.«

POM Fritz kaute bedächtig. »Aharmaahag«, sagte er mit vollem Mund.

»Was? Könnten Sie bitte schlucken, bevor Sie mit mir sprechen?«

Es war schon schlimm genug, dass ihr Kollege sich nicht sonderlich viel Mühe gab, hochdeutsch zu sprechen, obwohl er wusste, dass sie als Badenerin, die vor zwei Jahren von Freiburg nach Biberach gezogen war, Verständnisprobleme mit dem Schwäbischen hatte, aber dass er ihr auch noch sein vom Leberkäswecken verfremdetes Genuschel zumutete, ging doch ziemlich weit.

»Gab es eine Alarmanlage?«, wiederholte POM Fritz, der sich seinen Bissen vorübergehend in die linke Backe geschoben und die Kaubewegungen vorsichtshalber eingestellt hatte.

»Offensichtlich schon, hat der Kollege vor Ort gesagt. Aber sie war, wie in den anderen beiden Fällen auch, außer Kraft gesetzt. Wir sollten dort mal hinfahren und uns das ansehen.«

Sie riss ihre Jacke von der Stuhllehne, warf sie sich über die Schulter und sah dem Kollegen zu, der sein Vesper knurrend zusammenpackte. Ihre Aufmerksamkeit wurde von ohrenbetäubendem Getöse im Flur abgelenkt. Irgendetwas war zu Bruch gegangen, dem Geklirr nach zu urteilen, war es der Wasserspender.

»Das ist nicht schlimm, Malte. Da war ja fast nichts mehr drin«, hörte sie ihren Chef sagen. »Kann jemand mal die Scherben aufsammeln? Nicht, dass sich noch jemand verletzt.«

Kriminalrat Seidel tauchte im Türrahmen auf und schob eine schlaksige Gestalt vor sich her. Greta schätzte das Alter des Jungen auf sechzehn Jahre, der Haltung gemäß ein typischer Vertreter der Generation »Leck mich!«. Er blickte zu Boden, seine Schultern schienen ebenfalls dem Gesetz der Schwerkraft zu folgen. Er trug Baggy Pants, also eine Hose mit »Arsch auf Halbmast«, wie es POM Fritz auszudrücken pflegte, und ein Kapuzenshirt mit dem sinnfreien Aufdruck »Maul! Däsch! Träsch!«. Auf dem Kopf saß eine Baseball-Mütze, die Füße steckten in schwarzen Sneakers, die an den Spitzen schon ziemlich ramponiert waren.

»Frau Gerber, Herr Fritz. Schön, dass ich Sie antreffe. Ich wollte Ihnen meinen Neffen Malte vorstellen. Er hat in diesem Jahr die Mittlere Reife abgeschlossen und befindet sich momentan in der Berufsorientierungsphase. Da kam meine Schwester auf die Idee, er könnte doch bei uns ein Praktikum machen. Vier Wochen oder so. Wenn er sich gut anstellt, vielleicht länger. Was meinst du, Malte?«

Der Junge zeigte keine Reaktion.

»Wegen des Wasserspenders musst du dir keine Sorgen machen. Ich sage schon lange, dass er ziemlich ungünstig platziert ist. Da musste ja mal einer dagegenrennen, nicht?«

Kriminalrat Seidel schob seinen Neffen noch weiter in den Raum, klopfte ihm dann auf die Schulter. »Also, ich geh dann mal wieder. Die Frau Gerber wird dir alles Weitere zeigen, gell?«

Seidel nickte der Hauptkommissarin zu und verließ den Raum. Greta verdrehte die Augen. Drei Einbrüche in zwei Wochen, Laura Behrmann im Urlaub und nun noch eine Klette namens Malte am Hals. Das Schicksal schien es mal wieder nicht besonders gut mit ihr zu meinen.

Der Junge stand nach wie vor regungslos im Raum. Greta legte den Arm um seine Schultern, führte ihn an ihren Schreibtisch und drückte ihn auf den dazugehörigen Stuhl.

»So, Malte, weißt du was? Der Herr Fritz und ich, wir müssen mal kurz zu einem Termin. Und du bleibst hier am Telefon und schreibst von jedem, der anruft, die Nummer auf. Das ist eine verdammt wichtige Aufgabe. Kriegst du das hin?«

Keine Reaktion.

Greta Gerber versuchte sich an einem Lächeln. »Aber ja, das bekommst du hin. Telefonieren kann doch jeder, oder? Wir sind in eineinhalb Stunden wieder zurück. Und dann unterhalten wir uns mal richtig, ja?«

Der Junge blieb stumm.

»Vielleicht schwätzt der koi Deutsch?«, versuchte sich POM Fritz an einer Erklärung. Er packte Malte am Kinn, hob den Kopf so, dass der Junge ihm in die Augen sehen musste.

»Was isch jetzt? Die Frau Gerber hot gfrogt, ob de telefoniera kannsch? Ja oder noi?«

Der Polizeiobermeister gab Malte einen leichten Klaps auf den Hinterkopf. Der Junge nickte.

»Pädagogisch nicht einwandfrei, aber immerhin. Und schwäbisch scheint er zu verstehen«, kommentierte Greta Gerber die unkonventionelle Vorgehensweise ihres Kollegen. »Soll mir recht sein. Damit ist Malte Ihr Fall, Herr Fritz.«

Sie flüchtete schnell aus dem Büro, um etwaigen Widerworten ihres Kollegen zu entgehen.

4

Es klopfte an seiner Zimmertür. Peter Grossmann legte das Buch zur Seite, das Miriam ihm empfohlen hatte: die Biografie des Schriftstellers Paolo Coelho, der auf dem Pilgerweg nach Santiago de Compostela ein Erweckungserlebnis hatte. Es gebe Parallelen zwischen Coelho und ihm, hatte seine Heilerin gesagt. Diese zu erkennen und daraus Rückschlüsse zu ziehen, sei seine Aufgabe.

Er erhob sich aus seinem Sessel und schritt den kurzen Flur entlang. Er öffnete. Blandine rauschte ohne Gruß an ihm vorbei, baute sich vor dem Fenster auf. Ihre »leicht chirurgisch korrigierten« Lippen zitterten, doch ihr Blick war klar und scharf.

»Du warst nicht beim Abendessen. Ich habe über eine Stunde auf dich gewartet. Wo bist du gewesen?«

Sie verschränkte die Arme vor der »minimal optimierten« Brust, reckte angriffslustig ihr »sanft der eigentlichen Natur angepasstes« Kinn. In dieser Pose ähnelte sie seiner Frau. Doch im Gegensatz zu seiner Gattin hatte Blandine keinerlei Anspruch auf eine Antwort. Dennoch antwortete er ihr. »Ich hatte einen Termin.«

Blandine lachte schrill, strich mit einer theatralischen Geste ihr »nachgedunkeltes« Haar hinter das Ohr. Ihre Armbänder klimperten. Noch so eine Eigenheit, die ihn an seine Frau erinnerte: Auch sie liebte es, durch kostbare Dinge eine Art Fernwirkung zu erzielen, und wenn dies nicht gelang, zumindest akustisch auf sich aufmerksam zu machen.

»Was soll das denn für ein Termin gewesen sein, wenn ich fragen darf?«, zischte sie. »Du bist hier zur Kur. Schon vergessen?«

»Du darfst aber nicht fragen«, erwiderte er ruhig. Die drei Viertele Wein, die er im Gasthaus zum Hecht zu sich genommen hatte, gaben ihm die nötige Gelassenheit für dieses Gespräch.

Blandine wiederum verlor sichtlich an Haltung, ihr vermeintliches Selbstbewusstsein bröckelte von Sekunde zu Sekunde.

»Aber wir waren doch verabredet.« Sie klang wie ein kleines Mädchen, dem der Kirmesbesuch verwehrt wurde. »Ich habe mich den ganzen Tag nach dir gesehnt.«

Sie schien es ernst zu meinen. Ein ungutes Gefühl beschlich ihn. Offensichtlich investierte sie mehr Gefühl in diese Affäre, als er angenommen hatte. Dabei waren sie von Anfang an übereingekommen, dass sie sich gegenseitig den freudlosen Therapieaufenthalt durch die Hinzunahme einer erotischen Komponente ein wenig versüßen wollten. Mehr nicht. Ganz ohne Druck oder Verpflichtung dem anderen gegenüber. Sie waren sich einig gewesen, dass Rulaman sicher ebenso gehandelt hätte.

Blandine war eine attraktive Mittvierzigerin, die mit dem natürlichen Alterungsprozess, der bei ihr wahrlich gemäßigt ausfiel, überhaupt nicht klarkam. Offensichtlich wurde sie in jeder Hinsicht, vor allem aber in sexuellen Belangen, von ihrem Gatten vernachlässigt. Der bekam wahrscheinlich nur noch eine Erektion, wenn er auf dem Börsenparkett sein Geld vermehrte, das Schmuckstück in seinem Bett – trotz oder dank aller chirurgischen Eingriffe konnte man Blandine durchaus als Pretiose bezeichnen – interessierte ihn wohl weniger. Entsprechend leicht war es Grossmann gelungen, ihre Leidenschaft zu entflammen. Oder um es salopp zu formulieren: Er hatte nur ein wenig zündeln wollen, aber das hatte genügt, einen Flächenbrand bei ihr auszulösen.

Blandine schob sich auf ihn zu, das Becken leicht nach vorn gestellt, die Lippen zu einer beleidigten Schnute verzogen. Sie drückte sich an ihn, schlang ihre Arme um seinen Hals. »Gut, dann bleibt uns nur noch Zeit für das Dessert.«

Sie versuchte ihn zu küssen, doch er drehte sich weg. »Blandine, lass das. Wir sollten das hier beenden, bevor du noch mehr Gefühle für mich entwickelst. Das bringt doch nichts.«

Sie löste ihre Umarmung, trat einen Schritt zurück und der ursprüngliche Trotz kehrte zurück. »Was soll das? Du weist mich ab? Bin ich dir nicht mehr gut genug? Oder gibt es eine andere?«

Grossmann hätte am liebsten laut aufgelacht. Das war gut. Eine Affäre, die ihm einen Vorwurf machte, dass er eine Affäre hatte! Eine Farce. Dennoch entschied er, dass es besser war, die sanfte Tour fortzuführen. Er wollte Blandine nicht verletzen. Warum auch? Sie war eine zärtliche, einfühlsame Frau, eine Geliebte, wie man sie sich wünschen konnte. Er streckte seine Hände nach den ihren aus, doch sie zog sie weg und verschränkte sie hinter dem Rücken.

»Schau«, sagte er. »Wir hatten doch eine gute Zeit, oder nicht? Du hast mir, ich hab dir gutgetan. Und in ein paar Wochen sind wir eh wieder zuhause. Bei unseren geliebten Ehepartnern. Und mit ihnen leben wir unsere Leben getrennt weiter. Alles wie gehabt. Dann können wir doch genauso jetzt Schluss machen, oder nicht?«

Er breitete die Arme aus, um seiner Großmütigkeit eine Dimension zu verleihen, doch Blandine verstand die Geste völlig falsch. »Du servierst mich ab, du selbstgerechtes Arschloch? Einfach so?« In ihren Augen, die durch die nahezu unsichtbaren Kontaktlinsen im Tiefgrün eines Waldsees funkelten, blitzte purer Hass auf.

Einen Moment standen sie sich gegenüber und fixierten sich. Von der Frau, die offenbar vor Wochen noch einen Nervenzusammenbruch erlitten hatte, die unbedingt eine Auszeit brauchte, war in diesem Moment nichts zu spüren. Grossmann wiederum spürte das rasante Schlagen seines Herzens. »Wer ist sie?«, krächzte Blandine.

Normalerweise hätte sich Peter Grossmann eine Zigarette angesteckt, hätte den Rauch tief inhaliert und ihn langsam durch die Nase entweichen lassen. Um Zeit zu gewinnen. Um nachzudenken. Aber Rulaman war offenbar Nichtraucher gewesen, der Genuss von Tabak war in der Härle-Klinik strengstens verboten. Und wenigstens in diesem Punkt wollte er sich an die Regeln halten.

Dem Unternehmer war klar, dass seine Geliebte nicht zu viel erfahren durfte. Sie würde ihn beim Chefarzt anschwärzen, womöglich seine Frau informieren. Sie würde alles dafür tun, damit er die Kontrolle verlor. Das konnte er nicht riskieren. Er legte ihr die Hände auf die Schultern, sie ließ es geschehen.

»Blandine, Süße, können wir nicht wie Erwachsene handeln? Es war schön mit dir, und wenn es am schönsten ist, soll man gehen.«

Er versuchte sich an einem Lächeln.

Sie schlug ihm mit der flachen Hand ins Gesicht.

»Du gehst zu dieser Hexe, nicht wahr? Zu dieser rothaarigen Nutte, die fast allen Männern dieses Kaffs das Hirn rausbläst. Die euch hörig macht. Aber das ist noch keinem gut bekommen.«

Grossmann rieb sich die schmerzende Wange. Eines musste man Blandine lassen. Sie verfügte über eine ordentliche Handschrift.

»Wie meinst du das?«, fragte er.

Blandine warf den Kopf in den Nacken und lachte gequält. »Es stimmt also. Die Hexe vom Federsee hat dich in ihrem Bann.«

»Hexe vom Federsee? Was soll der Quatsch?«

Blandine trat so nah an ihn heran, dass sich ihre Nasenspitzen fast berührten. Er konnte ihren Atem spüren. Heiß, als wollte Dampf entweichen. »Das weißt du nicht? So nennt man diese kleine Nutte, die auf Eso-Heilerin macht. Ihre Behandlung soll umwerfend sein. Ganz anders und genau so, wie ihr Männer das gern habt, nicht wahr? Aber es soll auch Risiken und Nebenwirkungen geben. Sagt man. Aber das wirst du schon noch feststellen. Garantiert!«

Mit diesen Worten ließ ihn Blandine stehen.

5

Die Nacht, sternenklar. Es ist, als öffnete die Dunkelheit den Vorhang zu einer karg ausgestatteten Bühne. Nur ein Mikrofon steht dort im Schein eines Spots, sonst nichts. Und jeder, der etwas zu sagen hat, darf in den Lichtkreis treten und zu einem unsichtbaren, nein, zu einem nicht existenten Publikum sprechen. Frei von Themendruck – es geht nicht ums Gehörtwerden, es geht ums Loswerden von Gedanken. Damit sie nicht weiter im Kreis laufen müssen, sich nicht in einer Endlosspirale winden. Die Nacht kann diesen Kreislauf durchbrechen, als hätte sie einen Schlüssel zu einer verborgenen Tür, durch den die Gedanken hinausströmen können.

Wieder gibt es einen, der sich nicht an die Regeln halten will. Der meint, er wisse, was gut für ihn ist. Wieder einer, der kein Vertrauen in das System hat. Der sich dagegen auflehnt. Und wieder ist sie es, die ihm die Anleitung zum Ungehorsam eingebläut hat. Die Hexe.

Arme verirrte Seele. Bedauernswerte Kreatur. Von einem Irrlicht geblendet. Ihm muss geholfen werden, klar zu sehen. Ihr muss der wahre Weg gewiesen werden. Zur Heilung. Zur Erkenntnis. Zum Glück. Ein Exempel, es war an der Zeit, wieder einmal ein Exempel zu statuieren. Am besten für alle. Damit die Zweifel vernichtet werden.

Das Publikum schweigt, die Nacht bleibt stumm, die Gedanken bleiben ungehört. Kein Applaus brandet auf. Und doch liegt in diesem Schweigen eine Zustimmung zu dem längst beschlossenen Schritt. Er ist notwendig und daher richtig. Es muss einfach sein.

6

Pfarrer Goettle saß entspannt auf dem Rücksitz der Limousine, die ihn in die Härle-Klinik nach Bad Buchau brachte. Jeden Donnerstagmorgen wurde er von einem Chauffeur der Klinik, der sich mit Jean-Luc vorgestellt hatte, in Wirklichkeit aber Karlheinz Siegle hieß, abgeholt. Allein dieses Ritual hatte etwas von einem Staatsakt. Wenn die schwarze Limousine am Straßenrand vor dem Gemeindehaus parkte, der stilecht mit Anzug und Mütze bekleidete Jean-Luc zur Türklingel eilte und dann in aufrechter Haltung neben dem Wagen stehenblieb, bis Pfarrer Goettle erschien, um ihm die Tür zu öffnen, sie hinter ihm zu schließen, im Laufschritt um den Wagen zu hechten und am Steuer Platz zu nehmen, dann blieben schon mal Passanten stehen. Offenbar vermuteten sie, dass ein Prominenter in der Stadt weilte, um Biberach einen Moment lang in seinen Glanz zu tauchen. Und es war allzu offensichtlich, dass der Geistliche an diesen Momenten Gefallen fand: Er hatte sich angewöhnt, den Gaffern huldvoll zuzuwinken, nicht etwa in der Art, wie der Papst es tat, sondern eher im Stile der englischen Königin.

»A bissle Spaß muss sei«, erklärte er einem Fahrer, der anfangs sehr reserviert auf das Tun seines Fahrgastes reagiert hatte. »Sonschd hen die Leut heut Obend nix zum verzähla.«

Goettle genoss die etwa halbstündige Fahrt von Biberach nach Bad Buchau. Die Landschaft hatte etwas Beruhigendes: Sanft geschwungene Hügel, deren Verlauf von Feldern und kleinen Waldstücken, die ihre farbenfrohe Herbstgewandung angelegt hatten, durchbrochen wurden. Die unaufgeregte Topografie wäre bestens geeignet, um die Bilder zu einem Pink-Floyd-Stück zu liefern, dachte Goettle. Shine on you crazy diamond. Oder zu einem Adagio von Händel. Il Trionfo. Leise summte er die Melodie vor sich hin.

»Soll isch das Radio anmachön?«, fragte Jean-Luc mit aufgesetztem französischen Akzent.

»Noi, i seng selber«, antwortete der Geistliche.

Die Allee der Moorbirken, die in gerader Linie auf den Ort zuführte, zeigte ihm an, dass er schon bald am Ziel sein würde. Die Bäume standen Spalier, als wollten sie seiner Ankunft huldigen, und Goettle musste sich beherrschen, damit er nicht auch ihnen zuwinkte.

Nur wenig später durchkreuzte die Limousine den Ortskern. Einige wenige Flaneure unternahmen ihren Morgenspaziergang; eine Schulklasse drängte sich am Straßenrand, wahrscheinlich stand den Mädchen und Jungen ein Besuch im Federseemuseum bevor.

Goettle erfreute sich an der Unbeschwertheit der Kinder, die sich neckten, Grimassen schnitten und in der Energie der Vorfreude standen. Sie waren das schiere Gegenbild zu den Menschen, die ihn in der Klinik erwarteten. Seine Patienten entbehrten jeglichen Elans, waren ausgebrannt, erschöpft, traurig, fühlten sich allein, hatten Verhaltensrituale entwickelt, die in den Augen der Gesellschaft als abnormal galten und die sich vor allem gegen sie selbst richteten. Sie arbeiteten bis zur völligen Erschöpfung, nahmen Tabletten, tranken Alkohol, litten unter Depressionen, Schlafstörungen, hörten auf zu essen, sprachen nicht und wenn, dann mit unsichtbaren Partnern. Sie alle waren der Beweis dafür, dass Geld nicht glücklich machte. Reichtum war das Einzige, was sie einte. Alle Patienten der Härle-Klinik waren so wohlhabend, dass sie sich über finanzielle Dinge keine Gedanken machen mussten.

Eines von Goettles Kirchenchormitgliedern, die rüstige Frau Blechle, die in der Klinik als Ehrenamtliche in der Küche aushalf und ein bekennender Fan des rustikalen Geistlichen war, hatte der Klinikleitung die Empfehlung gegeben, Pfarrer Goettle für eine Vortragsreihe zu engagieren. Da dies den Verantwortlichen zu »unsexy« klang, gaben sie den Seminaren die neudeutsche Bezeichnung Workshop. Pfarrer

Goettle hatte anfangs Würgshop verstanden, was jedoch lediglich im Fall der an einer Essstörung leidenden Natascha einen Sinn ergeben hätte.

Sein Ziel war es, den Haltsuchenden einen Weg zum Glauben aufzuzeigen, und das tat er auf seine Art. Er wusste, dass er mit Bezügen auf die Bibel als moralische Keule wenig Erfolg haben würde. Nein, bei diesem Spezialauftrag galt es, zeitgenössische Bilder zu finden, mit denen die Betroffenen etwas anfangen konnten. »Für jedes Problem gibt's an Spezialista. Wenn der Fernseher he isch, holsch an Techniker, wenn de aussiehsch, als hättsch Stroh auf dem Kopf, gohsch zum Frisör, wenn de Verstopfung hosch, gohsch zum Apotheker. Aber wenn die Seele verstopft isch, dann gibt's net viel Spezialista. Eigentlich bloß mi und den lieba Gott. Und mir boide sen der Ansicht: Raus mit dem Scheiß, der euch belastet!«

Mit brachialen Aufmunterungen wie dieser versuchte er, sich seinen Patienten zu nähern. Viele waren es nicht, die seine Dienste in Anspruch nehmen wollten, insgesamt fanden sich nur fünf Interessierte im Seminarraum ein. Hermann Steinbach, der von sich behauptete, dem Alkohol abgeschworen zu haben, der jedoch stets eine Fahne wie ein Standartenträger mit sich führte. Ernst Allgaier, ein Burnout-Patient mit Herzrhythmusstörungen, der keine Minute verbringen konnte, ohne auf seinem Smartphone herumzutippen und zu seufzen. Chantal Möller, die sich stetig ein Krankheitsbild einredete, um sich nicht ihre robuste Gesundheit eingestehen zu müssen, die ihr in ihrer Familie überhaupt keine Aufmerksamkeit eingebracht hätte. Die tief traurige Helen Kreutzer, die von ihrem Mann in die Klinik abgeschoben wurde, damit dieser sich weiter seinen Geliebten zuwenden konnte, und Natascha Petrovic, die sich trotz ihrer 45 Kilogramm bei einer Körpergröße von 1,70 Meter für zu fett hielt.

Um sie machte sich Andreas Goettle die meisten Sorgen. Er war sich nicht sicher, ob die Härle-Klinik tatsächlich der richtige Ort für den Teenager war. Für die 15-Jährige wäre wohl eine richtige Psychotherapie das adäquate Mittel gewesen, um ihr Selbstbild zu korrigieren, und nicht die Pseudo-Wellness-Behandlung, die angeboten wurde.

Natascha war an diesem Morgen die einzige Teilnehmerin, die den Geistlichen im Seminarraum erwartete. Sie saß allein im Stuhlkreis und betrachtete gelangweilt ihre Fingernägel, von denen der blutrote Nagellack abblätterte.

Goettle legte seinen Mantel und seine Tasche ab und sah den Teenager fragend an. »Wo sen die andere?«

Natascha sah nicht auf und zuckte mit den Schultern. »Keine Ahnung. Beim Frühstück habe ich sie alle noch gesehen. Danach nicht mehr«, nuschelte sie. »Ist doch auch egal.«

Goettle hob ungläubig die Augenbrauen: »Du warsch beim Frühstück? Es geschehen noch Zeichen und Wunder. Was hat's denn geba?«

»Rührei mit so einem komischen grünen Zeugs drin. Für die anderen. Für mich gab es einen halben Apfel und eine Tasse Kaffee. Ich lass mich hier doch nicht mästen.«

Der Geistliche seufzte. Er verzichtete darauf, Natascha zu belehren, dass ihr Frühstück nicht ausreichend war, um einen Menschen zu ernähren. Diese Diskussion hatte er schon oft geführt, mit dem Resultat, dass der Teenager die Mahlzeiten komplett verweigerte.

»Ein halber Äpfel, immerhin. Morgen kannsch ja mal an Joghurt dazu probiera«, sagte er.

Natascha zeigte keine Reaktion auf seine Worte. Sie zog ihren Pony über das Gesicht und verbarg sich hinter den Haarsträhnen.

Goettle sah ihr einen Moment zu, dann fasste er einen Entschluss.

»I glaub, i guck mol, was da los isch. Vielleicht wissat die im Sekretariat was. Kann i di alloi lasse?«

Natascha gab keine Antwort. Goettle seufzte erneut. Dies schien ein schwieriger Tag werden zu wollen.

Willkommen in Bärbels kleiner Giftküche,
www.baerbelsblog.de
Wissenswertes aus Fauna und Flora
Brunnenkresse – Energielieferant aus der Natur

Hallo, meine Lieben,

sicher habt ihr schon darüber gelesen, dass die Brunnenkresse aufgrund ihres hohen Vitamingehalts den ganzen Organismus stärkt. Meine Erfahrung hat gezeigt: Eine Frühjahrskur mit Brunnenkresse – und die Lebenssäfte beginnen zu fließen. Zudem ist die Pflanze aufgrund ihrer angenehmen Grundschärfe ein beliebtes Würzmittel. Allerdings ist auch hier Vorsicht geboten. Allzu große Mengen sollte niemand ungekocht zu sich nehmen, sonst werden euch die Lebenssäfte kaskadenartig wieder verlassen. Wenn ihr versteht, was ich meine ;-).

Ungeübte Kräutersammler sollten vor dem Verzehr lieber den Profi fragen, denn es besteht große Verwechslungsgefahr mit dem giftigen Wasserschierling. Der trägt seinen Zusatz zu Recht, denn der Verzehr verursacht schon nach kurzer Zeit heftige Krämpfe und Übelkeit. Auch genügen bereits geringe Mengen, um daran zu sterben. Also: Augen auf beim Kräuterkauf.

Eure Bärbel

7

»Für einen Einbruch sieht es hier aber ziemlich aufgeräumt aus. Konnten Sie schon feststellen, ob etwas fehlt? Geld? Schmuck? Andere Wertgegenstände?«

Greta Gerber stand im Wohnzimmer des Einfamilienhauses in der Matthias-Erzberger-Straße und musterte den Besitzer Dietmar Ganske, der fassungslos durch die großzügig geschnittenen Räume streifte und immer wieder »Ohgottogottogott« vor sich hin murmelte. Die Kollegen der Spurensicherung hatten ihre Arbeit schon weitgehend abgeschlossen, und nach der ersten Analyse gab es keinerlei Hinweise auf die Täter. Keine Fingerabdrücke, keine verwertbaren Spuren. Hier waren Profis am Werk gewesen. Mit ein paar einfachen Handgriffen hatten sie die Alarmanlage außer Gefecht gesetzt, sich Zutritt zu der Wohnung verschafft und offenbar sehr gezielt und ohne Zerstörungsgedanken ihre Diebestour begonnen. Dabei hatten sie sich auf Gegenstände beschränkt, die sie ohne Mühe ergattern konnten. Dementsprechend hatten sie sich von Schubladen und Schränken gänzlich fern gehalten.

»Herr Ganske, es wäre gut, wenn Sie uns eine Liste der gestohlenen Gegenstände zusammenstellen könnten«, wiederholte Greta Gerber ihr Anliegen. »Womöglich versuchen die Täter, die Sachen über das Internet oder über einschlägig bekannte Händler zu versilbern. Das wäre sehr wichtig für uns.«

Ganske unterbrach sein Lamento für einen Moment, betrachtete die Hauptkommissarin, als sähe er sie zum ersten Mal, dann nickte er. »Meine Musikinstrumente, meine Schätze. Die Schweine haben meine Trompete mitgenommen. Ein Erbstück meines Onkels. Auf dem hat schon Louis Armstrong gespielt.« Der graumelierte Mittfünfziger rang um seine Fassung. »Die Original-Ukulele von George Harrison, auf der er ›My sweet Lord‹ komponiert hat.

Auch weg. Die Mundharmonika, die Bob Dylan in der Royal Albert Hall 1966 dabeihatte. Ungespielt ist die, weil sich sein Schlagzeuger vor dem Auftritt draufgesetzt hatte, so dass sie ein bisschen verbeult war. Nur die Gitarre von Wolfgang Petry haben sie dagelassen. Seltsam.«

Greta Gerber fand dies nicht so außergewöhnlich. Offenbar hatten die Täter Musikgeschmack. »Und sonst fehlt nichts?«, fragte sie.

Dietmar Ganske winkte ab. »Doch, ein bisschen Bargeld. 200 Euro oder so. Und die Vase einer Erbtante meiner Frau ging zu Bruch. Aber dafür müsste ich den Tätern aus Dankbarkeit eigentlich zusätzliches Geld überweisen. Die war richtig hässlich.« Er kicherte, fand jedoch schnell in sein Selbstmitleid zurück. »Aber das ist doch alles nichts im Vergleich zu meiner Sammlung. Das sind unwiederbringliche Werte.«

Er ließ sich kraftlos in einen Sessel fallen und starrte an die Decke.

Das Klingeln von Gretas Handy unterbrach die Vernehmung. »Oli ruft an« stand auf dem Display und in froher Erwartung, die Stimme ihres Liebsten zu hören, nahm die Hauptkommissarin das Gespräch an.

»Hi«, flötete sie.

Oliver Raible räusperte sich. »Hallo«, krächzte er, »wie geht es meiner Schönen heute?«

Greta wandte sich von den Kollegen und Herr Ganske ab, um ihre Verlegenheit zu verbergen und um mit gedämpfter Stimme weiterzusprechen. »Gut. Wie immer, wenn du dich meldest. Ich freu mich schon auf heute Abend. Ich habe eine Überraschung für dich.«

In Gedanken sah sie sich schon in ihrer neuerworbenen Seiden-Unterwäsche, die deutlich mehr preisgab, als sie verhüllte, und den roten Stilettos vor ihm herumstöckeln, sich lasziv drehen. Sie war sich sicher, dass er ihr die unfassbar teuren Teile binnen Sekunden vom Körper reißen würde, um sich leidenschaftlich auf sie zu stürzen und …

»Hör zu, es gibt da ein Problem«, unterbrach Oliver ihren erotischen Tagtraum. »Ich muss heute Überstunden machen. Wir haben da einen ziemlich üblen Fall. Ein Mann soll seine pflegebedürftige Mutter ermordet haben, was ihm bis jetzt noch nicht eindeutig nachgewiesen werden konnte ...«

»Heißt das, du kommst heute nicht?« Greta Gerbers Stimme klang fast ein wenig zu schrill, einige Kollegen sahen von ihrer Arbeit auf und starrten sie an.

»Versteh doch. Wir müssen diesen Fall klären, die Staatsanwaltschaft macht schon Druck.« Oliver Raible klang verzweifelt, aber seine Verzweiflung ließ sich nicht mit Gretas Enttäuschung vergleichen.

»Okay, dann eben nicht. Du weißt ja nicht, was du versäumst«, raunte die Hauptkommissarin. Sie bebte vor Enttäuschung und Wut, auch wenn sie wusste, dass er als Rechtsmediziner ebenso wenig über eine geregelte Arbeitszeit verfügte wie sie selbst. Aber in letzter Zeit sagte er Verabredungen relativ häufig ab, und wenn sie sich trafen, war er oft lustlos und müde. Nach zwölf Monaten Beziehung schien ihre sexuelle Anziehungskraft bereits nachgelassen zu haben, und diesem Eindruck wollte Greta mit allen Mitteln entgegenwirken. Und sei es mit sündhaft teurer Unterwäsche, die letztlich nur angezogen wurde, um ausgezogen zu werden.

»Wir sehen uns am Wochenende und unternehmen was, okay? Oder wir machen es uns so richtig kuschlig. Ja?«

»Toll, wir können ja gemeinsam Tatort anschauen und vor dem Fernseher einschlafen. Das wird ganz großartig.«

Mit einem grimmigen Laut legte Greta auf.

»Was ist denn jetzt mit der Liste?«, herrschte sie den jammernden Ganske an. »Die könnte schon lange fertig sein.«

Die Kollegen gaben vor, in ihre Arbeit vertieft zu sein. Sie fotografierten, pinselten, notierten und mieden den Augenkontakt zur Hauptkommissarin.

Greta öffnete die Tür zur Terrasse, trat hinaus und lehnte sich gegen das Geländer. Durchatmen, nachdenken. Olivers

Verhalten hatte nichts mit ihr zu tun. Er war beschäftigt, ein Workaholic, so wie sie. Und er hatte seit kurzem eine Assistentin, die zehn Jahre jünger war als sie. Die es nicht nötig hatte, Seidenunterwäsche zu tragen, um sein Blut in Wallung zu bringen.

Törichter Gedanke. Oli war ihr treu. Was konnte ihm ein junges Ding Anfang zwanzig schon bieten? Außer straffen Schenkeln, einem knackigen Hintern und einem strammen Busen? Gut, ja, ihre Haut war sicherlich glatter, der Haaransatz schimmerte nicht gräulich und womöglich schlief sie nicht gleich nach dem Akt ein. Aber sonst?

Greta ärgerte sich über ihre Eifersuchtsattacke und schnaubte ein Zornwölkchen in die kühle Herbstluft. Gut, dann eben ein Kakao in der Chocolaterie Maya, ein heißes Bad und dann früh zu Bett. Irgendwie fühlte sie sich in diesem Moment uralt.

8

Langsam glitten ihre Hände über seine Brust, bis zum Bauchnabel, von dort wieder nach oben, an seinen parallel zum Oberkörper liegenden Armen entlang. Er spürte ihre Brüste, die in der Streckbewegung über seinen Oberkörper strichen, er hörte ihren Atem an seinem Ohr. Eine Welle der Lust erfasste ihn. Das Blut schoss ihm in die Lenden, sein Lingam drückte hart gegen ihren Unterleib. Er mochte diesen Begriff, er klang so erhaben, nicht so banal wie Penis, Schwanz oder gar Nüdele, wie seine Frau sein bestes Stück bezeichnete. Wenn sie mit ihrem »Wo isch denn mein Nüdele?« das erotische Vorspiel einleitete, dann erlosch bei ihm jeder Funke von Erregung.

Hier war es anders, sein Lingam wurde zur Energiequelle, seine Lust trug zu seiner Heilung bei.

Sie blieb in ihrer weichen Bewegung, schob sich nach hinten, kniete zwischen seinen Beinen, goss sich warmes Öl auf die Hände, um die finale Massage vorzubereiten.

»Du bist ein Wunder«, brachte er leise hervor, während sie sein Glied massierte, dann ließ er sich ganz in den heranwogenden Orgasmus fallen.

»Du bist ein Wunder«, wiederholte er wenig später, als sie auf ihm saß und ihn festhielt, nein, ihn umschlang, als würde eine Mutter ihr Kind trösten. Sie wiegte ihn sanft vor und zurück, strich mit den Händen über seinen Rücken, ganz sanft, wie Schmetterlingsflügel auf der Haut.

»Du bist meine Heilung«, führte er weiter aus. »Bleib bei mir.«

»Ich bin doch da«, flüsterte sie leise. »Ganz nah.«

Er fühlte, dass die Erregung zurückkehrte. Behutsam strich er über ihren Rücken und Po, ließ seine Hände wie zufällig in die verbotene Zone gleiten.

Sie löste sich von ihm und sah ihn streng an. »Das ist gegen die Regel. Das weißt du doch.«

Er nickte, lächelte und verstärkte den Druck seiner Finger. »Ich möchte dir etwas von meiner Energie zurückgeben. Ich will mit dir schlafen, mit dir vereint sein. Jetzt und für immer.«

Sie rutschte von ihm weg und stand auf. »Das geht nicht. Mach dich frei von diesem Gedanken. Er verschlingt deine gerade geschöpfte Kraft, leitet sie in die falschen Bahnen.«

Er erhob sich ebenfalls, schritt auf sie zu und schlang seine Arme um sie. »Bitte, ich will dich. Nur dich. Du bist meine Erlösung. Mit dir kann ich alles schaffen. Gemeinsam sind wir unschlagbar.«

Er drängte seinen Unterleib gegen ihren, während sie versuchte, sich aus seinem Griff zu befreien. Er hielt sie fest, bedeckte ihren Hals mit Küssen. Je mehr sie sich wehrte, desto größer wurde seine Gier. Er musste sie besitzen, hier und jetzt.

»Lass mich los. Und dann ziehst du dich an und gehst«, keuchte sie. Seine Hände lagen auf ihren Brüsten, sein erregtes Glied drückte gegen ihre Scham. Sie trat ihm gegen das Schienbein. Als dies keine Wirkung zeigte, biss sie ihm ins Ohrläppchen. Er kreischte vor Schmerz, seine Umklammerung wurde schwächer, es gelang ihr, ihn von sich wegzustoßen und mit einem beherzten Sprung über die Massageliege in Richtung Ausgang zu stürmen. Doch er war schneller, als sie dachte, und verstellte ihr den Weg.

»Stell dich doch nicht so an«, grunzte er. »Ich spür doch, dass du es auch willst. Wir sind füreinander gemacht. Ich möchte es dir beweisen.«

Erneut umschlang er sie. Sie merkte, dass ihre Kräfte nicht ausreichten, um ihn zurückzuweisen. Im Gerangel verlor sie das Gleichgewicht und stürzte rücklings auf die Massagematte. Ehe sie sich aufrappeln konnte, lag er auf ihr, sie ächzte unter seinem Gewicht. Er schob ihre Arme zur Seite und versuchte, mit seinem Becken ihre Beine auseinanderzudrücken. Sie rammte ihm das Knie in die Seite, er schrie auf vor Schmerz, verstärkte jedoch seinen Druck. Noch einmal stieß sie mit aller Kraft zu. Er verzog das Gesicht und röchelte. Schweißperlen standen ihm auf der Stirn, sein Gesicht drohte zu explodieren.

»Du solltest ein bisschen netter zu mir sein. Schließlich bezahle ich dich dafür. Und wenn du jetzt ganz lieb bist, dann wird das kein Schaden für dich sein.«

Er stieß sein Becken gegen das ihre, sie versetzte ihm nochmals einen harten Tritt. Er sank stöhnend zur Seite und blieb liegen. Sie rollte sich von der Matratze herunter, floh in das Badezimmer und verriegelte die Tür hinter sich. Mit zitternden Knien ließ sie sich auf den Rand der Badewanne sinken, verbarg ihr Gesicht in den Händen und schluchzte. In ihrer Zeit als Therapeutin hatte sie sich schon häufig gegen Übergriffe wehren müssen. Zum Beispiel, wenn ihre Patienten die Hände nicht bei sich behalten konnten und sich nicht mit der Rolle zufrieden gaben, nur Empfangende zu sein. Aber mit Gewalt hatte es noch keiner versucht, so dass sie die Empfehlungen ihres Lehrmeisters, Pfefferspray oder eine Waffe im Therapieraum zu verstecken, in den Wind geschrieben hatte. Und nun war es doch passiert. Ausgerechnet er, der sich als Paradeschüler gezeigt hatte und von dem sie niemals vermutet hätte, dass er ihr Gewalt antun konnte, hatte die Grenzen überschritten. Sie erhob sich und besah sich im Spiegel. Das rote Haar stand in wilden Strähnen vom Kopf ab, ihre hellgrünen Augen hatten ihren Glanz eingebüßt, die Mundwinkel hingen leicht nach unten. Sein Werk. Sie wusste, dass sie für die Leute im Ort eine Hexe war. Nach diesem Kampf sah sie sogar wie eine aus.

Sie hörte ihn stöhnen und wimmern, über Herzschmerzen klagen. Augenblicklich loderte Wut in ihr auf. Sollte er doch verrecken, dieser Bastard! Sie hatte sich in ihm getäuscht. Er, der ihre Hilfe geradezu aufgesogen hatte, dessen verkrustete Seele unter ihren Händen aufgeblüht war. Er, der ihr immer wieder versichert hatte, dass sie ihn auf den richtigen Weg gebracht hatte. Er, der sie immer wieder beschwor, mit ihm eine Beziehung einzugehen. Er wollte sogar seine Familie verlassen, um mit ihr zusammenzuleben. Sie war nicht auf sein Angebot eingegangen. Auch nicht auf die Offerten, mit der er sie zum Beischlaf überreden wollte. Es gab Prinzipien, und daran hatte er sich zu halten. So wie sie sich daran hielt. Ein Patient war und blieb ein Patient. Mehr als freundschaftliche Zuneigung war nicht erlaubt. Zugegeben: Bei ihm war es ihr schwergefallen, dieses Gebot einzuhalten. Er sah gut aus, hatte einen für sein Alter passablen Körper, war intelligent und behandelte sie mit dem nötigen Respekt. Sie hatte ein bisschen gebraucht, um seine sensible Seite zu wecken, aber es war ihr gelungen. Mit jedem Besuch hatte er sich mehr geöffnet. Es war, als hätte sie ein Licht in ihm angeknipst, das auch die dunkelsten Verliese ausleuchtete. Doch offenbar hatte sie auch das Tier in ihm geweckt. Der Leitwolf, der keinen Widerspruch duldete, dem sich alles unterordnen musste und der in seinem anderen Leben, jenseits der Spiritualität, den Ton angab.

»Hilf mir doch. Ich bekomme keine Luft«, jammerte er. Seine Stimme klang kraftlos. Sie erhob sich, ging zur Tür und presste ein Ohr dagegen. Sie hörte das Rasseln seines Atems, unregelmäßig, nur unterbrochen von seinem Stöhnen und Flehen. »Bitte, es tut mir leid. Ich wollte das nicht. Ich weiß nicht, was mit mir los ist. Hilf mir.«

Es konnte eine Falle sein, ihm war nicht zu trauen. Was, wenn er hinter der Tür lauerte, um sie erneut anzufallen. Würde sie erneut die Kraft aufbringen, um ihn abzuwehren?

Allerdings klang sein Wehgesang echt, und sie wusste, dass er Herzbeschwerden hatte. Vorsichtig drehte sie den Schlüssel im Schloss, öffnete die Tür einen Spalt und blinzelte hindurch. Er lag neben der Massageliege am Boden, den Blick zur Badezimmertür gewandt. Seine Lippen waren blau angelaufen, immer wieder stieß er ein tonloses »Bitte« hervor. Er streckte eine Hand nach ihr aus. Das Tier war bezwungen, in Erwartung der Rettung oder des Todes. Sie hatte sein Schicksal in der Hand. Vorsichtig schob sie sich in den Therapieraum, hüllte sich in einen Sari und beobachtete ihn. Was für ein mieses Schwein, dachte sie. Was für ein Heuchler. Gab sich als Paradeschüler aus und wollte letztendlich auch nur das, was viele von ihr wollten. Eine Welle heißer Wut durchflutete sie. Dann traf sie eine Entscheidung.

9

Die Gänge in der Härle-Klinik waren wie leergefegt. Ab und zu huschten weiß gewandete Gestalten über den Flur, um gleich darauf in einem der angrenzenden Zimmer zu verschwinden. Das Quietschen der Gummisohlen auf dem glänzenden Linoleum waren die einzigen Geräusche, die zu hören waren. Ansonsten Stille.

Andreas Goettle stoppte vor der Tür des Sekretariats, klopfte an und trat, ohne eine Antwort abzuwarten, ein. Anja Löffler saß hinter ihrem Schreibtisch und hackte einen Text in ihre Tastatur. Ihr Anschlag war derartig hart, dass bei jedem Buchstaben der Löffel in ihrer Kaffeetasse leicht gegen das Porzellan stieß und somit ihre Arbeit rhythmisch untermalte. Goettle räusperte sich, bis er bemerkte, dass die Sekretärin ihn nicht hören konnte, weil sie Ohrstöpsel trug.

»Hallo, Frau Löffler«, brüllte der Geistliche.

Die Sekretärin erschrak, riss sich die Stöpsel aus den Ohren, stieß dabei die Kaffeetasse um, flutete ihren Schreibtisch und starrte Goettle fassungslos an.

»Was ... wie ... wo?«, stammelte sie und versuchte, mit einem Papiertaschentuch der Überschwemmung an ihrem Arbeitsplatz Herr zu werden.

»Vom Himmel hoch, da komm ich her«, flötete Andreas Goettle und grinste. »Noi, aus Biberach, aber des wissat Sie doch.«

»Ich habe gar nicht gehört, wie Sie hereingekommen sind. Ich war völlig in das Diktat vom Chef vertieft.« Sie betrachtete das von Kaffee getränkte Taschentuch in der Hand, suchte nach einer Ablagemöglichkeit, warf es schließlich in die Kaffeetasse und wischte ihre Hände an ihrem Rock ab. »Was kann ich denn für Sie tun, Herr Pfarrer?«

Goettle schilderte ihr die Teilnehmersituation in seinem Kurs und erkundigte sich nach dem Grund für die plötzliche Epidemie.

Anja Löffler winkte ab. »Das ist normal, eine Reaktion auf die Diät. Das Küchenpersonal ist angewiesen, viele Gerichte mit Wildkräutern aufzuwerten, um deren heilende Kräfte zu nutzen. Das verträgt nicht jeder Magen. Da kommt es schon hin und wieder zu Ausfällen.«

Goettle rieb sich das Kinn. »Des woiß i, aber so schlimm wie heut war's noch nie. Was gab's denn heut Morga?«

Die Sekretärin zuckte mit den Schultern, dann wühlte sie in einem Papierstapel, der sich auf ihrem Schreibtisch aufgetürmt hatte.

»Ich weiß es gar nicht genau. Ah, hier.«

Sie zog ein Blatt Papier hervor und hielt es Pfarrer Goettle hin. Der Speiseplan der Klinik.

»Rührei mit Brunnenkresse. Des hört sich doch gsond an. Davon kriegt mr doch koi Scheißerei.«

Wieder zuckte Anja Löffler mit den Schultern. »Ob da immer die Zutaten im Essen sind, die auf dem Plan stehen? Es gibt zwar einen angelegten Wildkräuter-Garten, aber meines Wissens sammelt der Küchenchef auch in Wald und Wiesen. Das ist so eine Art Hobby von ihm, und so viel ich weiß, lässt ihm der Professor dabei freie Hand.«

»Und was isch jetzt mit mei'm Seminar?«

Anja Löffler sah ihn bedauernd an. »Muss wohl ausfallen. Shit happens, Herr Pfarrer.«

Sie gluckste. Offenbar gefiel ihr das missratene Wortspiel, dann stopfte sie sich die Kopfhörer in die Ohren und fuhr fort, ihre Tastatur zu malträtieren.

Im Hinausgehen stieß Goettle fast mit der Oberschwester Ursula Merklinger zusammen. Die Wangen der korpulenten Mittvierzigerin waren gerötet, eine Strähne hatte sich aus ihren nach hinten gebundenen Haaren gelöst und fiel ihr ins Gesicht. Sie hastete an ihm vorbei.

»Bei euch isch ja ganz sche was los«, rief ihr Pfarrer Goettle hinterher.

Oberschwester Merklinger stoppte kurz, drehte sich zu ihm um. »Das können Sie laut sagen. Heute müssen Patienten und Personal schnell sein, um Katastrophen zu verhindern.«

»Und i han denkt, bei Ihne goht's um Entschleunigung.«

»Heute ganz und gar nicht. Seien Sie mir nicht böse, aber ich muss weiter. Meine Patienten warten, das heißt, es wäre schön, wenn sie warten würden und nicht schon …«

Eiligen Schritts entfernte sie sich. Goettle sah auf seine Armbanduhr. Halb elf. In der Klinik wurde er nicht mehr gebraucht. Und er hatte genug Zeit, um Einfluss auf die Speisenzubereitung seiner Haushälterin Münzenmaier zu nehmen. Eins war klar: Brunnenkresse war für die nächste Zeit gestrichen.

10

Peter Grossmann schwitzte. Es war kein Schwitzen in einem üblichen Maße, der Schweiß rann ihm in Rinnsalen über das Gesicht, drang aus seinen Poren, als wollte er den Körper austrocknen. Sein Puls ging schnell, er spürte das bedrohliche Pochen in seiner Brust.

Er befand sich nicht allein im Raum, er hörte Stimmen. Eine weibliche – Miriams Stimme? Und eine männliche. Er konnte nicht hören, was die beiden besprachen, die Geräusche ähnelten eher einem Zischeln und Wispern, wie in einer Schlangengrube. Grossmann fühlte sich benommen. In der Dunkelheit konnte er seine Umgebung kaum wahrnehmen. Sein Mund war trocken, er hatte Durst. Er versuchte sich aufzurichten, doch der Stich in der Brust zwang ihn in die Rückenlage. So hatte es sich auch angefühlt, als er kurz vor dem Infarkt stand.

Schritte näherten sich, starke Hände packten ihn unter den Achseln, seine Beine wurden angehoben. Er wollte protestieren, doch er brachte kaum mehr als ein heiseres Röcheln zustande. Er spürte einen kühlen Luftzug an seiner Haut, sie verließen ein Gebäude. Grossmann sah die Sterne über sich, die heute trüber glänzten als sonst. Dann wurde alles schwarz.

11

Wenn Greta Gerber eines nicht leiden konnte, dann war es, wenn sie von ihren Mitmenschen ausgebremst wurde. Sie war nicht die Schnellste am frühen Morgen, nahm sich Zeit, um dem Tag zu begegnen, und dann kam es schon mal vor, um nicht zu sagen: immer, dass sie sich beeilen musste, um einigermaßen pünktlich ins Büro zu kommen. Das Problem dabei war, dass es außer ihr offenbar niemand besonders eilig hatte.

Die Leute watschelten auf den Bürgersteigen entlang, als gälte es, den Weltrekord in Entschleunigung zu brechen; der Zeitungsverkäufer bewegte sich so langsam, dass man befürchten musste, die Morgenzeitung erst am frühen Abend zu Gesicht zu bekommen, und die Bäckereifachverkäuferin besaß die Gemütsruhe eines norddeutschen Torfmoors.

Aus Zeitgründen hatte Greta an diesem Morgen auf ihr Frühstück verzichtet und wollte kurz eine Laugenbrezel erwerben, doch der alte Herr vor ihr hatte eine ureigene Sicht auf seinen Einkauf.

»Hen ihr no Brot von gestern? Zum halba Preis?«, fragte er.

Die Verkäuferin schüttelte den Kopf. »Noi, erst morga wieder.«

»Ja, wie jetzt?«

»Das Brot von heute ist morgen das Brot von gestern.«

Hätte die Kommissarin nicht furchtbar schlechte Laune gehabt, hätte sie über die Antwort geschmunzelt. Aber sie hatte schlecht geschlafen, der Kakao und das Bad hatten nicht die erforderliche Bettschwere ausgelöst, so dass sie mit einer halben Flasche Lemberger nachhelfen musste. Dementsprechend war sie um halb drei Uhr mit rasenden Kopfschmerzen aufgewacht, die sich auch durch zwei Aspirin nicht vertreiben ließen. Und an all dem war Oliver schuld. Dieser Schuft, der sich lieber in seinem Labor verschanzte, als den Abend mit ihr zu verbringen.

Der Alte hatte sich inzwischen entschieden. »Ha, no macha mir des doch so. I nemm jetzt a Brot von heut mit und zahl es erst morga. No passt's.«

Die Verkäuferin kratzte sich mit der Brötchenzange am Kopf, dann nickte sie und packte dem Herrn einen Laib Brot ein.

Nicht wundern, das ist hier so, mahnte sich Greta zur Ruhe und gab ihre Bestellung auf.

»Eine Brezel, bitte.«

»Doppelt oder einfach geschlungen? Mit Sesam, Mohn, Kürbiskernen, mit Käse überbacken? Mit Butter, Frischkäse mit Schnittlauch oder Honiglauge?«

Greta sah sich um. Liefen hier verborgene Kameras mit? War sie das Opfer eines Fernsehstreichs? In der Miene der Fachkraft war keine Regung zu sehen.

»Eine einfache Brezel. Einfach geschlungen, mit Lauge und Ärmchen. Ganz ohne Schnickschnack.«

Noch immer reagierte die Verkäuferin nicht.

»To go oder zum hier Essen? Im Aromapack, in der Papiertüte oder pure?«

»Zum Mitnehmen. In einer Papiertüte. Schnell. Also weder medium noch slow.«

Ungeachtet des genervten Tonfalls angelte die Verkäuferin ein Gebäckstück aus der Auslage, ließ es behutsam in eine Tüte wandern, kassierte einen Euro, händigte die Ware jedoch noch nicht aus.

»Was ist?«, raunte die Hauptkommissarin ungehalten.

»Ihre BRK? Haben Sie die dabei?«

»Meine was?«

»Ihre Brezel-Rabatt-Karte. Wenn Sie zehn Brezeln kaufen, bekommen Sie die elfte zum halben Preis. Das Angebot gilt nur noch bis Ende der Woche.«

»Ich habe keine Brezel-Rabatt-Karte. Und ich will auch keine.«

»Aber dann bekommen Sie auch nicht unseren wöchentlichen Newsletter, der Sie über alle Sonderleistungen unseres Hauses informiert.«

Die Verkäuferin beugte sich verschwörerisch nach vorn und senkte die Stimme. »Unter allen Neuanmeldungen verlosen wir eine Reise zum Brezelmuseum nach Erdmannhausen. Hin- und Rückfahrt und Eintritt inklusive.«

»Geben Sie mir jetzt meine Brezel oder nicht?«, knurrte Greta.

Die Verkäuferin legte die Tüte auf den Tresen und hob abwehrend die Hände in die Höhe. »Gut, klar. Ich gebe Ihnen trotzdem mal die Unterlagen für eine Brezel-Rabatt-Karte mit. Nicht, dass es am Ende wieder heißt: Wenn ich das gewusst hätte. Und noch was: Sie müssen sich schnell entscheiden.«

Greta riss die Tüte an sich. »Das habe ich bereits. Ab jetzt kaufe ich mir mein Frühstück bei einem anderen Bäcker.«

Unwirsch bahnte sie sich den Weg durch die Kundenschlange.

»Wir können Ihnen die Bäckerei Häring empfehlen. Mit denen haben wir einen Kooperationsvertrag«, rief ihr die Verkäuferin nach, doch Greta war schon zu weit weg, um sie noch zu hören.

Die Situation im Büro konnte ihre Laune nur wenig heben. Malte saß an ihrem Schreibtisch, rotierte in irrer Fahrt auf ihrem Stuhl und tippte auf der Tastatur seines Smartphones herum. Auf dem Display ihres Computers lief ein Video der Band Slipknot, bei der unklar war, ob die Musiker mehr durch ihre Horrormasken oder durch die brachiale Musik erschrecken wollten. Greta schaltete das Gegrunze aus und stoppte Maltes Gekreisel, indem sie die Rückenlehne ergriff und festhielt. Ihr Praktikant gab einen Protestlaut von sich und sah sie entrüstet an.

»Alles aussteigen, die Fahrt ist hier zu Ende. Bitte kommen Sie morgen wieder«, herrschte sie ihn an.

Mit einer resoluten Kopfbewegung machte sie dem Jungen klar, dass er sich an einen anderen Tisch setzen sollte. Murrend stand Malte auf.

»Wie ist es gestern gelaufen? Gab es wichtige Telefonate?«, fragte sie ihn.

Malte tippte auf seinem Smartphone herum und schien seine Außenwelt ausgeblendet zu haben.

»Hallo? Erde an Malte! Hat gestern jemand angerufen?«

Malte starrte weiter auf sein Display und zuckte die Schultern. »So ein Typ. Hat sich von so ein paar Spacken abziehen lassen. Handy weg, Jacke weg, Sneakers weg. Voll das Opfer«, murmelte er.

»Und? Hat er eine Adresse oder eine Telefonnummer hinterlassen? Wo können wir ihn erreichen?«

Malte zuckte abermals die Schultern. »Hat er nicht gesagt. Hab ihn auch nicht gefragt. Vielleicht ruft er nochmal an.«

Greta ließ eine Faust auf die Tischplatte sausen und zerbröselte ungewollt ihre Brezel.

»Sag mal, bist du so bescheuert oder tust du nur so? Wie sollen wir denn dem Typen helfen, wenn wir keine Adresse und keine Telefonnummer haben?«

Maltes Smartphone erzeugte einen Piepston, der dem Jungen ein Lächeln ins Gesicht zauberte und hektisches Displaygewische auslöste. Einen Moment dachte Greta daran, ihm das Gerät wegzunehmen, doch sie war sich klar darüber, dass diese Sanktion kaum geeignet war, um die Arbeitsmoral des Jungen zu steigern. Wie sollte sie nur die Zeit des Praktikums überstehen, wenn dieser Halbwüchsige noch nicht einmal in der Lage war, ein Telefonat aufzunehmen? Welche Aufgabe konnte sie ihm übertragen? Und was machte es für einen Eindruck auf den armen Menschen, der offensichtlich überfallen worden war und sich in seiner Not an die Polizei gewandt hatte, wenn Malte am Apparat war?

Ein Hauch von schlechtem Gewissen flog sie an. Natürlich hätte sie dem Jungen mehr erklären müssen. Schließlich war er ja da, um an die Polizeiarbeit, an das Berufsleben herangeführt zu werden.

Andererseits: Sie war keine Lehrerin, geschweige denn sein Kindermädchen. Und sie hatte eigentlich auch keine Zeit, einen Schüler, der sich für nichts anderes als sein Handy interessierte, auszubilden. Kriminalrat Seidel hätte sie zumindest ansprechen können, ob sie sich in der Lage sah, sich um den Jungen zu kümmern. Aber er war offensichtlich ebenso wenig in der Lage, klar zu kommunizieren, wie Oliver. Ihre erkaltete Wut kochte hoch. In Ermangelung eines entbehrlichen Wurfgeschosses auf ihrem Schreibtisch feuerte sie ihre Brezeltüte in den Abfalleimer.

»Wo ist eigentlich Polizeiobermeister Fritz? Hast du ihn heute schon gesehen?«, fragte sie den Jungen.

Malte nickte.

»Und wo ist er?«

»Keine Ahnung. Ein Pfaffe wollte ihn sprechen, mit dem ist er weggegangen.«

Greta atmete auf. Das war die erste gute Nachricht an diesem Tag. Kollege Fritz hatte sich Pfarrer Goettles angenommen. Bei aller Sympathie für den Gemeindepfarrer, in dessen Chor sie sang, zumindest wenn sie die Zeit dazu fand – ihn und seine abstrusen Einfälle zur Kriminalprävention, die er des Öfteren vorgetragen hatte, konnte sie an diesem Morgen nicht gebrauchen. Sollte sich ruhig POM Fritz mit den neuesten Ideen auseinandersetzen, dann konnte sie in Ruhe die Akten zu den Einbrüchen nochmals durchsehen.

12

»Der Jong macht mi fuchsig. Den interessiert nix. Der schwätzt nix. Der hot koi Ahnung, koi Lust und anweisa kannsch dem au nix. Da kommt bloß Bledsinn raus.«

Die Bartspitzen von Polizeiobermeister Fritz zitterten erregt. Er rührte in seiner Tasse Kaffee und war insgeheim sehr froh, mit Pfarrer Goettle in der Kantine der Polizeidirektion zu sitzen und sich einen Moment lang nicht um Malte kümmern zu müssen. Wie alle seine Aufgaben nahm er auch diese sehr genau, auch wenn er sich der ernüchternden Erkenntnis annäherte, dass es vergebene Liebesmüh war, dem Neffen des Chefs etwas beibringen zu wollen.

»Wissat Se, was der gmacht hat? Statt Unterlaga zu kopiera, hot der sein nackte Arsch kopiert. Er hot ihm einen Bart nogmolt, so wie i ihn hab, und hot des Bild ans Schwarze Brett ghängt. I ben des Gespött vom ganza Revier.«

Pfarrer Goettle nickte mitleidig, wobei er ernsthaft Mühe hatte, ein Grinsen zu unterdrücken. Die Schilderungen über den vermeintlich unbelehrbaren Praktikanten erinnerten ihn doch sehr an die Jugendstreiche, zu denen er sich hatte hinreißen lassen. Dem Jungen war einfach nur langweilig, er musste beschäftigt werden, und ein gewisses Maß an Kreativität konnte man ihm ja auch nicht absprechen.

»Sie müssat Geduld mit dem Kerle han. Er braucht oifach a Aufgab«, beschwichtigte Pfarrer Goettle und kam dann auf sein eigentliches Anliegen zu sprechen. Sein Instinkt sagte ihm, dass in der Härle-Klinik einiges im Argen lag. Vor zwei Tagen diese plötzlich einsetzende Epidemie, heute Morgen der Anruf, dass alle Kurse abgesagt werden mussten, weil ein Todesfall zu beklagen war. Ein gewisser Peter Grossmann, der aufgrund seiner Herzprobleme in der Klinik am Federsee eine Kur absolvierte, war an einem Herzinfarkt verstorben. Es war bereits der zweite Todesfall in der kurzen Zeit, die Pfarrer Goettle als Seminarleiter in der Härle-Klinik im Einsatz war. Ein Fall zu viel, um das Ganze als Zufall abzutun, fand Goettle.

»Zwoi Tote, an Haufa Kranke, die in der Klinik no kränker werdat. Ermittlat ihr in solche Fälle net?«, fragte er, als er dem Polizeimeister den Grund seines Besuchs geschildert hatte. Er wollte dem Gesetz nicht ins Handwerk pfuschen, und ein wenig Unterstützung konnte bei diesem Fall wirklich nicht schaden. Denn für Andreas Goettle stand fest: In der Härle-Klinik waren finstere Mächte am Werk, und natürlich war er gern bereit, der Polizei durch eigene Ermittlungen zuzuarbeiten. Im Grunde wartete er nur auf eine Gelegenheit, um seine Detektivausrüstung auszuprobieren und seine kriminaltechnologischen Fähigkeiten erneut unter Beweis zu stellen.

Fritz versuchte gerade, über den steinharten Keks, der jeder Tasse Kaffee beigelegt wurde, Herr zu werden, biss geräuschvoll ein Stück ab und kaute lange.

»Mein lieber Freund, des Guatsle muss a Relikt aus den Gründertagen des Bäckereiwesens sei«, murmelte er, als er geschluckt hatte. »Aber um auf Ihr Frog zurückzukomma. Bei Herzinfarkten in Krankenhäusern ermitteln mir net. Es sei denn, es gäb an Verdachtsmoment. Zum Beispiel, wenn ein Ärztefehler vorliegt oder so.«

»Und des isch bei der Härle-Klinik natürlich ausgschlossa.«

Andreas Goettle ließ seine Vermutung wie eine Frage klingen, die keine Antwort erwartete.

»Es gab bisher koine Hinweise. Außerdem hat die Klinik einen guten Ruf. Mei Schwager war au mal dort. Wega einem Rückaleida. Der kam wie neu gebora z'rück«, bestätigte POM Fritz. Er leerte schlürfend seine Tasse und erhob sich. »So, i muss wieder.«

Er stieß die Hacken zusammen und deutete eine Verbeugung an. Goettle lachte und klopfte ihm freundschaftlich auf die Schulter.

Ein Rumpeln im Foyer der Kantine, gefolgt von wütenden Flüchen, beendete das Abschiedsritual der beiden Herren.

Draußen machte sich Malte an dem Getränkeautomaten zu schaffen, der sich beharrlich weigerte, Ware herauszurücken. Das lag vor allem daran, dass der Kaufwillige nicht den entsprechenden Gegenwert in Münzen eingeworfen hatte. Seine Währung bestand in kräftigen Fußtritten, die dem Apparat offenbar weniger zusetzten als dem Aggressor. Polizeiobermeister Fritz zog Malte von der Getränkestation weg und presste ihn an die Wand.

»Ticksch du no ganz recht?«, brüllte er den Jungen an.

»Der Apparat hat mich betrogen«, zürnte Malte.

»Na und? Der b'scheißt ons scho jahrelang. Koin Grund so auszumrasta«, knurrte der Polizeiobermeister. Er zerrte den Jungen mit sich und überschüttete ihn mit schwäbischen Verwünschungen.

»Das sag ich meinem Onkel«, maulte Malte.

»Woisch du, was dei Onkel mi so langsam kann?«

Polizeimeister und Praktikant verließen die akustische Reichweite, sodass Goettle den zweiten, wesentlich wichtigeren Part von Fritz' Aussage nicht mitbekam.

»Tja, die hen offensichtlich ihre eigene Probleme. Dann muss i mir wohl die Informationen zur Härle-Klinik selbst beschaffa.«

13

Der Therapieraum war in sanftes, rötliches Licht getaucht, es roch nach ihren Lieblingsdüften Vanille und Zimt, aus den kleinen Boxen auf dem Wandregal erklang eine leise Sitarmelodie. Sie saß, lediglich mit einem Sari bekleidet, im Lotussitz auf ihrem Meditationsteppich und versuchte, ihre wirren Gedanken zu verbannen.

Seit der Bedrängung durch ihren Lieblingsschüler hatte sie keine weiteren Termine angenommen, zu tief saß der Schock. Sie konnte nicht weitermachen, als wäre nichts gewesen. Sie musste sich sammeln, zur Ruhe zurückkehren, Abstand gewinnen. Das schreckliche Ereignis vergessen. Immer wenn sie die Augen schloss, war es, als könnte sie sein Gewicht auf ihr spüren. Diese Beklemmung ließ ihren Puls in die Höhe schießen, ihr Herz schlug so stark, dass es fast schmerzte.

Der Zimmerbrunnen in der Mitte des Raumes gab ein glucksendes Geräusch von sich, als wollte er ihr zustimmen. Sie sah das Wasser über den großen, runden Stein aus Rosenquarz fließen, der dadurch noch mehr glitzerte. Dieses Funkeln beruhigte sie ein wenig.

Was hatte ihn dazu gebracht, sich so zu verhalten? Es war doch alles perfekt gewesen. Sie hatte ihn auf den richtigen Weg gebracht, er hatte sich verändert, und ja, vielleicht wäre sie seinem Wunsch nach Sex irgendwann nachgekommen. Wenn sie es für richtig gehalten hätte, wenn ihre Seelen im Einklang gewesen wären. Er hätte es schaffen können, es hatte nicht viel gefehlt und sie hätte ihre berufliche Distanz aufgegeben.

Und nun gelang es ihr nicht, seine Fratzen zu verdrängen. Erst dieses von Lust und Gier zerfurchte Gesicht des Ungeheuers, später das ängstliche Antlitz des Hilfesuchenden. Seine Dämonen hatten wieder die Oberhand über ihn gewonnen, sie hatte ihn verloren.

Sie spürte Stiche in der Magengegend. SCHULDIG morsten die flinken Nadeln. Sie schüttelte den Kopf. Nein, sie durfte kein schlechtes Gewissen haben. Sie hatte getan, was sie tun konnte. Sie hatte die richtige Entscheidung für alle Seiten getroffen. Eine vom Verstand geleitete, auch wenn ihr Herz etwas anderes befohlen hätte. Es ging nicht anders, sie musste ihm helfen, seine Dämonen wieder in den Griff zu bekommen. Sie konnte ihm nicht alles durchgehen lassen.

Sie atmete tief ein, ließ die Luft durch den Mund entweichen.

Ruhe, Gelassenheit, innerer Einklang. Das war es, was sie jetzt brauchte. Und Abstand. Sie summte die Melodie der Sitar mit und versuchte dadurch, den Gedankenstrom zu durchbrechen. Sie schwor Bilder von Sommerwiesen, einer Waldlichtung, einem verlassenen Palmenstrand herauf, die sich nur unklar zeigten, dennoch bemerkte sie, wie die Anspannung langsam abfiel und wie sie in die Tiefe des Unterbewussten abglitt.

Ein Knall und ein Klirren zerstörte die Harmonie. Ein großer Gegenstand prallte gegen den Rosenquarz des Zimmerbrunnens, der in der Mitte brach. Glasscherben prasselten auf sie hernieder. Sie duckte sich instinktiv, wurde dennoch von einer Scherbe an der Wange geritzt. Sie betastete die getroffene Stelle, spürte, dass sie blutete, und robbte vom Fenster weg. Ein kühler Luftzug bauschte die Gardine wie ein Segel auf. Sie betrachtete den Gegenstand, der durch ihr Fenster hereingeworfen worden war. Ein mit einem Papier umwickelter Stein. Sie entfaltete den Zettel, hob ihn gegen das Licht. Die Buchstaben waren aus der Zeitung ausgeschnitten und zu einer unmissverständlichen Botschaft zusammengefügt worden.

»Fahr zur Hölle, Hurenhexe. Deine Tage sind gezählt.«

Die Deutlichkeit der Worte trafen sie bis ins Mark. Hurenhexe. Sie war weder das eine noch das andere, auch wenn sie wusste, dass sie im Ort keinen guten Ruf innehatte. Die

Leute sahen nur das, was sie sehen wollten, und dass ihre Kundschaft überwiegend aus Männern bestand, machte die Sache nicht besser.

Panik ergriff sie. Was, wenn das erst der Anfang war?

Sie schlich geduckt zum Fenster, zog sich am Sims hoch und warf einen Blick auf die Straße. Nichts als Dunkelheit, lediglich in der Küche im Haus gegenüber brannte Licht. Kein Geräusch war auszumachen, sie hatte es mit einem unsichtbaren Gegner zu tun. Oder mehreren. Und keinen Verbündeten. Ein ungleicher Kampf, Ausgang ungewiss. Und dennoch. Sie würde ihn annehmen.

14

Andreas Goettle hatte sich an diesem Morgen sehr beeilt, seine Pflichten zu erledigen. Die Beichte des 83-jährigen Alois Kremmbichler hatte er nach fünf Minuten abgebrochen, da er in dessen läppischen Verfehlungen keine Verstöße gegen die zehn Gebote erkennen konnte.

»Laut Bibel isch es net verbota, gegen die Hecke des Nachbarn zu bronza. Ond es interessiert den Herrgott sicher net, dass Sie jeden Tag heimlich drei Schnäpsle trenket. Ond dass Sie mit dreckige Schuah in der Wohnstub romlaufet, isch ihm au egal. Für solche Verstöße isch Ihr Frau das regulative Organ.«

Kremmbichler hatte dennoch darauf bestanden, Buße tun zu dürfen, also hatte ihn Goettle zu drei ›Ave Marias‹ und 20 Euro für die Gemeindekasse verdonnert. Die Gebete sollte der reuige Sünder aus Zeitspargründen auf dem Nachhauseweg sprechen, das Geld nahm ihm der Pfarrer gleich ab.

Auch der Bibelkreis konnte mit einer Sonderaufgabe abgespeist werden. »Das stille Lesa und die eigene Reflektion sen das A und O in der Bibelarbeit«, erklärte er den Damen und Herren. Um sie eine geraume Zeit beschäftigt zu wissen, sollten sie sämtliche Paulusbriefe lesen und versuchen, deren Sinn in einem Satz zusammenzufassen.

»Des kann net amol der Papst«, erklärte er seiner Haushälterin Münzenmaier, die über die Spitzbübigkeit ihres Dienstherrn verständnislos den Kopf schüttelte.

»Und was machet Se mit der gewonnenen Zeit?«, fragte sie.

»Ich nütze sie, um Licht in die Welt zu bringen«, lautete Goettles geheimnisvolle Antwort.

Zwei Stunden später saß er Isolde Blechle in ihrem Wohnzimmer gegenüber. Die ehrenamtliche Küchenhilfe in der Härle-Klinik hatte einen freien Tag und war über den Besuch von Andreas Goettle sehr erfreut, zumal sie am Tag zuvor einen Apfelkuchen gebacken hatte, den sie nun kredenzte. Der Geistliche ließ sich nicht lange bitten, zumal er die Backkünste von Frau Blechle überaus schätzte. Bei allen Gemeindefesten war sie eine eifrige Kuchenspenderin, und ihre Werke fanden großen Anklang.

Bei der Innenausstattung ihrer Wohnung hatte sie allerdings kein so glückliches Händchen. Die alte Dame hatte sich offenbar nicht zwischen Ikea-Pressspanromantik und Gelsenkirchener Barock entscheiden können. An den Wänden hingen mächtige Ölbilder, die Landschaftsmotive aus einem anderen Jahrhundert zeigten, und Goettle hoffte insgeheim, dass der Maler nicht von seinem Werk hatte leben müssen – der Hungertod wäre ihm bei seiner Kunst gewiss und irgendwie auch gerecht gewesen. Er entschuldigte sich im Stillen jedoch sofort bei seinem Dienstherrn.

»Eigentlich wollte ich Zwetschgenkuchen machen, aber der schmeckt eh besser, wenn man statt Zwetschgen Äpfel nimmt«, durchbrach Frau Blechle die Stille und schaufelte dem Pfarrer ein weiteres Stück auf den Teller.

Goettle dachte einen Moment über den Satz nach, aber als die Rentnerin in schallendes Gelächter ausbrach, stimmte auch er ein.

»Was wäre das Leben ohne Humor«, fügte Frau Blechle an und goss ihm nochmals Kaffee nach. »Kennen Sie den? Ein Mann kommt vom Arzt nach Hause und sagt zu seiner Frau: ›Der Doktor hat bei mir eine Organwanderung festgestellt.‹ Die Frau ist ratlos und fragt: ›Um Gottes willen, was ist das denn?‹ Er antwortet: ›Meine Leber ist im Arsch.‹«

Isolde Blechle ließ ein gackerndes Lachen folgen, während Goettle am liebsten die Augen verdreht hätte. Dennoch rang er sich ein Lächeln ab. Frau Blechle war ein wandelndes Witzelexikon, was schon so manchen Gemeinde-Ausflug gerettet hatte.

Außerdem war die Überleitung zum eigentlichen Grund seines Besuchs nicht so schlecht.

»Ond? Behaltet eure Patienta ihr Essa wieder bei sich?«, fragte er.

Frau Blechle winkte ab. »Ja, das war wieder mal ein Theater. Manche vertragen diese Wildkräuter einfach nicht. Damit sind unsere Körper oft überfordert. Andererseits reinigt so ein Prozess auch. Das ist ja auch wichtig, dass die Alltagsgifte herausgeschwemmt ... Sie wissen, was ich meine, gell?«

Pfarrer Goettle nickte. »So kann mr des natürlich au seha. Kannet Sie eigentlich den Patienta, der an dem Herzinfarkt g'storba isch?«

Isolde Blechle rührte nachdenklich in ihrem Kaffee und nickte bedächtig. »Kennen wäre zu viel gesagt. Ich weiß, dass er Peter Grossmann hieß und wegen Herzproblemen in der Klinik war. Typischer Workaholic, wenn Sie mich fragen. Er hatte eine gutgehende Immobilienfirma, arbeitete viel, trank regelmäßig Alkohol, rauchte pausenlos, machte keinen Sport. Er war ein ziemlicher Choleriker, stand immer unter Strom. Hat andauernd an seinem Handy rumgemacht, obwohl es in der Klinik verboten ist. Die Patienten sollen dort zur Ruhe kommen, um sich ganz auf sich selbst zu besinnen. Aber das hat ihm nicht gepasst. Ständig hat er rumgemeckert. An seinem Therapieplan, am Personal, am Essen, an der Umgebung. Hat nur schlechte Laune verbreitet. Ist doch klar, dass da irgendwann das Herz aussetzt.«

Goettle stocherte mit seiner Gabel in seinem Apfelkuchen herum und betrachtete nachdenklich das Trümmerfeld auf seinem Teller.

»Möchten Sie noch ein Stück? Auf drei Beinen kann man doch nicht stehen ...«

Der Geistliche wehrte sich nicht, was Frau Blechle mit einem Lächeln quittierte. Sie schaufelte ihm ein besonders großes Kuchenstück auf den Teller und setzte ungefragt einen Löffel Schlagsahne hinzu.

»Um diesen Grossmann hat sich der Herr Professor wirklich große Sorgen gemacht. Er hat versucht, ihm ins

Gewissen zu reden. Zumindest hat das eine Pflegerin erzählt, die mit ihm zu tun hatte. Aber so richtig genützt hat es nicht.«

»Aber es isch ja scho der zweite Todesfall in de letzte drei Monat. A bissle viel für a Rehaklinik«, stellte Goettle fest.

Seine Gastgeberin nickte, erwiderte jedoch nichts. Der Geistliche erkannte, dass Isolde Blechle das Thema unangenehm war.

»Wollen Sie noch Kaffee? Ich kann noch einen machen«, fragte sie. Sie hob die Kanne an, bemerkte am Gewicht, dass sie noch ausreichend gefüllt war, stellte sie ab und sah sich nach einer anderen Beschäftigung um, die sie aus dieser Unterredung erlösen konnte.

Der Pfarrer durchschaute das schlecht getarnte Ablenkungsmanöver sofort. »Frau Blechle, mei Instinkt sagt mir, dass da irgendetwas net stemmt. I kann mir net helfa, aber i hab des Gefühl, Sie wissat ebbes.«

Die alte Dame wurde rot und wischte mit der Hand einen Krümel vom Tisch. »Wissen, was heißt hier wissen? Aber ja, es gibt da so Gerüchte«, fing sie an.

»Was für Gerüchte?«

Die alte Dame rutschte auf ihrem Stuhl herum, als wäre die Sitzfläche mit Ameisengift beträufelt. »Was die Leute halt so reden«, flüsterte sie.

»Was redat die Leut denn?«

»Grossmann und der andere Patient, ein gewisser Seethaler, sind zu dieser Hexe gegangen. Um sich behandeln zu lassen. Mit Spezialtinkturen, Rauchzauber und anderen Ritualen. Und die Leute sagen, sie hätten gehört, dass es zwischen den Männern und der Hexe einen Streit gegeben hat, und da hat sie einen Fluch ausgesprochen. Noch in der gleichen Nacht sind die beiden gestorben. Womöglich hat sie einen Pakt mit dem Teufel geschlossen.«

Goettle legte die Kuchengabel ab, lehnte sich zurück, blickte in das ernste Gesicht von Frau Blechle, dann brach er in Gelächter aus.

»Fluch, Hexe. I hab scho glaubt, Sie moinat des ernst. Der isch echt gut.«

Die alte Dame sah den Geistlichen verstört an, der sich vor Lachen den Bauch hielt.

»Es gibt sie wirklich, diese Hexe«, unterbrach sie ihn streng. »Und sie hat magische Kräfte. Ganz bestimmt. Der Grossmann zum Beispiel soll sich total verändert haben, nachdem er bei ihr gewesen ist. Er war ein Kotzbrocken sondergleichen. Ein arroganter Stinkstiefel, der sich nichts sagen ließ. Und nachdem er bei ihr war, wurde er höflicher, netter, weicher.«

Goettle wischte sich eine Träne aus dem Augenwinkel. Natürlich wusste er, dass eine Geschichte mit übersinnlichen Phänomenen bestens geeignet war, den Dorftratsch am Laufen zu halten. Und manchmal war es unfassbar, welchem Unfug die Leute Glauben schenkten. Aber Isolde Blechle war eine Frau, die er als bodenständige Person kannte, die nicht auf faulen Zauber hereinfiel. Allerdings schien es in diesem Fall anders zu sein. Sie beobachtete ihn, die Arme vor der Brust verschränkt.

»Jetzt fällt mir au an Witz ei«, sagte Goettle, um ihre Stimmung wieder ein wenig anzuheben. »Was sagt ein Mann, wenn er sei Frau mit einem Besa in der Hand sieht? ›Putscht du oder fliegsch du no weg?‹«

Wieder wurde Goettle von einem Lachkrampf geschüttelt.

Frau Blechle fand das Verhalten ihres Gastes überhaupt nicht komisch. Sie sah ihn ernst an. »Sie haben mich gefragt, was die Leute sagen, und ich habe es Ihnen erzählt. Sie müssen mir ja nicht glauben«, knurrte sie. »Aber auffällig ist es schon, dass sie bei beiden Todesfällen ihre Hände mit im Spiel hatte. Finden Sie nicht?«

Diesem Argument konnte Goettle nichts entgegensetzen. Mit Hokuspokus hatte er zwar nichts im Sinn, auch ging er mit dem Begriff Zufall äußerst sparsam um, aber es konnte nicht schaden, auch dieser Dame ein wenig auf den Zahn zu fühlen. Im Geiste sah er sich schon hinter einem Busch lauern, um mit seinem Nachtsichtgerät zu neuen Erkenntnissen zu gelangen. Eine Hexe zu observieren war sicherlich deutlich spannender, als seiner Haushälterin beim Schlafen zuzusehen.

»Wissat Sie, wo die Hexe wohnt?«, erkundigte er sich.

Frau Blechle schüttelte den Kopf. »Wahrscheinlich im Wald. Dort, wo Hexen halt so wohnen.«

»Klar. Wahrscheinlich in einem Lebkuchahäusle. Des fend i. Da wird's in Bad Buchau net so viele geba.«

Goettle lachte erneut, doch Frau Blechles gute Laune war endgültig verflogen. Ganz gegen ihre Art forderte sie den Geistlichen auch nicht auf zu bleiben. Und sie gab ihm auch kein Stück Kuchen mit auf den Weg, was Pfarrer Goettle im Nachhinein am meisten schmerzte. Der Fluch der Hexe vom Federsee streute also seine Wirkung, und das konnte Andreas Goettle gar nicht leiden.

Willkommen in Bärbels kleiner Giftküche,
www.baerbelsblog.de
Wissenswertes aus Fauna und Flora
Aphrodisiaka – Wenn du denkst, es geht nix mehr,
kommt auch schon ein Kraut daher

Meine Lieben,
immer wieder erhalte ich Zuschriften von frustrierten Menschen, die darüber klagen, dass ihre langjährigen Partner keine Lust mehr am Sex entwickeln. Das kann natürlich verschiedene Ursachen haben, und es würde den Rahmen meines Blogs sprengen, auf alle Gründe einzugehen.

Die Frage, die mir in diesem Zusammenhang immer gestellt wird, lautet: Gibt es ein Kraut, eine Frucht, eine Zutat, die den Partner, ich zitiere mal einen männlichen Fragesteller: »so richtig scharf macht«?

Die Antwort lautet: Jein.

Tatsächlich hält die Natur pflanzliche und tierische Substanzen bereit, die eine luststeigernde Wirkung haben können. Austern, Trüffeln und Artischocken wird dies nachge-

sagt. Aber auch Rinderhoden, Hirschgeweihen, Rhinozeros-Hörnern. Aber wehe, ihr brecht jetzt in die Tierparks dieser Republik ein, um die Zutaten zu beschaffen. Denn: So richtig erwiesen ist die Wirkung nicht!

Grundsätzlich geeignet sind Aphrodisiaka, die schleimhautreizende, gefäßverengende oder durchblutungsfördernde Eigenschaften besitzen. Die Rinde des Yohimbe-Baumes zum Beispiel, oder für diejenigen, die es weniger exotisch mögen: die Brennnessel.

Für Frauen sind muskelentspannende Mittel wie Mohn, Safran und die Tollkirsche anregend. Bei letzterer sollte man allerdings ein Händchen bei der Dosierung beweisen. Die Tollkirsche ist hochgiftig.

Kola-Nuss, Stechapfel, spanischer Pfeffer, Immergrün: Die Liste der »berauschenden« Pflanzen könnte endlos fortgesetzt werden, und mittlerweile sind sie alle über einschlägige Anbieter im Internet zu beziehen. Ihnen allen ist gemein: Ein bisschen Glauben an die Wirkung gehört dazu. Und was noch wichtiger ist: Die Einnahme macht aus einem verlotterten, miefenden Schlabberpulliträger keinen Adonis, aus einer keifenden, fetthaarigen Xanthippe keine Heidi Klum. Die Optik, die Übereinstimmung der Chemie, die gegenseitige Wertschätzung und Zuneigung spielen ebenso große Rollen wie das Ambiente des Rendezvous. Eine romantische Kulisse, herrliche Gaumenfreuden und ein gutes Glas Wein können zur erotischen Grundstimmung beitragen. Und wenn ihr mein Spezialmenü kredenzt, dann kann ich nur sagen: Uiuiuiui. Nehmt euch Zeit. Das wird eine lange (Liebes-)Nacht.

Bärbels Liebes-Dinner:
Vorspiel
Avocado-Süppchen mit Vanilleschaum

Fruchtfleisch aus zwei reifen Avocados lösen, mit einer Gabel zu einem Mus zerdrücken. Eine Zwiebel würfeln und anrösten, mit 200 ml Gemüsefond ablöschen. Das Avocado-

mus dazugeben und leicht aufköcheln. 1 Becher Sahne mit dem Mark einer Vanilleschote und einem Esslöffel Puderzucker halb steif (ups!) schlagen.

Der Vanilleschaum ist praktisch das Krönchen auf dem Süppchen. Und wer es ganz heiß mag, kann auch etwas Muskatnuss darüberraspeln.

Hauptgang
Lachsnudeln mit Trüffelsauce

Lachsfilet (150 Gramm pro Portion) in einem Teelöffel Öl anbraten, mit Knoblauch würzen. Nudeln bissfest kochen.

Für die Sauce in einem Topf Öl erhitzen, Zwiebeln andünsten, 100 ml Weißwein, 300 ml Geflügelfond und 300 ml Sahne dazugeben und einkochen lassen. Trüffel in feine Würfel schneiden. Petersilienblätter abzupfen und beides der Sauce hinzugeben. Mit Salz und Pfeffer abschmecken.

Nachspeise – gleich geht's los
Xocolatl-Zimt-Stangen

Drei Eiweiß beherzt zu steifem (yes!) Schnee schlagen, 200 Gramm Zucker, 50 Gramm Zimt, 50 Gramm gemahlene Kakaosamen und 250 Gramm gehobelte Mandeln dazu geben. Aus der Masse werden Stangen geformt und im Backofen bei mittlerer Hitze gebacken.

Als Getränk eignet sich ein trockener Sekt oder Champagner.

Viel Spaß beim Ausprobieren. Es würde mich übrigens brennend interessieren, wie das Liebesmahl bei euch ankommt. Also: Euer Feedback ist erwünscht. Ich bin schon ganz heiß drauf.

Eure Bärbel

15

In der Aula der Härle-Klinik herrschte eine nervöse Anspannung. Stühle wurden gerückt, Köpfe zusammengesteckt, und es wurde konspirativ gemurmelt. Alle Patienten und alle Pflegekräfte waren gebeten worden, sich im Veranstaltungssaal zu versammeln. Professor Gerold Thompson, der Leiter der Klinik, wollte zu den jüngsten Vorkommnissen in der Rehab-Stätte Stellung beziehen und damit die in den letzten Tagen deutlich aufkommende Unruhe eindämmen. Insgeheim reagierte er damit auf die Berichte seines Personals, das immer wieder über die schlechte Stimmung unter den Patienten klagte. Einige Gäste waren vorzeitig abgereist, bezogen sich auf die unzumutbare Diät, die in jüngster Vergangenheit immer wieder zu Übelkeit und Magenkrämpfen geführt hatte.

Ebenfalls in der Kritik stand die eigenwillige und klinikeigene Medikation, die einigen Heilsuchenden zu wenig Wirkung zeigte. Thompson hatte zwar Verständnis für die Einwände, doch er war von seinen Methoden absolut überzeugt. Wer auf die Heilkraft natürlicher Essenzen baute, der musste auch die nötige Geduld mitbringen, um die Wirkung verspüren zu können. Die Intoxikation mit Wohlstandsgiften war auch nicht von heute auf morgen erfolgt, sie war ein schleichender Prozess. Daher war es keinesfalls unnormal, wenn die Rückkehr zu der ursprünglichsten aller ursprünglichen Ernährungs- und Lebensweisen ebenfalls nur einen verzögerten Erfolg zeigte. In vielen Fällen, so hatte es seine Erfahrung gezeigt, waren die Symptome anfangs sogar verschlechtert worden. Aber meistens hatte sich die Geduld der Patienten ausgezahlt. Ständig bekam er positive Rückmeldungen von Menschen, die durch die Rulaman-Methode ein neues Leben kennengelernt hatten.

Die Nachricht vom Tod des Patienten Grossmann hatte jedoch das Fass zum Überlaufen gebracht. Vor allem die

Herz- und Kreislauf-Patienten der Klinik weigerten sich, weiter an den Behandlungsmaßnahmen teilzunehmen. Sie erschienen nicht zu ihren Terminen, sie tauchten beim Essen nicht mehr auf. Es wurde gar gemunkelt, dass sie eine Art Gegenbewegung ins Leben gerufen hatten, die sich in einem der ansässigen Gasthäuser traf, um – bei Schweinshaxe und Weizenbier – zu beraten, welche rechtlichen Schritte gegen die Klinik vorgenommen werden konnten.

Thompson wusste, dass diese »verirrten Seelen« keine Handhabe hatten, um ihn oder sein Personal zu belangen. Sie alle hatten einen Behandlungsvertrag unterzeichnet, der jeder juristischer Überprüfung standhielt. Der Professor war für seine Weitsicht bekannt, demnach hatte er das Werk von einer renommierten Anwaltskanzlei ausformulieren lassen. Thompson wusste jedoch auch um den Imageschaden, den Zweifler an seinen Methoden mit in die Welt trugen. Jede schlechte Botschaft wurde weitaus interessierter aufgenommen als positive Meldungen. Einige Krawallblätter spekulierten geradezu auf vermeintliche Insider-Berichte, die geeignet waren, die Klinik in Verruf zu bringen. Und genau das weckte seinen Ehrgeiz.

Die Klinik war sein Lebenswerk. Jahrelang hatte er um Investoren geworben, hatte den Spott seiner Kollegen ertragen, die seine Rulaman-Methode belächelt hatten. Er hatte Kontakte geknüpft, Personal abgeworben, sich mit Spezialisten umgeben, die seinem Weg folgten und ihn durch ihren Einfallsreichtum stützten. Die Schulmedizin war von den Krankenkassen an die Kette gelegt worden, ihr Handlungsspielraum war gering. Er wiederum hatte seine Gesundungs-Stätte in die schwarzen Zahlen geführt. Ohne staatliche Subventionen, ohne Krankenkassenzulassung. Er hatte seinen Platz neben allen anderen Rehabilitationszentren wie dem Lokalkonkurrenten Federseeklinik behauptet. Thompson hatte für diese Sache gekämpft, und er war belohnt worden. Die Härle-Klinik galt inzwischen als die anerkannteste Alternative zu allen anderen Kurkliniken in ganz Süddeutschland. Diese Qualität der Behandlung hatte seinen Preis, und zum Glück trugen zufriedene Patienten ihre Erfahrungen in die Welt hinaus, so dass sich die Betreiber der Härle-Klinik über mangelnde Anfragen nicht beschweren konnten.

Das Auditorium verstummte, als Professor Thompson an das Rednerpult trat, das Mikrofon einrichtete. Einige Damen seufzten leise, murmelten seinen Namen oder blickten verklärt auf das Podium.

Der Professor war ein stattlicher Mann. Der graue Zweiteiler stand ihm ebenso gut wie seine Arztmontur. Die grauen, vollen Haare unterstrichen seine Seriosität, und wenn er lächelte, dann präsentierte er zwei perfekte Zahnreihen, die einem Dentisten die Verzweiflungstränen in die Augen getrieben hätten.

Thompson wartete, bis auch das letzte Husten abgeebbt war, blickte über seine randlose Brille hinweg in die Runde und hob beschwörend die Arme. »Meine Lieben«, begann er, »die letzten Tage haben Unruhe in unser Refugium gebracht. Einige bedauerliche Vorfälle haben euren Schmerz, euer Leid erweitert, anstatt Linderung zu bringen. Und nun kommen Zweifel auf, ob ihr die richtige Entscheidung getroffen habt, euch in unsere Hände zu begeben. Ich verstehe das. Das ist nur allzu menschlich.«

Thompson nahm die Brille ab, damit die Sorge in seinem Blick deutlicher wurde. Die dramatische Pause zeigte Wirkung, alle hingen an seinen Lippen. Links außen in der ersten Reihe erkannte er Blandine Geffert, die schlanken, »nahezu unbehandelten« Beine in schwarzen Leggins übereinandergeschlagen, ein tief ausgeschnittenes T-Shirt zurechtzupfend und ein leicht spöttisches Lächeln auf den Lippen, als sie den Blick des Professors bemerkte.

»Zweifel jedoch«, fuhr Thompson fort, »sind keine guten Therapeuten. Sie taugen nicht als Ratgeber, denn sie haben eine zerstörerische Kraft. Wie Parasiten setzen sie sich in euren Hirnen fest, rauben euch Energie und Lebensfreude.

Zwei wichtige Faktoren der Heilung werden gemeuchelt und schon entstehen trübe Gedanken, lenken euch ab.

Aber genau das Gegenteil ist unser Ziel: Wir wollen euch energetisch aufladen, damit ihr Kraft, Mut und Lebensfreude schöpft. Dabei gehen wir ungewöhnliche Wege. In fast allen Belangen. Die Rulaman-Methode sieht eine neue Art der Ernährung vor, ein ausgefeiltes Bewegungskonzept, individuelle Anwendungen, Gespräche und Aktionen, um die Gemeinschaft zu fördern. Wir schalten bewusst alle Störquellen von außen ab, damit ihr euch ganz auf euch selbst konzentrieren könnt. Die Beschallung und Bestrahlung von medialem Zivilisations-Schrott lehnen wir konsequent ab, denn der Unrat, der sich aus den so genannten Informationsquellen über euch ergießt, ist der Nährboden eurer Krankheiten. Euer Geist wird mit törichten Bildern erstickt, und wenn er sich nicht mehr regt, dann stirbt auch der Körper.«

Thompson setzte bewusst eine Pause, um noch einmal seinen Blick durch das Auditorium streifen zu lassen. Einige seiner Zuhörer sahen betroffen zu Boden, einige rangen mit ihren Händen.

»Und was ist mit Peter Grossmann und Alexander Seethaler? Warum mussten sie sterben?«

Das Auditorium atmete kollektiv ein, löste sich aus der starren Haltung. Das anfängliche Gemurmel schwoll an, verdichtete sich zu einer zähen Geräuschwand, die sich so schnell nicht einreißen ließ.

Thompson kannte die Stimme des Zwischenrufers. Ernst Allgaier, ebenfalls Herzpatient mit Belastungs-Depression, der sich nach dem bedauernswerten Vorfall mit Grossmann zu einer Art Sprecher der Aufständischen aufgeschwungen hatte. Der Professor suchte die Reihen ab und fand den Störenfried in der vorletzten Reihe. Allgaiers Doppelkinn zitterte, seine wulstigen Lippen hatte er trotzig nach vorn geschoben, er schwitzte.

Thompson nickte ernst. »Peter Grossmann und Alexander Seethaler. Warum mussten die beiden sterben? Ihre Frage ist absolut berechtigt, Herr Allgaier. Und es gibt auch eine Antwort darauf.«

Der Professor blickte den Patienten direkt an. Allgaier reagierte wie ein bei einem Klingelstreich Ertappter, sah den Nachbarn zu seiner Rechten an, als suchte er nach Zuspruch, und als dieser nicht reagierte, verschränkte er die Arme vor der Brust.

»Die Herren Grossmann und Seethaler. Wir hätten ihnen helfen können«, fuhr Thompson fort. »Leider waren beide der Meinung, sie könnten den Behandlungsplan umgehen. Sie haben sich nicht an die Anweisungen des Personals gehalten, haben die Diät torpediert, haben ihre Medikamente nicht genommen. Sie haben sich geweigert, ihre Smartphones und Laptops auszuschalten, haben weder den Zigaretten noch dem Alkohol abgeschworen. Sie haben letztlich genauso weitergelebt wie vor ihrer Erkrankung. Mehr noch: Sie haben sich in die Hände einer Person begeben, deren Behandlungsmethoden äußerst obskur sind. Sie haben Substanzen eingenommen, deren Wirkung nicht ausreichend erforscht und durch keinerlei Studien belegt ist. Sie sind esoterischen Methoden aufgesessen, die geradezu hanebüchen sind. Und das Problem war, dass wir erst davon erfahren haben, als es schon zu spät war. Wir konnten nichts mehr für die beiden tun. Sie waren vergiftet, ihre Herzen waren geschwächt, überfordert und haben irgendwann aufgehört zu schlagen. Niemand bedauert das mehr als wir. Unser Mitgefühl gehört den Familien, den Bekannten und Verwandten. Und ich möchte euch an dieser Stelle auffordern, zu einer Schweigeminute aufzustehen, in der wir der Toten gedenken.«

Die Zuschauer erhoben sich von ihren Plätzen. Thompson faltete seine Hände wie zum Gebet und senkte den Kopf. Mit dieser Geste, so hoffte er, hatte er Allgaier und seiner Truppe den Wind aus den Segeln genommen. Zumindest für die nächste Zeit.

Nach Ablauf der sechzig Sekunden bedankte sich Professor Thompson bei den Patienten und forderte sie auf, wieder Platz zu nehmen.

»Meine Lieben, ich kann euch nur immer wieder bitten: Habt Vertrauen! Zu uns, zu euren Mitpatienten und in die Rulaman-Methode. Haltet euch an den Behandlungsplan. Gebt auf euch selbst und aufeinander Acht. Sprecht uns an, wenn ihr seht, dass jemand drauf und dran ist, eine Dummheit zu begehen. Ich verspreche euch – und die Rückmeldung von tausenden ehemaligen Patienten gibt mir da Recht: Auch ihr werdet gesund. Die Heilung ist schon im Gange. Spürt den kleinen Erfolgen nach, damit die großen folgen können. Und gebt euch die nötige Zeit. Wir helfen euch dabei. Wir sind da! Vielen Dank.«

Thompson setzte seine Brille wieder auf, blieb noch einen Moment am Rednerpult stehen, bis der Applaus einsetzte. Es war zunächst ein verhaltenes Klatschen weniger Zuhörer, das sich jedoch allmählich steigerte und schließlich zu einem Tosen anschwoll. Die Patienten erhoben sich, einige johlten.

Der Professor verneigte sich würdevoll. Allgaier war sitzen geblieben wie ein störrischer Esel, der sich weigerte, auch nur einen Schritt zu tun. Blandine blickte lächelnd zu ihm auf und winkte ihm verstohlen zu. Thompson verneigte sich noch einmal in ihre Richtung, trat vom Rednerpult ab. Er war zufrieden. Die Reaktion hatte gezeigt, dass die Mehrzahl der Patienten die Ziele der Härle-Klinik akzeptierte und bereit war, der Methodik zu folgen. Ausnahmen gab es immer. Um diese Menschen musste man sich besonders kümmern.

Chantal Möller war merkwürdig still. Normalerweise redete sie ununterbrochen, der ungefilterte Wortschwall quoll aus ihr heraus wie überkochender Brei aus einem Topf. Im Gegensatz zu der Speise jedoch war ihr Geschwätz meist frei von Inhaltsstoffen. Es war fast so, als bliebe der Sinn des Gesagten im Hirn zurück, so dass nur leere Worthülsen aus ihr herausschwappten.

Seit dem Vortrag des Professors hatte sie nicht mehr gesprochen. Sie war auf ihr Zimmer gegangen, hatte sich auf ihr Bett geworfen und starrte seit Stunden die Decke an.

Blandine Geffert klopfte an die Tür von Chantals Appartement. Ihre Freundin antwortete nicht, also trat sie einfach ein. Chantal lag regungslos auf ihrem Bett, schenkte ihr keinerlei Beachtung.

»Ich wollte mal nach dir sehen«, sagte Blandine. »Du warst nach dem Vortrag des Professors so schnell weg. Wir wollten doch zur Massage. Ich habe bei Tom Termine für uns gemacht. Du weißt schon, bei diesem durchtrainierten Typ, der immer die ärmellosen Shirts anhat.«

Chantal zeigte keine Reaktion. Ihre geröteten Augen verrieten, dass sie geweint hatte. Neben ihrem Bett lagen unzählige zerknüllte Papiertaschentücher und glänzende Stanniolverpackungen ihrer Lieblingspralinen.

»Oh weh. Weltschmerz oder wie?«

Blandine kannte ihre Freundin lange genug, um ihre Rituale zu deuten. Wenn Chantal traurig war, und das war sie fast immer, dann stopfte sie Schokolade in sich hinein.

Die Lippen der drallen Brünetten bebten schuldbewusst. »Ein Leben ohne Schokolade macht doch keinen Sinn. Die Zeit ohne Piemont-Kirsche von Frühjahr bis Herbst ist doch schon hart genug.«

Blandine nickte, ließ sich neben ihrer Freundin auf das Bett sinken und streichelte ihr über die Wange. Chantal hatte ein sehr hübsches Gesicht. Dunkelblaue Augen, eine Nase wie von einem Künstler modelliert, volle Lippen, alles eingerahmt von einer vollen, schulterlangen Naturwelle.

Halsabwärts endete jedoch die natürliche Vollkommenheit. Im Gegensatz zu ihrem Gesicht folgte der Körper dem Diktat der kalorienreichen, nährstoffarmen Ernährung. Doch anstatt darauf in angemessenem Maße zu reagieren, mit Sport oder gymnastischen Übungen oder durch die Reduktion der üppigen Kost, schwor die Mittvierzigerin auf die Künste von Chirurgen und war dabei wohl etlichen Sonderangeboten auf den Leim gegangen. Ihre Brüste sahen aus, als hätte man ihr halbe Medizinbälle implantiert, bei der Fettabsaugung hatte man offenbar eine Ölabscheidepumpe für Panzer benutzt. Chantals Bauchdecke glich der Mondoberfläche, wobei der Erdtrabant die wesentlich flacheren Krater aufwies. Ihr Hintern zeigte sich gegen die Straffungsmaßnahmen resistent, und ihre Beine sahen aus, als züchtete sie Krampfadern. Kein Wunder, dass Chantal im höchsten Grade depressiv war, fand Blandine.

Am meisten litt ihre Freundin darunter, dass sie seit Jahren Single war, und Blandine konnte sich nicht daran erinnern, wann Chantal zuletzt ein Date mit einem Mann gehabt hatte. Unvorstellbar.

»Was macht dich denn so traurig, Schnecke? Willst du darüber reden?«, fragte sie.

Chantal schniefte. »Ich schäme mich so.«

Blandine winkte ab. »Wegen den paar Schnapspralinen? Ist doch halb so wild. Schokolade, die tröstet, macht nicht dick.«

Chantal schüttelte den Kopf. »Das ist es nicht. Ich habe … Angst.«

Die Brünette fing an zu schluchzen und Blandine umarmte sie.

»Angst? Wovor?«

Es dauerte einen Moment, bis sich Chantal beruhigt hatte. Sie wischte sich mit dem Ärmel ihres Jogginganzugs über die Augen.

»Es ist wegen den esoterischen Mächten, von denen der Professor gesprochen hat. Die uns vergiften. So wie den Peter und den Herrn Seethaler.«

Blandine löste die Umarmung, setzte sich auf. Ihre Miene verdüsterte sich. Die Erinnerung an die letzte Begegnung mit Peter Grossmann riss die Wunde der verletzten Eitelkeit erneut auf.

»Was hat das mit dir zu tun?«, schnaubte sie.

Chantal richtete sich auf. »Ich war doch mal bei so einem Schamanen. Und der hatte auch so komische Methoden, mit denen er mich heilen wollte. Den körperlichen Weg nannte der das. Damit wollte er meine Blockaden lösen. Damit die Säfte fließen können, die mich entschlacken. Stattdessen hat er mich vergiftet.« Chantal heulte kurz auf. »Und weil er mich vergiftet hat, nehme ich nicht ab. Und weil ich nicht abnehme, sieht mich kein Mann an. Und weil mich kein Mann ansieht, habe ich Depressionen. Und wenn ich Depressionen habe, stopfe ich alles, was ich an Essbarem finde, in mich hinein. Und werde immer fetter. Irgendwann werde ich mich gar nicht mehr bewegen können und einen einsamen, fetten Tod sterben. Ich bin soooo unglücklich.« Der Rest ging im Schluchzen unter.

Blandine verdrehte die Augen. Sie hatte diesen »Teufelskreis« von Chantal schon so oft gehört, dass sie nicht mehr wusste, was sie darauf erwidern sollte. Die Geschichte mit dem Schamanen jedoch, die war für sie neu. »Was hat er denn gemacht, der Schamane? Hat er dir einen Heiltrunk gemixt?«

Chantal schüttelte den Kopf. »Nein, nein. Seine Vergiftung erfolgte direkter.«

»Wie jetzt? Direkter? Hat er dir etwas injiziert?«

»Kann man so sagen … Also so direkt, unten.«

Chantal wies mit ihrer rechten Hand zwischen ihre Beine.

Blandine verstand nicht sofort, dann jedoch lachte sie. »Bist du sicher, dass er ein Schamane war? Und nicht ein notgeiler Bock, der die Geschichte erfunden hat, um Ahnungslose wie dich flachzulegen? Wo hast du den denn kennengelernt?«

Chantal errötete. »Er war Schamane. Der hatte ganz viele Beschwörungsstäbe in seiner Wohnung. Die haben angefangen zu vibrieren, wenn er die in den Händen hatte. Gespenstisch. Und so eine tibetanische Entspannungsschaukel hatte der auch im Schlafzimmer. Ich hab ihn bei einem ayurvedischen Kochkurs an der Volkshochschule kennengelernt, den er geleitet hat. Da hat er schon ganz viele Frauen geheilt. Oder vergiftet. Ich bin völlig verwirrt.«

Chantal schossen wieder die Tränen in die Augen.

Blandine legte ihrer Freundin einen Arm um die Schultern. »Ich kann dir versichern: Er hat dich nicht vergiftet. Er hat nur, ich sag es mal so, seine Säfte zum Fließen gebracht.«

»Woher willst du das wissen? Peter hat auch nichts davon geahnt, dass er in Gefahr ist. Die Hexe hat seine Seele beeinflusst. Und nun ist er tot.«

Blandine zog ihren Arm zurück, stand auf, ging zum Fenster und blickte hinaus. Draußen dämmerte es bereits, die Spaziergänger auf dem Weg zum oder vom Wackelwald waren nur noch als wandelnde Silhouetten auszumachen. »Peter Grossmann hat das bekommen, was er verdient«, zischte sie schließlich.

Chantal schluckte trocken. Sie wunderte sich über den eisigen Tonfall von Blandine, die vor kurzem noch in den höchsten Tönen von ihrem Kurschatten gesprochen hatte. Überhaupt war keine Trauer bei ihr zu spüren. Sie hatte die Neuigkeit über Peters Tod mit einer Haltung ertragen, die Chantal bewunderte.

»Aber ich dachte, also, ihr wart doch zusammen, so als Paar, oder nicht?«, hakte sie vorsichtig nach.

Blandine fuhr herum. »Hör auf zu denken. Das hat bei dir doch nie so recht geklappt«, schnappte sie und erschrak über ihren Tonfall. Sie setzte sich neben Chantal und streichelte erneut ihre Wange. »Tut mir leid. Ich wollte das nicht sagen. Ich bin auch durcheinander. Der Tod von Peter. Seine Beziehung zu dieser Hexe. Die Rede von Professor Thompson. Das ist alles zu viel für mich.«

Chantal nickte und sah ihre Freundin besorgt an. Blandine brachte so schnell nichts aus der Ruhe. Souveränität war ihr stets wichtig. Doch nun ging eine ungewohnte Unruhe von ihr aus. Chantal griff nach der bereits halb geleerten Packung mit Schnapspralinen, lehnte sich in ihr Kissen zurück.

»Was ist das für eine Geschichte mit dieser Hexe? Wie hast du davon erfahren? Was macht sie?«, munterte sie

Blandine zum Erzählen auf. Stockend berichtete ihre Freundin von ihren Mutmaßungen, dass Peter Grossmann mit Miriam Luscheder, der Hexe vom Federsee, liiert war. Sie schmückte ihre spärlichen Informationen mit allerhand Gerüchten und Erdachtem aus. Sie sprach von Ritualen, dunklen Schwüren, Hirnwäschen, Begattungstänzen, Götzenanbetungen.

Chantal lauschte ihr gebannt, erinnerte an ein Kind, dem die Großmutter Märchen vorliest. Am Ende der Schilderungen war die Pralinenschachtel leer und Chantals Depressionen hatten sich in einem Schnapspralinenrausch aufgelöst.

16

»Sie waren wieder nicht beim Mittagessen, Herr Allgaier. Das ist nicht gut. Sie wollen doch gesund werden.«

Oberschwester Ursula sah den stämmigen Patienten, der in einem Designer-Trainingsanzug an dem Tisch in seinem Zimmer saß und in der Tageszeitung las, strafend an. Der kümmerte sich nicht um die besorgte Fachkraft, befeuchtete seinen Zeigefinger mit der Zunge und blätterte um. Oberschwester Ursula stellte zunächst eine Stofftasche auf den Tisch und nahm dann ihrem Patienten die Zeitung weg.

»Sie müssen vernünftig sein, Herr Allgaier. Sonst können wir für nichts garantieren. Sie haben doch gesehen, was mit dem armen Herrn Grossmann geschehen ist. Sie müssen etwas essen.«

Sie entnahm der Stofftasche eine Plastikschüssel mit dunkelbraunem Inhalt und etwas, das in Frischhaltefolie eingewickelt war.

Ernst Allgaier schenkte den Mitbringseln keine Beachtung, stemmte sich in die Vertikale und forderte mit einer bedrohlichen Geste die Herausgabe seines Lesestoffs.

Aber Oberschwester Ursula steckte die Zeitung in den Hosenbund, nahm den Deckel von der Plastikdose und wickelte ihre Zimtstangen aus der Plastikfolie.

»Die Zeitung bekommen sie erst wieder, wenn sie etwas gegessen haben.« Sie blinzelte dem Patienten verschwörerisch zu. »Ich habe Ihnen etwas mitgebracht. Etwas ganz Feines. Lachsnudeln mit Trüffelsauce. Selbst gekocht.«

Ernst Allgaier betrachtete die Speise misstrauisch. Sie duftete herrlich, ihm lief das Wasser im Mund zusammen. Und ja, er konnte es nicht leugnen. Er hatte Hunger.

Oberschwester Ursula zauberte eine Gabel aus dem Stoffbeutel hervor und überreichte sie feierlich. Allgaier zögerte kurz, dann ergriff er das Werkzeug, ließ die Gabel in der Nudelmasse kreisen und beförderte sie in den Mund.

»Hm, köstlich«, schwärmte er nach dem ersten Bissen. »Eigentlich wollt i in den Hungerstreik treta, aber so a kurze Streikpause kann ja net schada.«

Er setzte sich und verschlang den Inhalt des Gefäßes.

Oberschwester Ursula beobachtete mit großer Genugtuung, dass sie den Widerspenstigen zur Räson gebracht hatte. Da konnte der Professor noch so große Reden schwingen, ein gutes Essen war doch immer überzeugender. Man musste sich um schwierige Kandidaten intensiver kümmern, um sie kämpfen, sonst kamen sie auf dumme Gedanken. So wie Grossmann und Seethaler. Die ließen sich durch nichts überzeugen, dachten, sie hätten ihren eigenen Weg gefunden. Dabei hätten sie sich nur zurücklehnen müssen. Es war, wie der Professor gesagt hatte. Sie hatten kein Vertrauen. Und Vertrauen ist die Basis von Heilung.

Oberschwester Ursula sah Ernst Allgaier dabei zu, wie er von der Gabel die letzten Reste seines Mahls ableckte. Er lächelte sogar ein wenig.

»Und was isch des?«, fragte er und griff nach einer Zimtstange.

»Was ganz was Feines«, antwortete Oberschwester Ursula. »Eine Spezialität.«

Wenn Allgaier den Xocolatl-Stangen nicht mehr Aufmerksamkeit geschenkt hätte als seiner Betreuerin, hätte er das Glänzen in ihren Augen sehen können.

Drei Stunden später erwachte Ernst Allgaier. Er konnte sich nicht erinnern, wann und wie er ins Bett gekommen war. Er sah an sich herunter und erkannte, dass er sich nicht die Mühe gemacht hatte, sich auszukleiden. Er fühlte sich seltsam, sein Herz raste, er nahm sein Umfeld nur vage und verschwommen wahr, sein Mund war trocken. Von einer inneren Unruhe getrieben, stand er auf und ging im Zimmer auf und ab. Er schaltete den Fernseher ein, zappte durch die Kanäle, blieb ein Weilchen bei einer Talkshow hängen, in der es um Schönheitsoperationen ging. Nicht, weil ihn das Thema brennend interessierte, sondern weil die befragten Damen allesamt ihre frisch erworbenen Körperreize zu Schau stellten. Er spürte, wie eine unbändige Lust in ihm aufbrandete, wechselte den Sender. Werbespots für Telefonsexhotlines, Datingportale, junge Damen, die sich nackt vor ihm rekelten, flimmerten in den Raum. Er schaltete den Fernseher aus.

Brennender Durst quälte ihn, und er beschloss, den Getränkeautomaten im Erdgeschoss aufzusuchen. Im Gang begegnete er Chantal Möller, die er aus dem Seminar bei Pfarrer Goettle kannte. Sie grüßte kurz und huschte an ihm vorbei. Bisher hatte er sie kaum beachtet, doch in diesem Moment war es, als hätte ihn Amors Pfeil getroffen. Sie trug einen bequemen Jogginganzug, der jedoch ihre üppigen Formen mehr betonte als kaschierte; ihr Haar hatte sie zu einem Pferdeschwanz gebunden, und sie ging, als schritte sie auf einem roten Teppich. Vor ihrer Zimmertür blieb sie stehen und kramte in einem Umhängetäschchen nach ihrem Schlüssel.

»Kannsch du au net schlofa?«, fragte Ernst Allgaier.

Chantal drehte sich zu ihm und nickte. Sie sah traurig aus.

»I au net.«

Er ging zu ihr, blieb vor ihr stehen. Sie sah ihn abwartend an.

»Hättsch du Lust auf einen Schluck Wein? I hab a Fläschle reig'schmuggelt.«

Chantal Möller verzog die Lippen zu einem Lächeln und zuckte mit den Schultern. »Warum nicht?«

»Gut, i hol die Flasch. Bin glei zurück.«

Ernst Allgaier hechtete davon. Er fühlte sich so jung wie lange nicht mehr, in seinem Bauch flatterten Schmetterlinge um die Wette, und eine Etage tiefer begann sich auch etwas zu regen. Dies konnte eine wundervolle Nacht werden. Er kramte die Flasche Rotwein aus dem Versteck im Schrank, nahm sein Wasserglas mit und eilte aus seinem Zimmer. Chantal wartete vor ihrer Zimmertür, schloss erst auf, als er bei ihr war. Die beiden waren so voller Vorfreude, dass sie nicht bemerkten, dass sie beobachtet wurden.

17

Greta Gerber hatte sich mit den Ermittlungsakten zu den jüngsten Einbruchsfällen in ihr »Lesezimmer« zurückgezogen. So nannte sie die Zelle, die normalerweise Festgenommenen vorbehalten war und die sie, so sie unbelegt war, in Anspruch nahm, wenn sie Ruhe brauchte. Oben in ihrem Büro klingelte ständig das Telefon, warfen Kollegen ihre Fragen in den Raum, schepperte oder krachte etwas auf dem Gang. Zudem hatte sie wieder einmal dröhnende Kopfschmerzen, an denen Oliver Schuld trug. Wieder einmal hatte er eine Verabredung platzen lassen und Greta gezwungen, ihren Frust zu ertränken. Dieses Mal hatte sie den Wein ausgelassen und ließ sich von Gin trösten. Dies vertrug sich offenbar nicht mit der neuen Störquelle namens Malte, der offenbar eine Metamorphose vom stillen Wasser zum Rabauken durchlebte.

Der Rückzug in die Klausur und das konzentrierte Studium der Akten hatten schnell erhellende Hinweise gebracht. Auffällig war, dass alle Einbrüche in Häuser erfolgten, die durch Alarmanlagen gesichert, jedoch außer Kraft gesetzt worden waren. Alle Anlagen hatte eine Spezialfirma namens Elektro Kurz installiert. Dies konnte ein Zufall sein. Oder eine Spur. Es konnte nicht schaden, dem Sicherheitsunternehmen einen Besuch abzustatten und mal nachzufragen, wie es sein konnte, dass es offenbar so einfach war, die Technik lahmzulegen.

Nachdem die Hauptkommissarin und POM Fritz Kriminalrat Seidel davon überzeugt hatten, sich um seinen Neffen zu kümmern, waren sie aufgebrochen und saßen dem Inhaber von Elektro Kurz in dessen Büro in der Memminger Straße gegenüber.

Ferdinand Kurz war ein Handwerker vom alten Schlag. Einer, der morgens seinen Monteurkittel anlegte, auch wenn er inzwischen nur noch die Büroangelegenheiten erledigte.

Stifteköcher, Locher, Anspitzer, Zettelbox und Tastentelefon standen akkurat in einer Reihe, vor ihm lag ein Block mit einem Bleistift.

Seine Kundendatei führte er noch handschriftlich. In Blockbuchstaben übertrug er Namen, Adressen, Telefonnummern und technische Details zu den ausgeführten Arbeiten auf Karteikarten. Für die Rechnungsstellung benutzte er eine alte Schreibmaschine aus dem Hause Adler. Er dachte gar nicht daran, den Computer anzufassen, den sein Schwiegersohn angeschafft hatte, der das operative Geschäft leitete. »In denne Geräte hocksch net dren. Wer schreibt, der bleibt. Trausch dem PC, gohsch he«, lautete der Leitspruch des Seniorchefs.

Ferdinand Kurz war damit immer gut gefahren: Er leitete das Unternehmen seit mittlerweile vierzig Jahren, hatte es vom reinen Familienbetrieb zu einer stattlichen Größe mit immerhin 15 Angestellten geführt.

Was die verbaute Technik betraf, setzte die Firma Kurz auf Qualität. Das galt insbesondere für seinen Schwiegersohn Udo, der den Familiennamen seiner Frau angenommen hatte, um das Traditionsunternehmen irgendwann unter dem eingeführten Signet weiterführen zu können. Ferdinand Kurz ließ keinen Zweifel offen, dass dieser Zeitpunkt in weiter Ferne lag, schließlich sei sein Schwiegersohn keine große Leuchte. Diese Einschätzung gab er auch den beiden Polizisten zu Protokoll. Vom Metier jedoch habe der Udo Ahnung. Er nehme auch persönlich jede Anlage ab, bevor sie in Betrieb ging.

»Aber wie kann es sein, dass die drei Anlagen, die Sie installiert haben, bei den Einbrüchen relativ problemlos ausgeschaltet werden konnten? Das müssen doch Profis gemacht haben«, vermutete Greta Gerber.

Der Senior studierte seine Karteikarten, als läse er im Kaffeesatz. Er zog Akten aus einem Hängeregister, förderte Schaltpläne zutage, fuhr mit dem Finger die Zeichnungen nach und murmelte Unverständliches.

»Älles eiwandfrei. Modernste Technik, professionell ei'baut. Also, an ons liegt des net. Aber es stimmt scho, was Sie saget: Du musch dich auskenna, wenn de die O'lag sabotiera willsch«, resümierte er schließlich.

»Könnte es denn sein, dass einer Ihrer Handwerker ... sagen wir mal ... sein Gehalt auf diese Weise aufbessert? Oder gibt es einen ehemaligen Angestellten, der nicht gut auf Sie zu sprechen ist und Ihnen schaden will?«

Ferdinand Kurz ließ sich gegen die Rückenlehne seines Bürostuhls fallen, atmete schwer und zog eine wütende Grimasse. »Werdat Se net overschämt. Mir hen nix damit zom doe.«

Die Tür zum Büro wurde aufgerissen. Ein großer, stämmiger Mann in Monteurskluft, den Greta auf vierzig Jahre schätzte, stürmte, ohne anzuklopfen, herein und trat hinter den Seniorchef.

»Meine Frau hat mir erzählt, dass die Polizei bei uns im Haus ist. Darf ich fragen, was Sie zu uns führt?«

Greta Gerber lehnte sich zurück. »Dürfen Sie. Aber erst, wenn Sie uns darüber aufklären, wer Sie sind.«

Er verlor ein wenig an Spannung, sah unsicher auf Ferdinand Kurz herab, der seine Karteikarten in den Händen drehte.

»Udo Kurz. Ich bin der Schwiegersohn von Herrn Kurz. Und stellvertretender Geschäftsführer.«

Ferdinand Kurz setzte ein spöttisches Grinsen auf.

Greta Gerber stellte sich und Polizeiobermeister Fritz vor und wiederholte das Anliegen ihres Besuchs.

Udo Kurz reagierte darauf sehr betroffen. »Diese Einbrüche sind für uns eine Katastrophe. Wir haben den Betroffenen angeboten, kostengünstig nachzurüsten, aber niemand macht von unserem Angebot Gebrauch. Im Gegenteil: Zwei der Geschädigten wollen ihre Anwälte einschalten und uns auf Schadenersatz verklagen. Wenn die Presse davon Wind bekommt, dann sind wir erledigt.«

»Ja, dann isch mit Kurz Schluss. Ein Kurzschluss sozusagen«, erwiderte POM Fritz, der sich die gesamte Zeit Notizen gemacht hatte und nun grinsend von seinem Block aufblickte.

»Entschuldigen Sie, dass ich über diese Bemerkung später lache«, konterte Udo Kurz spitzzüngig.

Greta Gerber sah ihren Kollegen strafend an. »Wir brauchen von Ihnen eine Liste aller Haushalte, bei denen Sie in den letzten Jahren eine Alarmanlage eingebaut haben«, sagte sie an Ferdinand Kurz gewandt.

»Wieso?«, schaltete sich Udo Kurz ein.

»Es ist nicht auszuschließen, dass die Serie fortgesetzt wird«, antwortete Greta. »Ich habe schon Ihren Schwiegervater unverschämterweise gefragt, aber könnten Sie sich vorstellen, dass einer Ihrer Angestellten oder ein ehemaliger Angestellter mit den Einbrüchen zu tun haben könnte? Gibt es oder gab es mit einem Ihrer Techniker Probleme oder Streit? Will sich vielleicht jemand an Ihnen rächen?«

»Noi, wie oft denn no!«, brüllte Ferdinand Kurz und versuchte, seinen massiven Körper aus dem Bürostuhl zu wuchten.

Sein Schwiegersohn legte ihm die Hände beschwichtigend auf die Schultern und drückte ihn mit großer Mühe auf die Sitzfläche zurück. Er schüttelte den Kopf. »Für unsere Angestellten lege ich die Hände ins Feuer. Wir haben ein ausgesprochen gutes Betriebsklima, da kommt niemand in Betracht.«

Greta Gerber gab POM Fritz ein Zeichen, dass es Zeit sei, sich zu verabschieden. Die beiden Polizisten erhoben sich.

»Warten Sie«, sagte Udo Kurz. Er tippte sich mit dem Zeigefinger gegen das Kinn und blickte konzentriert auf die Glatze seines Schwiegervaters, als könnte er dort die Lösung ablesen. »Vor einem Jahr hatten wir zwei Kräfte von einer Leiharbeitsfirma angestellt. Wir mussten uns allerdings bereits nach zwei Wochen von ihnen trennen, weil sie Material gestohlen hatten.«

»Polacka!«, wütete Ferdinand Kurz.

»Papa, bitte«, beschwichtigte der Schwiegersohn. »Was mein Schwiegervater meint, ist, dass es sich um zwei polnische Fachkräfte handelte. Die Trennung lief nicht ganz ohne Reibungen ab. Die beiden haben mich massiv bedroht, haben mich beschimpft. Kapitalistensau haben sie mich genannt.«

»No waret die boide offensichtlich doch net ganz bled«, murmelte Ferdinand Kurz und schnaubte. Das Mienenspiel seines Schwiegersohns verriet, dass er die Bemerkung gehört hatte.

POM Fritz hatte sein Notizbuch erneut hervorgezogen und kritzelte etwas hinein. »Mir brauchat die Adresse von der Leiharbeitsfirma. Und die Noma von den Herra.«

Udo Kurz wandte sich einem Regal mit Ordnern zu, zog einen hervor, blätterte in ihm und wurde schnell fündig.

»Hier, da haben wir es schon. Schwabenfleiß heißt die Firma. Sie sitzt im Industriegebiet. In der Freiburger Straße. Und von den Mitarbeitern weiß ich nur die Vornamen: Marek und Pawel hießen sie.«

POM Fritz notierte sich die Adresse des Unternehmens.

»Gut, das war es erst mal. Aber bitte vergessen Sie nicht, uns Ihre Kundenliste zu senden«, schloss Greta Gerber das Gespräch.

»Marek und Pawel. Zum Glück hat er nicht Lolek und Bolek gesagt«, murmelte Greta Gerber im Hinausgehen. »Wenn du denkst, es geht nicht mehr, kommt auch schon ein Pole daher. Und schon ist der Verdacht umgelenkt.«

POM Fritz zwirbelte seine Bartspitzen. »Moinat Sie, die hen uns angloga?«

Greta Gerber schloss ihre Jacke. »Angelogen ist vielleicht der falsche Begriff. Sagen wir es so: Ich habe das Gefühl, dass wir hier eine situationsbedingte Realitätsanpassung erlebt haben.«

»Ha no, jetzt schwätzet Se raus wie onser Bürgermeister.«

Die Hauptkommissarin grinste. »Darüber habe ich noch nicht nachgedacht, aber das könnte eine Option sein.«

18

Im Café Weichardt in der Wielandstraße war noch nicht allzu viel los. An einem kleinen Tisch saßen drei Männer und spielten Karten, an der Theke saß ein älterer Herr und versuchte, mit der Wirtin zu flirten, die jedoch auf seine plumpen Komplimente, die hart an der Grenze zur Anzüglichkeit entlangschrammten, nicht einging. Mitleidig betrachtete sie den erfolglos Balzenden und polierte Gläser.

Frieder steuerte, ohne zu zögern, auf die Sitzbank neben dem Eingang zu und wies Pfarrer Goettle an, sich auf einen der gegenüberliegenden Stühle zu setzen. Der Geistliche ließ sich darauf nieder.

Eigentlich hatte er seinen Freund in seinem Eisenbahnwaggon, der auf einem Abstellgleis am Biberacher Bahnhof stand, besucht, um ihn in seinen Plan einzuweihen. Frieder hatte ihm bei der Klärung des Mordes an dem »Kaiser von Biberach« große Dienste erwiesen. Der ehemalige Chefredakteur des Schwäbischen Tagblatts, der nach dem Tod seiner Frau gänzlich dem bürgerlichen Leben abgeschworen hatte, verfügte über hervorragende Kontakte und ein breites Allgemeinwissen. Zudem hatte er mehr als genug Zeit, die er nach Goettles Geschmack wenig sinnvoll nutzte. Frieder experimentierte gern mit bewusstseinserweiternden Substanzen, scheute dabei kein Risiko. Dem 60-Jährigen war jede übersinnliche Erfahrung weitaus wichtiger als seine Gesundheit. Ein Grund mehr für Andreas Goettle, auf seinen langjährigen Weggefährten zu achten.

In seiner Behausung war es lausig kalt gewesen.

»Mein Stromgenerator, der den Heizlüfter betreibt, ist kaputt«, hatte Frieder erklärt und dabei so erbärmlich aus der Wäsche geguckt, dass Andreas Goettle nicht anders konnte, als ihm fünfzig Euro zu schenken, damit er ihn reparieren lassen konnte. Womöglich war dies nur ein Trick seines Freundes gewesen, um an ein wenig Geld zu kommen, denn Frieder hätte sich eher die Zunge abgebissen, als Pfarrer Goettle oder einen anderen Menschen anzubetteln. Er lebte von dem, was ihm Menschen zusteckten. So wie der Priester, der das Geld als Vorschuss für Frieders Auftrag verbuchte.

Sie hatten sich darauf geeinigt, die Unterredung in einer gastlicheren Umgebung zu führen. Zudem sah Frieder aus, als hätte er sich wochenlang von seiner Spezialspeise WOIZA – Wassersuppe ohne Inhaltsstoffe, Zutaten, Aroma – ernährt. Nach solchen Zeiten der entbehrungsreichen Kost sah Frieder aus, als könne man ihm das Halleluja durch die hohlen Wangen pusten. Ein zünftiges Vesper war also mehr als notwendig.

Goettle sah sich in der Gaststube um. Sie war einfach, aber gemütlich eingerichtet. An der Wand entlang lief eine lange Sitzbank mit Lederpolstern, davor standen rustikale Tische und Holzstühle. Eine breite Fensterfront spendete genügend Licht, um die mit bunten Rechtecken verzierte Wand im hinteren Bereich zur Geltung zu bringen. Ein separater Raum war durch eine Glastür vom Gastraum abgetrennt. Dichte Schwaden waberten darin, ab und zu tauchte eine schemenhafte Figur auf, um im nächsten Moment vom Gewölk verschluckt zu werden.

»Des isch wohl der Raucherbereich«, vermutete Andreas Goettle.

Eine Kellnerin öffnete die Tür, um die Gäste in ihrem Separee mit Getränken zu versorgen.

»Du Karin, hosch du meine Zigaretta gseha?«, erkundigte sich eine männliche Stimme, die aus dem Nichts zu kommen schien.

»Noi, nimmsch halt oine von mir«, antwortete die Angesprochene.

»Wo sind die?«

»Auf dem Tisch müsstat die sei.«

»Ond wo isch der Tisch?«

»Koi Ahnung.«

Die Kellnerin schloss die Tür zur Nebelkammer, bevor zu viel von den Nikotinschwaden entweichen konnten, und beendete das Hörspiel.

»Bin i froh, dass i nemme rauch«, murmelte Goettle und wendete sich wieder der Karte zu. Sie wies eine kleine, preiswerte Auswahl an Speisen aus.

»Du musst das Kellerbier probieren. Das brauen sie hier selbst. Köstlich.« Frieder formte mit den Fingerspitzen ein O, führte sie zum Mund und hauchte einen Kuss auf sie. »Und wenn du etwas essen möchtest, dann bestelle dir die Bratkartoffeln dazu. Die sind der Hammer. So was bekommst du nur hier.«

Er winkte der Wirtin, die sich sehr beeilte, aus den Fängen des erotisierten Tresensitzers zu gelangen.

»Frieder, sieht man dich auch mal wieder. Schön. Dann kannst du ja mal deinen Deckel bezahlen«, sagte sie.

Der ehemalige Chefredakteur lächelte. »Den lasse ich mit Absicht offen, damit ich immer wieder kommen kann, um dich zu sehen und mich an deiner Schönheit zu erfreuen.«

Die Angesprochene lachte. »Alter Charmeur. Aber deine Komplimente zahlen meine Miete nicht. Es wäre also schon mal an der Zeit …«

»I übernehm des«, schaltete sich Goettle ein. »Es isch wahrscheinlicher, dass der Papst und Lady Gaga ein Paar werdat, als dass der do Geld hot. Und brengat Se ons zwei Halbe und zwoi Wurstsalat. Mit Bratkartoffla.«

Die Wirtin nahm die Bestellung auf, kehrte hinter den Tresen zurück und begann die Gläser zu befüllen.

»Also, mein Lieber. Du hast erwähnt, dass du meine Hilfe benötigst. Was kann ich für dich tun?«, fragte Frieder.

Pfarrer Goettle rückte ein wenig nach vorn und erzählte seinem Freund von seiner Tätigkeit in der Härle-Klinik, der eigentümlichen Brechreiz-Epidemie, den beiden Todesfällen und den Vermutungen von Frau Blechle, dass eine Hexe in Bad Buchau ihre bösen Mächte einsetzte, um Patienten zu verfluchen, die daraufhin verstarben.

Die Kellnerin kam, stellte die Gläser ab. Frieder sah ihr schweigend zu, bedankte sich, nahm einen Schluck und leckte sich genussvoll über die Lippen. Goettle tat es ihm gleich.

»Heidenei, isch des Bier guat«, urteilte er und wischte sich den Schaum vom Mund.

Frieder nickte, strich zärtlich mit dem Finger am Glas entlang, fand aber sofort zur Sachlichkeit zurück: »Glaubst du diese Geschichte mit der Hexe? Das ist doch hanebüchener Schwachsinn. Oder eine Verschwörungstheorie von Fanatikern. Das klingt mir alles zu sehr nach Fantasy-Roman.«

»Natürlich glaub i net an Hexa. Und an Flüche au net. Aber wenn bei boide Todesfäll die gleiche Frau im Spiel war, dann muss mr scho mol genau nagucka.«

Frieder nickte. »Und wenn alles nur Zufall ist? Ich meine, diese Heilkräuter sind nichts für schwache Mägen, das weiß ich. Und die beiden Patienten, die Herzinfarkte erlitten, waren vielleicht so krank, dass ihnen gar nicht geholfen werden konnte.«

»I glaub net an Zufälle«, blaffte Andreas Goettle. »Mei Instinkt sagt mir, dass da was faul isch. Und i hab halt denkt, i frog di, weil du ja a detektivisches Näsle hosch. Ond i glaub, i dät au was sprenga lasse.«

Frieders Augen begannen zu funkeln.

»Also gut, ich bin dabei. Was soll ich tun?«

Der Wurstsalat kam, und während es sich die beiden Männer schmecken ließen, erklärte Pfarrer Goettle seinen Plan, den er sich zurechtgelegt hatte.

An ihm war wirklich ein Kriminalist verloren gegangen, fand Frieder. »Alles klar, gehen wir es an. Das Abenteuer ist das Salz in der Suppe des Lebens.«

Er hob sein Glas, während Goettle mit großen Augen die Rechnung betrachtete, die er von der Wirtin überreicht bekommen hatte. Maulend kramte er die Geldscheine aus seinem Portemonnaie.

»Vor dem Abenteuer wird der Abend teuer. Saget Se amol, i wollt die Wirtschaft net kaufa. Wie lang isch der Deckel vom Frieder denn scho offa?«

»Rund vier Wochen«, antwortete die Wirtin und ordnete die Geldscheine in ihre Geldbörse ein. »Er bringt halt immer einen gesunden Durst mit, unser Frieder.«

Der errötete leicht. »Man soll ja viel trinken, sagt mein Arzt. Und ehrlich, Andreas, sag selbst: Wer kann diesem Bier widerstehen?«

Goettle trank sein Glas aus und ließ den Geschmack des letzten Schlucks nachwirken. Eines musste er Frieder lassen: Er wusste, was gut war.

19

Greta Gerber saß schweigend neben Polizeiobermeister Fritz, der den Dienstwagen lenkte. Die Hauptkommissarin hatte schlechte Laune, die Befragung der Geschäftsführerin bei der Leiharbeitsfirma Schwabenfleiß hatte keine neuen Erkenntnisse erbracht. Sie konnte sich zwar an zwei Arbeiter mit Namen Marek und Pawel erinnern, aber die kamen ihren Unterlagen zufolge aus Tschechien und nicht aus Polen. Beide hatten nur wenige Monate für Schwabenfleiß gearbeitet und fast zeitgleich gekündigt. Zu ihren derzeitigen Aufenthaltsorten konnte sie keine Angaben machen. Sie vermutete, dass die beiden lange schon in ihre Heimat zurückgekehrt waren. Die Firma Elektro Kurz war der Geschäftsführerin gut im Gedächtnis geblieben, zumal das Sicherheitsunternehmen schon etliche Male Arbeitskräfte angefordert und jedes Mal, unter fadenscheinigen Vorwänden, die Rechnungsbeträge gekürzt hatte. Immer wieder hatte die Chefin beteuert, dass sie keine Geschäfte mehr mit dem Traditionsunternehmen machen werde. Zudem gab es Gerüchte, dass die Biberacher Firma kurz vor der Insolvenz stand.

Die Polizisten waren also keinen Schritt weitergekommen. Die Einbrecher liefen frei herum, und als ob sie Greta Gerber verhöhnen wollten, kam auf der Fahrt zurück in die Polizeidirektion die Meldung über die nächste Tat herein.

»Einbruchdiebstahl Schlehenhang 12. Wir sind bereits vor Ort«, rauschte es aus dem Funkgerät.

Greta Gerber seufzte, allerdings schwang eine gewisse Erleichterung mit, denn die Stimme der Melderin gehörte eindeutig Laura Behrmann, der frisch gebackenen Kommissarin.

»Laura, Sie sind aus dem Urlaub zurück. Wie schön«, funkte die Hauptkommissarin zurück. »Wir haben Sie sehr vermisst.«

»Das glaube ich gerne, nachdem ich das Chaos bei uns im Büro gesehen habe. Wer hat denn die Idee gehabt, alle Fahndungsfotos zu zerschnippeln und neu zusammenzufügen? Was ist das? Eine neue Ermittlungsmethode? Ganoven-Puzzle als Gedächtnistraining? Oder einfach nur Langeweile?«

Greta Gerber stöhnte. »Das war unser Mini-Tsunami, Praktikant Malte. Der Neffe vom Chef. Sein Einfallsreichtum bringt uns täglich neue Freude und scheint unerschöpflich zu sein.«

Laura Behrmann lachte. »Um den kümmere ich mich, wenn ich hier fertig bin. In einer Stunde bin ich im Büro.«

»Ich nehme Sie beim Wort«, erwiderte Greta. »Wenn Sie schon dabei sind, Laura: Prüfen Sie doch mal, ob es am neuen Tatort eine Alarmanlage gab, ob sie manipuliert wurde und wenn ja, wer sie installiert hat.«

»Ja, es gab eine Alarmanlage und ja, sie wurde manipuliert«, antwortete ihre Kollegin. Das Rauschen des Funkgeräts unterbrach Laura Behrmanns Schilderung, für ein paar Sekunden herrschte Schweigen. Dann meldete sich die Kommissarin erneut. »Laut Aussage des Wohnungsbesitzers wurde die Anlage von einer Firma namens Elektro Kurz eingebaut.«

»Das habe ich mir fast gedacht«, sagte Greta Gerber. »Die anderen drei Tatorte waren auch von Elektro Kurz gesichert. Oder auch nicht. Wir sehen uns nachher im Büro.«

Sie beendete das Gespräch und starrte aus der Windschutzscheibe. POM Fritz lenkte den Wagen in die Waldseer Straße. Er fuhr, wie er arbeitete: Konzentriert, besonnen und mit einer unerschütterlichen stoischen Ruhe. Und einen Tick zu langsam, wie Greta fand.

»Wisset Se, was mi interessiera dät?«, fragte er nach einer Weile.

»Was denn?«

»An wen hen sich die Opfer gewandt, um ihr Objekt wieder sichern zu lassa? An den Kurz ja net, so wie der Junior ausgsagt hat. Oder verzichtet die seit denne Einbrüch auf ihr Alarmanlag?«

Greta Gerber nickte. »Das ist eher unwahrscheinlich. Sie haben recht. Das wäre wirklich interessant zu wissen. Wir sollten das prüfen.«

Die dunklen Wolken ihrer schlechten Laune lichteten sich. Einen Moment dachte sie sogar daran, Oliver anzurufen, um ihn zu fragen, ob sie ihn nicht am Abend besuchen sollte. Dann verwarf sie den Gedanken wieder, weil sie den Stich des verletzten Stolzes verspürte. Sollte er sich doch melden, schließlich hatte er ja sie versetzt. Außerdem hatte sie zu tun. Mindestens so viel wie er. Wenn nicht sogar mehr.

20

Die Mittwoch- und Samstagvormittage und die damit verbundenen Besuche des Wochenmarktes lösten bei Frieder eine ähnliche Freude aus wie für andere der Besuch eines Rummelplatzes oder die Erwartung des Christkinds. Er liebte es, durch Biberachs Gassen zu schlendern, sich an den leuchtenden Farben des Gemüses und der Früchte satt zu sehen und sich die Düfte der angebotenen Speisen um die Nase wehen zu lassen. Er fühlte sich wohl in der Gemeinschaft der Genussmenschen und Müßiggänger, die sich für ihren Einkauf Zeit nahmen, die es sich leisten konnten, stehen zu bleiben und ein Schwätzchen zu halten. Nicht selten wurde er Zeuge der knitzen Art der Beschicker, die wirklich jede Frage originell parierten.

»Sen die Oier wirklich frisch?« – »Die sen so frisch, dass die Henna no gar net gmerkt hen, dass se glegt hen.«

»Jessas, Sie sen aber bloich, Sie gfallet mr heut gar net.« – »Des isch net schlemm. No kaufet Se mir heut bloß a paar Äpfel ab, ond heirate könna mir dann emmer no.«

»Ich hätte gern 50 Gramm von dem Leerdamer und drei Scheiben Chesterkäse.« – »Net schlecht. Ond i han scho dengt, des lohnt sich heut net den Stand aufzubaua.«

»Sind die Zitronen behandelt?« – »Freilich, die kriagat jeden Morga a Massage und a Fango-Packung.«

Die meisten Standbetreiber kannten Frieder als etwas verwahrlost wirkenden Herrn, der offenbar ohne Kaufwunsch herumflanierte, seine Fragen zu exotischen Früchten stellte und höflich genug war, nichts zu berühren. Hin und wieder schenkten sie Frieder Obst oder gaben ihm eine Tasse Kaffee aus, die er fast ehrfürchtig in kleinen Schlucken trank.

Dieser Mittwochmorgen stand jedoch unter einem ganz besonders guten Stern. Die Sonne schickte wärmende Strahlen, brachte die bunte Kulisse noch mehr zum Leuchten. Vor den Straßencafés saßen die Einkäufer, die ihre Marktrunde bereits hinter sich hatten, und Frieder war bester Laune. In seiner Hosentasche knisterte der 50-Euro-Schein, den er von seinem Freund Andreas bekommen hatte, um den Stromgenerator reparieren zu lassen. Frieder wusste, dass er nicht einmal die Hälfte des Geldes dafür würde aufwenden müssen. Zum einen verfügte er über ein ausgeprägtes Verhandlungsgeschick; er verstand es, seine Geschäftspartner durch kaskadenartige Wortschwalle zu ermüden, bis er sie da hatte, wo er sie haben wollte. Zum anderen hatte er einen Bekannten, der ihm das Gerät für einen Zwanziger auf die Hand wieder in Gang setzen konnte. Es blieben ihm also 30 Euro übrig, um sich etwas zu gönnen.

Nur kurz plagte ihn das schlechte Gewissen, weil er seinem Freund ohne Not so viel Geld abgenommen hatte. Aber er hatte sich fest vorgenommen, Pfarrer Goettle den Betrag zurückzuzahlen. Von seinem ersten Lohn, den er als Küchenhilfe in der Härle-Klinik bekommen würde. Alternativ konnte er die Summe auch von der in Aussicht gestellten Belohnung abziehen.

Dies war der Ausgangspunkt von Pfarrer Goettles Plan gewesen. Der Geistliche wusste, dass nach den jüngsten Vorfällen ein Teil des Küchenpersonals entlassen worden war und die Verbleibenden deren Arbeit mitmachen mussten. Das wiederum schürte Unzufriedenheit, so dass manche Abwanderungsgedanken in sich trugen. Helfende Hände wurden dringend gesucht. Frieders eigentliche Aufgabe bestand darin, Einblicke in die organisatorischen und pflegerischen Abläufe des Sanatoriums zu bekommen.

Das Vorstellungsgespräch war eine reine Formalität gewesen. Goettle hatte Frieder alle Türen geöffnet, die Unterbelegung der Küche hatte ihren Teil dazu beigetragen. Die Verwaltungsleiterin, Frau Bäuerle, hatte ihn, ohne zu zögern, und ohne Prüfung von Referenzen eingestellt. Der Gedanke an eine regelmäßige Beschäftigung, vor allem an das frühe Aufstehen, hatte Frieder ein wenig Schwung genommen, aber die Beschwichtigung von Andreas Goettle, dass er nach Abschluss der detektivischen Untersuchung seine Freiheit unverzüglich wiedererlangen würde, hatte ihn beruhigt. Außerdem konnte es nicht schaden, einem erfahrenen Koch über die Schulter zu schauen und etwas zu lernen. Frieder war im Umgang mit Lebensmitteln nicht unbegabt, und wenn er die nötigen Zutaten hatte, dann kochte er gern. Und nun, mit dem Geld in der Tasche, hatte er die freie Wahl. Was die Angelegenheit nicht einfacher machte. Zumal das Rumoren in seinem Magen das Zeug dazu hatte, sämtliche Vernunftentscheidungen über den Haufen zu werfen. Zu verführerisch rochen die Bratwürste vom Stand des Metzgers, und die Torten in der Vitrine des ansässigen Bäckers warfen sich in Pose, dass ihm das Wasser im Mund zusammenlief. Noch blieb er standhaft, aber ihm war klar, dass er bei diesem Überangebot an Verlockungen irgendwann schwach werden würde.

An einem kleinen, unscheinbaren Stand hielt er an. Es waren nicht nur die ausgestellten Waren, die seine Aufmerksamkeit erregten – kleine Flaschen mit Tinkturen und Elixieren, etwas größere mit Säften, Beutel mit Kräutern, getrockneten Pflanzen und Beeren. Das Angebot strömte Düfte aus, die nicht so recht zum Markt passen wollten. Es war, als kämen sie aus einer anderen Welt. Hinzu gesellte sich der Anblick der Betreiberin, einer rothaarigen Schönheit, die ein Kleid aus grauer, derber Wolle, grüne Wollstrümpfe und schwarze Stiefeletten trug. Das Haar hatte sie mit einem Tuch zurückgebunden, Sommersprossen zierten ihre spitze Nase, und um den schlanken Hals trug sie ein silbernes Amulett. Sie lächelte Frieder an, der sie wie gebannt anstarrte und für einen Augenblick seine Umgebung vergaß.

»Ein Engel«, hauchte er.

Die Frau lachte. »Oh weh. Sie stehen womöglich zu nah an meinem Stand. Der Geruch meiner Kräuter trübt Ihre Sinne.«

Frieder schüttelte den Kopf, als wollte er ein Trugbild loswerden. »Entschuldigen Sie. Ich bin ein bisschen verwirrt. Vielleicht, weil ich Sie noch nie gesehen habe. Sind Sie neu auf dem Markt?«

Die Rothaarige nickte. »Ja, dies ist mein erster Markttag in Biberach. Ich bin dabei, mein Geschäftsfeld auszubauen. Ich bin Naturheilerin.«

Sie reichte ihm einen Prospekt.

»Naturheilerin Miriam Luscheder. Kräuter- und Heilpflanzenbehandlungen, Bäder, Tinkturen, Öle, Tees, Säfte, vitalisierende und energetische Massagen, bewusstseinserweiternde Körperarbeit, spirituelle Beratung«, las Frieder laut. »Klingt interessant. Haben Sie auch Erfahrung mit bewusstseinserweiternden Substanzen?«

Die Dame, die Frieder auf Anfang 40 schätzte, legte den Kopf schief und musterte ihren Kunden.

»Suchen Sie etwas Bestimmtes?«, fragte sie schließlich.

»Nein, ich probiere alles, was der Realität neue Facetten verleihen kann. Alles, was die eigenen Grenzen ausdehnt. Wenn Sie verstehen, was ich meine.«

Frieder grinste, als er sah, dass die Naturheilerin errötete.

»Ich glaube schon, dass ich weiß, was Sie meinen. Aber dazu müssten Sie mich in meinem Therapiezentrum in Bad Buchau besuchen. Dort kann ich Ihrer Realität neue Facetten verleihen.«

Sie sah ihn so durchdringend an, dass es Frieder ganz heiß wurde.

»Ach, Sie kommen aus Bad Buchau?«, fragte er, um seine Verlegenheit zu verbergen. »Das ist ja ein Zufall. Ab nächste Woche arbeite ich ... habe ich dort geschäftlich zu tun.«

Frieder wollte der fremden Schönen nicht sofort offenbaren, dass er als Hilfskoch in der Härle-Klinik einsprang. Eigentlich konnte er es nicht leiden, wenn Menschen nach ihrem Beruf, ihrer Herkunft oder einem anderen unwesentlichen Umstand ihres Lebens beurteilt wurden, aber Miriam

Luscheder strahlte etwas Erhabenes aus. Ihr legte man Juwelen zu Füßen und nicht gekochten Kohlrabi.

»Dann kommen Sie doch mal vorbei, wenn Sie in Bad Buchau sind«, sagte Miriam. »Meine energetischen Massagen sind sehr beliebt. Vor allem bei Männern.«

Ihre Augen funkelten, und Frieder spürte, wie sich sein Herzschlag beschleunigte. »Klingt gut«, krächzte er.

Miriam schlug die Augenlider nieder und sah in dem Moment so verletzlich aus, dass Frieder sie gern in den Arm genommen hätte. Stattdessen konzentrierte er sich mit vorgespieltem Interesse auf ihr Angebot. Er hob eine bauchige Flasche an, versuchte das Etikett zu entziffern. »Was ist denn das: Menosan? Da wird man ja schon von der Aussprache des Namens gesund.«

Miriam lachte. »Das wird bei Ihnen nicht wirken. Es ist eine Kräutermischung gegen die Wechseljahrebeschwerden bei Frauen. Enthält Ehrenpreiskraut, Schafgarbenblüten, Schlüsselblumenwurzeln, Johanniskraut, Melissenblätter. Nur Gutes aus der Natur.«

»Haben Sie auch etwas gegen Wechseljahrebeschwerden bei Männern?«

Das Lächeln in Miriam Luscheders Gesicht erlosch.

»Normalerweise sind junge Frauen und große Autos adäquate Mittel, oder nicht?«, entgegnete sie schnippisch. »Die führe ich leider nicht im Programm. Aber wie wäre es mit einem Schlafkissen. Enthält Hopfenzapfen, Lavendelblüten und Johanniskraut. Oder hier: Eine Teemischung gegen Appetitlosigkeit.«

Frieder sah an sich herunter. Die Hose schlackerte um seine Beine, und seine Jacke hatte auch schon besser gepasst. Kein Wunder, dass die Naturheilerin einen falschen Schluss zog.

»Unter Appetitlosigkeit leide ich ganz sicher nicht. Aber ich bin der Meinung, Essen wird furchtbar überschätzt. Der gesunde Schlaf wiederum ist ja eines der drei Dinge, die dabei helfen, die Mühsal des Lebens zu tragen. Die anderen beiden sind die Hoffnung und das Lachen. Sagt Immanuel Kant. Und ich denke, er hat recht.«

Die Naturheilerin sah ihn nachdenklich an, als wollte sie seine Gedanken lesen. Um sie abzulenken, nahm er eines der kleinen Säckchen und hielt es in die Höhe. »So ein Schlafkissen nehme ich mit. In der Hoffnung, ich träume von Ihnen und sehe Ihr bezauberndes Lachen.«

Miriam Luscheder errötete. Frieder hielt ihr den 50-Euro-Schein hin.

»Oh, ich befürchte, ich kann nicht wechseln«, sagte sie. »So gut liefen meine Geschäfte heute noch nicht. Wissen Sie was? Ich schenke Ihnen das Säckchen. Aber versprechen Sie mir, dass Sie nicht von mir träumen.«

»Warum denn nicht?«

»Es ist besser so«, sagte sie mit ernstem Blick. Das Funkeln in ihren Augen war erloschen. Frieder erkannte etwas anderes darin. Ein Gefühl, das er nur allzu gut kannte. Trauer.

21

Oberschwester Ursula rauschte durch den Flur. In ihrem Gesicht spiegelte sich wilde Entschlossenheit, und alle, die ihr begegneten, wichen einen Schritt zur Seite aus. Die Oberschwester war eine stämmige und zugleich drahtige Person, die über erstaunliche Kräfte verfügte. Sie in ihrer offensichtlichen Rage zu stoppen, war so, als wollte man eine Straßenbahn mit purer Körperkraft aufhalten.

Vor der Tür zum Sekretariat blieb sie stehen, zupfte den Kragen ihrer Jacke zurecht, strich die Hose glatt und trat ein. Sie achtete nicht auf Anja Löffler, die mit Wucht ihre Tastatur bearbeitete, sich die Kopfhörer vom Ohr riss und ihr etwas hinterherrief. Wortlos schoss sie auf das Büro des Professors zu, riss die Tür auf und erstarrte. Professor Gerold Thompson saß auf seinem Schreibtischstuhl, auf seinem Schoß hatte Blandine Geffert Platz genommen, die dabei war, sein Hemd aufzuknöpfen. Als sie die Oberschwester erblickte, sprang die Patientin auf, zog den Saum ihres sehr kurzen Rockes herunter und betrachtete die Störenfriedin mit Unschuldsmiene.

»Ich muss Sie sprechen, Herr Professor. In einer sehr dringenden Angelegenheit«, brachte Ursula Merklinger empört hervor.

Sie hatte ihren Chef immer für einen ehrenvollen Mann gehalten, doch das, was sie gesehen hatte, enttäuschte sie zutiefst. Nur testosterongesteuerte Schwachköpfe verfielen den künstlichen Reizen der Blandine Geffert.

Der Professor knöpfte ohne einen Hauch von Schuldbewusstsein das Hemd zu und sah seine Angestellte mürrisch an.

»Oberschwester Ursula. Es gibt in diesem Haus ein paar Regeln. Eine davon lautet, dass Termine mit mir mit dem Vorzimmer abzustimmen sind. Eine zweite, dass man ohne Aufforderung keinen Raum betritt. Mein Büro schon gar nicht. Das gilt für die Patienten, aber auch für das Personal«, sagte Thompson streng. »Ich bin hier mitten in der Behandlung. Frau Geffert hat wieder starke Kopfschmerzen …«

… und hat die Schmerzmittel bei Ihnen im Hemd gesucht. Oberschwester Ursula unterdrückte den Kommentar und sah Blandine Geffert zu, die sich mit schmerzverzerrtem Gesicht und übertriebenem Hüftschwung auf die Besucherecke zubewegte, in einen Sessel hineinplumpste, die Beine übereinanderschlug und die Oberschwester abwartend ansah.

Ursula Merklinger trat an den Schreibtisch des Professors.

»Ihre Ansprache hat bei einigen Patienten offenbar genau das Gegenteil bewirkt. Anstatt sich zu mäßigen, sind sie nicht mehr kontrollierbar. Sie müssen etwas unternehmen. Sofort!«

Die Krankenschwester erschrak über die Lautstärke, mit der sie die letzten Worte hervorgebracht hatte. Auch der Professor schien über die Aggressivität der sonst so besonnenen Pflegekraft überrascht zu sein. Er setzte seine Brille ab, rieb sich mit der rechten Hand über die Augen.

»Namen?«

Die Oberschwester schwieg, und als Thomsen sie anblickte, machte sie eine stumme Kopfbewegung in Richtung Blandine Geffert.

Der Klinikleiter nickte. »Blandine, das hier ist eine interne Angelegenheit. Geben Sie uns zehn Minuten, ja? Wir setzen die Untersuchung dann fort.«

Blandine hatte sich offenbar schon auf eine unterhaltsame Episode eingerichtet und konnte ihren Unmut über den Rauswurf nicht verbergen. Ihre Schlauchbootlippen zitterten, die botoxgestraffte Stirn wellte sich sanft.

»Was glaubt diese Furie …«, schnappte sie und schlug wütend mit der Hand auf den Tisch. Ihre Armbänder klirrten, als hätte sie in der Haushaltsabteilung eines Kaufhauses das Regal mit den Töpfen zum Einsturz gebracht. Wütend stöckelte sie hinaus und warf die Tür so fest ins Schloss, dass der Boden vibrierte.

»Und?«, knurrte Gerold Thomsen. »Wer sind diese Unbelehrbaren? Wer sind die, mit denen Sie nicht allein klarkommen?«

Der Zorn des Professors und der angedeutete Vorwurf, die Kontrolle verloren zu haben, raubten Oberschwester Ursula einen Teil ihrer Energie. Sie stützte sich mit den Händen an der Schreibtischkante ab und vermied den Augenkontakt mit ihrem Vorgesetzten. Sie kam sich in diesem Moment unglaublich schäbig vor. Sie war drauf und dran, jemanden an den Pranger zu stellen, nur weil …

»Was ist denn jetzt?«, polterte der Professor. »Erst platzen Sie hier mit Tamtam herein, führen sich auf, als wäre Ihnen der Leibhaftige begegnet, und jetzt fehlen Ihnen die Worte, oder wie?«

»Es ist, im Grunde genommen, nur einer, der sich unmöglich aufführt«, brachte die Oberschwester hervor. Ein dicker Kloß saß ihr im Hals. Sie hätte nicht herkommen dürfen. Ein Fehler.

»Ich nehme an, Sie sprechen von unserem Freund Allgaier«, unterbrach der Professor ihre finsteren Gedanken. »Haben Sie nicht gesagt, Sie hätten ein Mittel gefunden, um ihn in die Spur zurückzuführen? Hat es nicht gewirkt?«

Oberschwester Merklinger rang die Hände. »Doch, es wirkt, aber er nimmt sich Freiheiten heraus, die ich nicht vorhersehen konnte.«

»Welche Freiheiten?«

»Im Grunde sind es die gleichen Freiheiten, die sich auch Herr Seethaler und Herr Grossmann herausgenommen haben.«

Der Professor schoss in die Höhe. Einen Moment lang befürchtete die Oberschwester, dass er sich auf sie stürzen würde, so dass sie einen Schritt zurücktrat.

»Soll das heißen, dass dieser Allgaier auch zu dieser Hure geht? Zu Miriam Luscheder?«, brüllte er.

Er ging nervös auf und ab, ballte die Hände zu Fäusten und öffnete sie wieder. »Ausgangsverbot. Für alle. Die werden mich jetzt kennenlernen«, knurrte Thompson.

Oberschwester Ursula fühlte sich nicht mehr wohl in ihrer Haut. Eine Kollektivstrafe, unter der alle Patienten zu leiden hatten, war das Letzte, was sie wollte. Zumal der Professor mit seinem Verdacht falsch lag. Ihr wurde klar, dass es ein Fehler gewesen war, seine Hilfe zu erbitten.

»Nein, Herr Allgaier geht nicht zu dieser … Frau. Aber zu einer anderen. Und die ist gar nicht gut für ihn. Sie verführt ihn zu falschem Essen und zum Trinken und zu anderen Dingen, die seinem Herzen nicht gut tun.«

Der Professor blieb stehen und blickte sie ratlos an. »Und was erwarten Sie jetzt von mir? Soll ich die Anweisung zur Fixierung geben? Wäre es Ihnen lieber, wenn alle in ihrem Zimmer eingeschlossen werden? Was meinen Sie, was los wäre, wenn wir zu solchen Maßnahmen greifen würden? Das würde sich herumsprechen, die Presse würde sich auf uns stürzen. Wir wären ruiniert.«

Er ging um seinen Schreibtisch, kam auf seine Angestellte zu, blieb vor ihr stehen und nahm sie bei den Händen. Oberschwester Ursula meinte, einen Hauch von Zärtlichkeit in seinen Augen erkennen zu können. Ihr Zorn und ihre Empörung lösten sich in nichts auf, ihr wurde warm, die Hände begannen zu schwitzen. Wenn er sie so ansah, war sie bereit, alles für ihn zu tun.

»Wir können uns keine Schlagzeilen erlauben, Ursula«, begann er sanft. »Nachrichten, die unser Konzept in Frage stellen, würden sich ausbreiten wie ein Strohfeuer. Die gesamte Fachwelt, insbesondere die Kollegen von der Federseeklinik, würden sich ins Fäustchen lachen. Sie wissen doch, wie kritisch wir von denen beäugt werden. Die sind neidisch, weil wir die besseren Methoden haben, den Patienten mehr Freiheiten gönnen, sie verwöhnen. Weil wir es uns leisten können, so zu handeln. Wir sind eben nicht auf die Kassenpatienten angewiesen, diese armen Schlucker, die von unfähigen Psychotherapeuten und Quacksalbern überwiesen werden, weil sie mit ihrem Latein am Ende sind.«

Oberschwester Ursula nickte, und der Professor drückte ihre Hände. Er wusste, über welche Kanäle sie zu erreichen war, und setzte seinen gesamten Charme ein. Und seinen Welpenblick, der bislang jedes Frauenherz zum Schmelzen gebracht hatte. »Zu uns, Ursula, kommen Menschen aus freien Stücken. Die über ihre Krankheiten erkannt haben, dass sie einen neuen Lebensweg einschlagen wollen. Einen Weg, den sie mit Hilfe der Naturheilkräfte bewältigen. Sie schöpfen daraus die Energie, die sie vor weiteren Krankheiten schützt. Wir müssen ihnen dabei helfen, indem wir ihnen dieses Wissen vermitteln. Dazu brauche ich erfahrene Menschen wie Sie. Weil Sie das Know-how haben, den Glauben an unser Konzept und die menschliche Wärme, die unseren Patienten oft fehlt. Sehen Sie sich doch diese armen Kreaturen an. Wie einsam sie sind, wie empfänglich für ein liebes Wort, eine Geste. Die Krankheiten existieren oftmals nur in den Köpfen, sind Ausdruck des Sich-nicht-geliebt-Fühlens. Sie, liebe Ursula, sind auserkoren, ihnen diese Liebe zu schenken. Und um diejenigen auf den rechten Pfad zurückzuführen, die ihn kurzzeitig verlassen haben.«

Oberschwester Ursula kämpfte gegen die aufsteigende Rührung an. Sie blinzelte, konnte jedoch nicht verhindern, dass ihr eine Träne über die Wange lief. »Ich habe ja nur Angst, dass noch etwas Schlimmes passiert«, stammelte sie

Professor Thompson wischte ihr die Träne aus dem Gesicht und umarmte sie. »Ich weiß. Aber ich bin überzeugt, Sie werden Ihr Bestes geben, damit nichts Schlimmes passiert. Und ich denke, ich kann mich darauf verlassen.«

Der Professor drückte sie fest an sich, sie ließ es geschehen. Eine ganze Weile standen sie so da, bis der Professor seine Umarmung löste.

»Und? Haben Sie nun wieder neuen Mut, um sich Ihren Aufgaben zu stellen?«

Ursula Merklinger nickte. Sie betupfte ihre Augen mit einem Taschentuch, glättete Jacke und Hose und verabschiedete sich. Sie schämte sich ein wenig, als sie an Anja Löffler vorbeischlich. Die Sekretärin sollte nicht sehen, dass sie geweint hatte. Eine Ursula Merklinger weinte nicht. Eine Ursula Merklinger kannte keine Schwäche und wusste immer, was zu tun war. So auch jetzt.

Willkommen in Bärbels kleiner Giftküche,
www.baerbelsblog.de
Wissenswertes aus Fauna und Flora
Uiuiuiui

Hallo ihr Lieben,
meine Güte, da habe ich ja etwas angerichtet. Offensichtlich fand mein Rezept für das anregende Menü einen großen Anklang. Eure Rückmeldungen haben fast mein Postfach gesprengt. Bei euren Schilderungen habe ich ganz rote Ohren bekommen und das ohne Trüffel oder Xocolatl-Zimtstangen. Da ging ja gehörig die Post ab.
Aber eine Zuschrift von »liebkind« hat mich ganz besonders angerührt. Ihr Liebster ist offenbar überhaupt nicht mehr zu bremsen, was sie völlig überfordert. Und was macht dieses Rindvieh? Es grast auf anderen Weiden, beglückt dämliche Kühe, die sich auf ihn einlassen. Und nun fragt die Unglückliche: Wie werde ich die Geister, die ich rief, wieder los?
Armes, armes »liebkind«, sei unbesorgt, auch dafür hat die Natur Lösungen gefunden. Nein, ich rede nicht von Baldrian oder Johanniskraut. Harmlosere Fälle lassen sich damit vielleicht besänftigen, aber bei deinem stürmischen Stier muss es etwas exotischer sein. Ich empfehle ein Alraunengebräu. Das sorgt dafür, dass die Säfte deines Liebsten wieder etwas ruhiger fließen. Bei entsprechender Dosierung wird er die heimische Weide gar nicht mehr verlassen. Aus dem Stier wird wieder der Ochse, der er schon immer war.

Aber Achtung: Die Alraune erzeugt auch Halluzinationen. Nicht, dass sich euer Liebster in ein Bonobo-Äffchen verwandelt. Die können ja anscheinend immer.

Wer Interesse an dem Rezept hat, der sendet mir eine persönliche Nachricht unter seinem Klarnamen. Alle anderen Zuschriften werden nicht beantwortet, um einen Missbrauch zu vermeiden.

Bis bald
Eure Bärbel

22

Laura Behrmann saß bereits an ihrem Arbeitsplatz und studierte Akten, als Greta Gerber an diesem Morgen ins Büro kam. Die Hauptkommissarin nickte der jungen Frau einen stummen Gruß zu und erntete dafür ein Lächeln. Laura hatte sich von ihren langen Haaren verabschiedet und trug nun einen modischen Bob, der ihr eine freche Note verlieh. Abgenommen hatte sie auch, wie Greta nicht ohne einen Anflug von Neid bemerkte. Die viele Schokolade und die Trost-Drinks am Abend hatten sich bei ihr selbst in Hüftgold verwandelt, und es sah so aus, als wollte dieser unerbetene Körperschmuck nicht mehr verschwinden.

Die Mitgliedschaft im Fitness-Club schien auch nicht hilfreich zu sein, was in erster Linie daran lag, dass die Hauptkommissarin inzwischen den Status der Karteileiche erworben hatte.

»Wo ist denn Kollege Fritz?«, fragte Greta, nachdem sie sich eine Tasse Kaffee eingeschenkt hatte. Sie ertappte sich dabei, wie sie gedankenlos zwei Stück Zucker in die Tasse befördern wollte, und ließ sie schuldbewusst in die Dose zurückfallen.

»Beim Chef. In einer heiklen Mission«, antwortete Laura und grinste.

»Wie? In einer heiklen Mission? Ist ihm die Brille ins Klo gefallen und Fritz hilft ihm suchen?«

»Viel schlimmer. Malte hat im Büro seines Onkels Handschellen gefunden und ihn an seinen Stuhl fixiert. Kollege Fritz versucht ihn zu befreien.«

Die Hauptkommissarin konnte ein Glucksen nicht unterdrücken. »Diese kleine Kröte hat seinen Onkel an den Stuhl gefesselt? Das ist ja nicht zu fassen. Am besten, wir sperren ihn morgens in die Ausnüchterungszelle und lassen ihn erst abends wieder raus.«

»Dann sollten Sie aber dafür sorgen, dass er keinen Stift bei sich hat. Sonst bemalt er unsere Wände. Und seine Bilder sind nicht jugendfrei.«

Die Kommissarin hielt ein Blatt Papier in die Höhe, auf dem sie porträtiert worden war. Nackt. Greta Gerber stieß einen anerkennenden Pfiff aus. »Also, malen kann er. Das muss man ihm lassen. Wann haben Sie denn für ihn Modell gesessen?«

»Was ich nach Dienstschluss mache, ist meine Privatangelegenheit«, konterte sie. »Nein, im Ernst. Der junge Mann verfügt offensichtlich über eine gehörige Portion an Fantasie. Bei der Größe der Brüste ist sie allerdings ein bisschen mit ihm durchgegangen, aber sonst: Nicht schlecht.«

»Hoffentlich hat er mich nicht auch porträtiert«, feixte die Hauptkommissarin.

»Ich befürchte, das hat er …«

Laura Behrmann schnitt eine Grimasse und reichte ihr ein weiteres Blatt Papier mit einer Bleistiftzeichnung, die ein wenig an Picassos Spätphase erinnerte. Greta Gerber holte hörbar Luft.

»Dieser Rotzlöffel. Schauen Sie sich diesen schiefen Mund an. Und diese Nase. Ich bin doch nicht Gerard Depardieu. Ein Doppelkinn habe ich auch nicht, also zumindest nicht so ein gigantisches. Und was soll denn das sein, was da aus meinem Mund hängt: eine Zunge?«

»Im besten Fall ist es eine Zunge. Liegt ein bisschen im Auge des Betrachters«, sagte Laura Behrmann und vergrub ihre Nase in den Akten, um nicht weiter befragt zu werden.

Greta betrachtete die Zeichnung genauer, erkannte das Detail, zerknüllte das Porträt und warf die Papierkugel in den Abfalleimer.

»Dieser kleine Drecksack. Der kann was erleben.«

»Wer kann was erleben?«

Kriminalrat Seidel war eingetreten, den feixenden Kollegen Fritz im Schlepptau. Mit der linken Hand massierte er das rechte Handgelenk, erkannte die Papierkugel im Allgemeinmüll, fischte sie heraus und hielt sie anklagend in die Höhe.

»Was soll denn das, Frau Gerber? Wir trennen den Müll seit geraumer Zeit. Schon vergessen?«

Greta murmelte eine Entschuldigung und entriss ihrem Chef das Porträt, bevor er es entknüllen konnte. Auch wenn sie nicht Urheberin dieser Schweinerei war, wollte sie nicht, dass Kriminalrat Seidel das Werk betrachtete.

»Wo ist denn Ihr reizender Neffe?«, fragte sie und schob die Papierkugel unbemerkt in ihre Hosentasche. »Ich habe gehört, dass er schon seine erste Festnahme verzeichnen konnte. Nicht schlecht für einen Praktikanten.«

Laura Behrmann senkte den Kopf noch tiefer hinter ihrem Ordner, und POM Fritz biss sich auf die Lippen, um nicht laut loszuprusten.

Kriminalrat Seidel hob einen Zeigefinger. »Ich warne Sie. Wenn Sie irgendjemandem von diesem Vorfall erzählen, dann sorge ich dafür, dass Sie demnächst bei sämtlichen Kinderfesten der Region eingesetzt werden. Malte habe ich ins Archiv geschickt. Da kann er am wenigsten anrichten. Ich weiß wirklich nicht, was in dem Jungen vorgeht. Zuhause bei seinen Eltern ist er der Liebreiz in Person.«

Eine Welle von Mitleid für den armen Archivar Lehmann, gemischt mit Erleichterung, Malte nicht sehen zu müssen, überspülte Greta. Der Liebreiz, den Malte in seinem Praktikum an den Tag legte, entsprach ungefähr der Attraktivität, die ein Bad in einer Kläranlage zu bieten hatte.

»Ich werde mit meiner Schwester reden müssen. Ich habe den Eindruck, Malte eignet sich nicht zwingend für den Polizeidienst.«

»Kommt drauf an«, erwiderte Laura Behrmann und schielte an der Seite ihres Ordners vorbei. »Als lebende Einmannramme würde er bestimmt Karriere machen.«

Kriminalrat Seidel sah sie strafend an, nach Scherzen war ihm überhaupt nicht zumute. »Gibt es denn schon neue Erkenntnisse zur Einbruchserie?«, erkundigte er sich, um von Malte abzulenken.

Die Hauptkommissarin berichtete kurz über die Besuche bei Elektro Kurz und bei der Zeitarbeitsfirma Schwabenfleiß.

»Im Moment überprüfen wir, wer die Objekte, in die eingebrochen wurde, nach den Einbrüchen absichert. Elektro Kurz ist es nicht«, schloss sie ihre Ausführungen.

»Bei den ersten drei Tatorten gingen die Aufträge an eine Firma namens Puresafe. Eine ganz kleine Klitsche mit drei Angestellten, sitzt in Langenschemmern. Die verbauen hochmoderne Anlagen zu einem äußerst attraktiven Preis. Das Beste an dem Service ist jedoch, dass im Alarmfall ein privater Wach- und Schließdienst informiert wird, der so vernetzt ist, dass er garantiert innerhalb von zehn Minuten vor Ort sein kann. Dafür gibt es bei Puresafe sogar eine lebenslange Garantie.«

Laura Behrmann blickte von ihren Aufzeichnungen auf.

»Das heißt, die Betroffenen haben sich eine ganz neue Anlage einbauen lassen. Hätte die alte denn nicht nachgerüstet werden können?«, hakte Greta Gerber nach.

»Doch bestimmt. Aber das Nachrüsten hätte offenbar genauso viel gekostet wie der Neueinbau. Und da die alte Anlage in allen drei Fällen versagt hatte …«

»… haben sich die Opfer anderweitig orientiert«, fiel ihr Kriminaldirektor Seidel ins Wort. »Was ist mit dem vierten Fall? Wer hat da die neue Objektsicherung übernommen?«

»Die Entscheidung steht noch aus. Die Dame des Hauses konnte sich erinnern, dass sie vor Wochen eine Postwurfsendung im Briefkasten hatte, die Alarmanlagen anpries. Das hat sie aber nicht interessiert. Weil sie ja schon eine hatte.«

Die Miene von Kriminalrat Seidel wurde ernst. Er trommelte mit den Fingern einen nervösen Rhythmus auf das Sideboard, das neben ihm stand. »Meinen Sie, dass diese Sicherheitsfirma aus Langenschemmern etwas mit den Einbrüchen zu tun haben könnte? Um die Konkurrenz auszuschalten? Das wäre ja eine ziemlich dreiste Art, sich am Markt durchzusetzen.«

Greta Gerber zuckte mit den Schultern. »Es kann alles Zufall sein, aber wir sollten diese Möglichkeit nicht ausschließen. Kommissarin Behrmann und ich werden nach Langenschemmern fahren und uns bei Puresafe umsehen. Herr Fritz, Sie können in der Zwischenzeit überprüfen, ob die gestohlenen Dinge bei den einschlägigen Verkaufsbörsen im Netz auftauchen. Und telefonieren Sie auch die Musikalienhändler in der Region ab, ob ihnen die Trompete von Louis Armstrong oder die Ukulele von George Harrison angeboten wurde.«

POM Fritz verzog das Gesicht, unterdrückte jedoch einen Kommentar. Bürodienst war so gar nicht seine Sache. Aber es hatte den Vorteil, dass er rechtzeitig Feierabend machen konnte. Im Fernsehen wurde heute »Laible und Frisch«, diese ulkige Serie von den Bäckern aus Schaffertingen, wiederholt, die er bisher immer verpasst hatte. Ein gemütlicher Fernsehabend mit seiner Frau Bärbel, das war eine Aussicht, die ihm gut gefiel.

»Wenn Malte aus dem Archiv erscheint und nach mir fragen sollte, sagen Sie ihm bitte, dass ich schon nach Hause gegangen bin.«

Kriminalrat Seidel schob sich eilig aus der Tür, als könnte sein Neffe jeden Moment um die Ecke biegen. Ein Poltern im Treppenhaus ließ darauf schließen, dass er mit seiner Annahme nicht falsch lag.

23

»Haltet durch, Freunde, die Erlösung naht.«

Frieder wunderte sich über sich selbst, woher er den Elan nahm, am frühen Morgen, den er seit Jahren nicht mehr zu seinen bevorzugten Tageszeiten zählte, so guter Laune zu sein. Früher, als Chefredakteur des »Schwäbischen Tagblatts«, war er schon vor seinen Kollegen am Schreibtisch gewesen, um sich einen Überblick über die News zu verschaffen. Doch seit dem Tod seiner Frau und dem Abschluss seiner Selbstfindungsphase schlief er bis mindestens neun Uhr, bei schlechtem Wetter konnte es durchaus sein, dass er erst gegen Mittag aufstand.

Und nun stand er Punkt sechs Uhr in der Großküche der Härle-Klinik, in der drei Damen und zwei Herren in weißen Koch-Outfits dabei waren, das Frühstücksbuffet anzurichten. Dies geschah ohne Hektik, dafür jedoch mit großer Routine, es war deutlich, dass hier jeder wusste, welche Handgriffe er auszuführen hatte.

Ein großer, schwergewichtiger Mensch in schwarzer Montur, der gerade mit einem gewaltigen Messer eine Zwiebel häutete, hob den kahl geschorenen Kopf und glotzte den Neuankömmling mit rot unterlaufenen, wässrigen Augen an.

»Wo ist der denn entlaufen?«, grantelte er und wandte sich dem Eindringling zu. »Hier hat nur Personal Zutritt. Die Psychiatrie befindet sich im ersten Stock.«

Frieder ging mit weit ausgebreiteten Armen auf den Koch zu, blieb jedoch einen Schritt vor ihm entfernt stehen, weil er sonst in das auf ihn gerichtete Küchenmesser gelaufen wäre.

»Sie müssen Herr Schmieder, der Chefkoch, sein.« Er hielt dem bulligen Mann die Hand hin, die dieser jedoch ignorierte. »Ich bin Frieder, Ihre neue Küchenhilfe. Weinen Sie nicht, auch wenn es Tränen der Rührung sind.«

Eine dunkelhäutige Dame, die gerade Gurken schnitt, kicherte und beobachtete Raimund Schmieder, der Frieder ansah, als hätte der ihm mit der Pfanne eins übergebraten.

Er wendete seinen Kopf in Richtung seiner Angestellten und knurrte: »Was du lachen, Nutella? Du gleich weinen, weil Zwiebel schneiden.«

Das Lächeln im Gesicht der jungen Frau erlosch. »Ich heiße Ornella. Und Sie müssen mit mir nicht reden wie mit Ihren Stammtischbrüdern. Ich bin hier aufgewachsen und habe Literaturwissenschaft studiert.«

Sie wandte sich wieder ihrem Schneidbrett zu und bearbeitete die Gurke mit deutlicher Vehemenz.

»Ha, da haben wir ja etwas gemeinsam«, rief Frieder. »Und da soll mal einer behaupten, aus einem Studenten der Literaturwissenschaft könne nichts Rechtes werden. Aber gute Literatur und köstliche Speisen haben ja auch etwas gemeinsam. Sie sind ein Genuss für die Seele. Allerdings haben Bücher den Vorteil, dass man sie verschlingen kann, ohne dick zu werden.«

Ornella schenkte ihm ein kleines Lächeln, konzentrierte sich jedoch sofort wieder auf ihre Arbeit. Die anderen Kräfte beachteten Frieder nicht. Der Chefkoch schon.

»Sind Sie dann so weit?«, raunte er. »Oder tanzen Sie uns noch etwas vor?«

Frieder lachte, winkte ab und deutete auf den Arbeitsplatz des Chefkochs. »Wenn Sie die Zwiebeln unter Wasser schneiden, tränen ihre Augen nicht so.«

»Ich weiß. Aber ich kann die Luft nicht so lange anhalten«, erwiderte Raimund Schmieder trocken. »Aber es gibt noch einen anderen Trick, damit meine Augen nicht mehr tränen. Wenn Sie die Zwiebeln schneiden, zum Beispiel. Also: Ziehen Sie sich um, und dann können Sie beweisen, dass Sie nicht nur mit dem Mundwerk umgehen können.«

Er wies mit dem Messer in die Richtung einer Tür mit der Aufschrift »Personal«.

»Jawohl, mon general«, antwortete Frieder, entbot seinem neuen Vorgesetzten einen militärischen Gruß und schritt zackig in den Aufenthaltsraum.

Raimund Schmieder sah ihm nach und schüttelte den Kopf. »Das kommt dabei raus, wenn man kleinen Kindern den Schnuller ins Bier tunkt, damit sie besser schlafen. Am Ende entwickeln sie sich zu solchen Schofseggeln.«

Zwei Stunden später war der Chefkoch mit seiner neuen Hilfskraft versöhnt. Frieder, der in seiner weißen Kochjacke und einer weißen Haube, die er wie ein Barett trug, ein stattliches Bild abgab, hatte zwar noch einige Probleme, sich in der Küche und mit dem Arbeitstempo zurechtzufinden, aber er stellte sich ziemlich geschickt an und führte jede Anweisung aus, ohne eine Gebrauchsanweisung einzufordern.

Raimund Schmieder beobachtete jeden seiner Griffe, mäkelte anfänglich hier und da herum, aber eigentlich nur, um seine Position zu unterstreichen. Er ließ keine Zweifel aufkommen, wer in der Küche das Sagen hatte, und bei aller Autorität, die er sich zunutze machte, erkannte Frieder, dass Schmieder ein ziemlich versierter Koch war, der alle Arbeitsabläufe minutiös im Kopf hatte.

Nach kurzer Zeit ging das Murren des Chefkochs in ein Grunzen über und verstummte schließlich ganz. Frieder lebte lang genug im Oberschwäbischen, um zu wissen, dass dieses Ausbleiben von Kritik die größtmögliche Anerkennung seiner Arbeit war.

Allerdings konnte der Chef auch nicht zu viel Zeit für Einzelkritiken aufbringen. Kaum war das Frühstücksbuffet, das ausschließlich aus verschiedenerlei Gemüse und Obst, Eiern in jedweder Form, Nüssen, Samen und Milch bestand, abgetragen, lief schon die Zubereitung des Mittagessens an. Gedünsteter Fisch an Rosenkohlgemüse stand auf dem Speisenplan, dazu ein Endivien-Pilzsalat sowie Apfelmus mit Schlehenfrüchten zum Nachtisch.

Die Angestellten schnippelten, dünsteten, rührten, spülten. Jeder wusste, was er zu tun hatte, niemand wagte es, auch nur einen Moment von seiner Arbeit abzulassen, um nicht den Zorn von Schmieder auf sich zu ziehen.

Mit Argusaugen überwachte der Chefkoch die Abläufe, während er die Fische filetierte, finster dreinblickte und stetig vor sich hinmurmelte. Frieder, der wenige Meter neben ihm stand und den Salat putzte, verstand nicht alles, was sein Chef von sich gab. Genug jedoch, um zu erahnen, dass irgendjemand in seiner Missgunst stand. Seine Fingerfertigkeit litt unter der Grummelei keineswegs. Mit geübten Schnitten trennte Schmieder das Fleisch aus der schuppigen Haut und schichtete die ausgelösten Stücke in eine Schüssel neben sich. Als er den letzten Fisch bearbeitet hatte, ging er von Station zu Station und sah seinen Angestellten über die Schulter.

Bei Frieder angekommen, betrachtete er den Berg an Endiviensalat und gab ihm ein Zeichen, dass er die Tätigkeit einstellen konnte.

»Das reicht. Sie gehen jetzt hinaus in den Kräutergarten und ernten ein paar Schlehen. Nutella zeigt Ihnen, wo.«

Er sagte es so laut, dass Ornella ihren Schmähnamen hören musste. Wütend warf sie ihr Messer, mit dem sie Pilze zerlegt hatte, in das Spülbecken, wusch sich die Hände, schnappte sich eine Schüssel und rauschte hinaus. Frieder hatte Mühe, mit ihr Schritt zu halten.

Der Kräutergarten lag im hinteren Bereich der Parkanlage, rund einhundert Meter vom Gebäude entfernt. Ein Maschendrahtzaun schützte die Beete und Sträucher vor unbefugten Zugriffen, an einigen Sträuchern hingen CDs und glitzernde Folien, um Vögel fernzuhalten. Ornella öffnete das Tor, stakste schnurstracks zu einem Strauch und begann, dunkelblaue Beeren abzureißen. Frieder sah einen Augenblick lang zu, dann trat er neben sie und half ihr. Ihre Mundwinkel zuckten, so als wollte sie beginnen zu weinen. Sie schniefte, wischte sich mit dem Ärmel über die Nase und ließ den Schlehenstrauch ihre Gemütslage spüren.

»Er meint das bestimmt nicht böse«, versuchte Frieder sie zu beruhigen. »Wahrscheinlich hält er sich für wahnsinnig witzig.«

Ornella gab einen Zischlaut von sich. »Schmieder ist kein guter Mensch. Für andere hat er nur Hass und Verachtung übrig. Er ist ein bösartiger Mann, der seinen Frust an anderen auslässt.«

Frieder hielt inne. »Was frustriert ihn denn so?«

Ornella feuerte ein paar Schlehen in die Schüssel, so dass sie aufplatzten und ihren roten Saft verspritzten. Sie kümmerte sich nicht weiter darum und riss weiter an den Ästen. »Dass er hier arbeiten muss, das frustriert ihn. Dass er reiche, eingebildete Kranke bekochen muss, statt ihnen im eigenen Restaurant das Geld aus der Tasche zu ziehen. Er hasst diese Menschen. Sie sind schuld, dass er seinen Traum aufgeben musste, sagt er.«

»Welchen Traum musste er denn aufgeben?«, fragte Frieder.

Ornella drehte sich langsam zu ihm und musterte ihn. Unter ihrer Haube hatte sich eine Haarsträhne gelöst, die ihr lockig in die Stirn fiel.

Süß sah das aus, fand Frieder.

»Schmieder ist, rein menschlich betrachtet, ein Albtraum, aber als Koch geradezu begnadet. Er wollte ein Sternerestaurant in Ulm eröffnen, hatte auch schon ein Objekt angemietet, es ausgebaut und renoviert. Doch dann musste der Vermieter das Gebäude verkaufen, der neue Besitzer hat ihm gekündigt, das Geld für den Ausbau war weg, er konnte seine Kredite nicht mehr bezahlen und saß letztendlich auf einem Berg von Schulden. Schmieder musste sich eine Arbeit suchen, hier hat er sie gefunden. In der Küche einer Klinik, in der Menschen ihren Reichtum unverschleiert zeigen. Er hasst sie.«

»Woher weißt du denn das alles? Hat Schmieder dir das erzählt?«

Ornella fuhr fort, Beeren vom Strauch zu reißen. Sie tat dies so konzentriert, dass Frieder schon keine Antwort mehr erwartete.

»Nach Feierabend, wenn er meint, alleine zu sein, fängt er an zu trinken. Und wenn er voll ist, fängt er an zu schimpfen und zu jammern. Er beklagt seine eigene Geschichte. Immer wieder. Ich habe sie schon so oft gehört, dass ich sie mitsprechen kann.«

Ornella wandte sich an Frieder. »Und du? Woran bist du gescheitert, dass du hier arbeiten und dich anstatt mit schönen Büchern mit Endiviensalat abgeben musst?«

Frieder betrachtete verlegen seine rotgefärbten Handflächen. Von seiner detektivischen Mission wollte er der Kollegin nichts erzählen, dies hätte womöglich dazu geführt, dass sie sich zurückzog und nicht mehr mit ihm sprach. Und um sie in sein Leben einzuweihen, das von dem Schicksal geprägt war, seine Frau und damit den Sinn seines bisherigen Lebens verloren zu haben, kannte er sie noch zu wenig.

»Das ist eine lange Geschichte«, lautete seine kryptische Antwort. »Die Zeit, um sie zu erzählen, haben wir sicher nicht.«

»Nein, die haben wir nicht. Wir werden schon erwartet.«

Sie wies mit dem Kopf in Richtung des Klinikgebäudes. Im Rahmen eines Fensters im Erdgeschoss hing der massige Leib des Chefkochs, der heftig mit den Armen ruderte und sich die Kehle wundbrüllte.

»Wieso dauert das denn so lang? Bis ihr zurück seid, fangen die ersten Früchte schon an zu faulen.«

»Wir sollten gehen. Wenn er uns schon so nett bittet«, sagte Frieder. »Schade, ich hätte ja gern deine Geschichte gehört, die dich in die Küche der Härle-Klinik getrieben hat.«

»Die ist so langweilig, du würdest den Schluss nicht wach erleben. Und dann müsste ich sie dir immer wieder von Neuem erzählen.«

Ornella lächelte, blickte in die Schüssel, pflückte noch ein paar Schlehen und ging zum Haus zurück.

Als sie in der Küche ankamen, war Raimund Schmieder in ein Gespräch verwickelt. Eine Schwester sprach im Flüsterton auf ihn ein, ihre Haltung und die Art, wie sie die Unterhaltung führte, verriet, dass sie sehr aufgebracht war. Der sonst so unansprechbar wirkende Chefkoch lauschte ihr interessiert, machte beschwichtigende Gesten.

»Wer ist das?«, fragte Frieder leise.

»Oberschwester Ursula«, zischte Ornella. Sie schritt zum Spülbecken, leerte die Schüssel hinein und begann die Früchte zu säubern und zu entkernen. Frieder nahm ein Messer aus einem Holzblock, trat neben seine Kollegin und half ihr. Schmieder warf den beiden einen finsteren Blick zu, bis die Oberschwester ihm gegen die Brust klopfte, um seine Aufmerksamkeit einzufordern.

»Die hat es aber wichtig«, flüsterte Frieder. »Was haben die denn zu besprechen?«

»Bestimmt nichts Gutes«, sagte Ornella nahezu tonlos.

Frieder warf noch einen verstohlenen Blick zu der Krankenschwester und seinem Chef. Die beiden hatten ihre Unterredung beendet, standen sich aber noch wie zwei Kombattanten gegenüber. Schließlich nickte Raimund Schmieder schwerfällig, und die Oberschwester drückte ihm zum Abschied den Arm.

Diese Verbindung werde ich im Auge behalten, dachte Frieder. Und vielleicht konnte ihm auch sein Freund Andreas etwas zu den beiden erzählen.

24

Der Weg zum Stammsitz der Firma Puresafe führte die Polizistinnen in das Gewerbegebiet Eichelsteige vor den Toren Ummendorfs. Sie fuhren zunächst an einer hohen Wand an Dixi-Toiletten vorbei, die auf ihren nächsten Einsatz warteten.

»Also entweder ist das hier eine beschissene Gegend oder es versteht jemand, aus Sie-wissen-schon-was Geld zu machen«, kommentierte Greta Gerber.

Die Straße beschrieb eine langgezogene Rechtskurve. Links erstreckte sich ein riesiger Solarpark mit hunderten von Sonnenkollektoren.

»Boah, so viele habe ich ja noch nie auf einem Fleck gesehen«, staunte die Hauptkommissarin und fertigte ein Foto mit ihrem Smartphone an.

»Hier muss es sein.« Laura Behrmann wies auf ein eingeschossiges, weiß getünchtes Flachdachgebäude mit großer Glasfront. Im Gegensatz zu den anderen Gebäuden schien es sich um einen Neubau zu handeln. Von außen war erkennbar, dass einige Räume noch nicht belegt waren.

Greta Gerber verglich die Adresse mit ihren Aufzeichnungen und nickte. »Wir sind richtig. Da an der Fassade hängt auch das Firmenschild von Puresafe. Schreiten wir zur Tat.«

Die Polizistinnen stiegen aus, traten durch eine Glastür und blieben im Empfangsbereich stehen.

Eine Dame fortgeschrittenen Alters saß hinter dem Tresen und telefonierte. Das Namensschild an ihrer Jacke wies sie als Hilde aus.

»… der Leander wollte sich ja bei der Bundeswehr verpflichten. Einfach mal weg von zuhause, etwas anderes machen. Aber dann hat er ein Angebot bekommen, das ihm nicht ganz so fremd ist, das er von zuhause kennt, hat er gesagt. Er betreut jetzt geistig Behinderte. Ja, unverschämt, ich weiß. Ich habe ihn ohne Abendbrot zu Bett geschickt. Strafe muss sein.«

Greta räusperte sich. Die Empfangsdame sah auf, nahm den Hörer vom Ohr und legte eine Hand über die Sprechmuschel.

»Ja, bitte?«

»Gerber und Behrmann von der Kripo Biberach. Wir würden gern Herrn van der Laan sprechen.«

Die Rezeptionistin blickte irritiert. »Wen? Nie gehört.«

Greta blickte nochmals in ihr Notizbuch, um ihren Aufschrieb zu prüfen.

»Florijan van der Laan, den Geschäftsführer von Puresafe. Wenn Sie uns bitte anmelden würden«, wiederholte sie.

»Ach so, den Flo. Ja, klar. Wissen Sie, wir sprechen uns hier alle mit Vornamen an. Das ist gut für das Klima und schafft mehr Transparenz«, erwiderte Hilde. Sie verabschiedete ihre Gesprächspartnerin am anderen Ende der Leitung, wählte eine Nummer.

»Hallo Flo«, flötete sie, als abgenommen wurde. »Magst du mich mal besuchen kommen? Hier sind zwei Damen, die würden dich gern sprechen.«

Sie hielt die Hand vor die Muschel und fragte an Greta gewandt: »Wie waren nochmals die Namen?«

»Behrmann und Gerber«, antwortete Laura genervt. »Das haben wir doch schon gesagt.«

»Die Vornamen. Wir sprechen uns hier ja nur mit Vornamen an«, erwiderte Hilde und betrachtete die Besucherinnen neugierig. Widerwillig gab Greta Auskunft.

»Also Flo, die Greta und die Laura warten hier auf dich. Und ich freu mich natürlich auch, wenn mein Sonnenscheinchen vorbeikommt. Vielleicht hat die Hilde auch was Schönes für den Flo. Einen Schokoriegel. Den hat der Flo doch so gerne, hm?«

Laura Behrmann verdrehte die Augen. Ein gutes Betriebsklima war ja nicht zu verachten, aber Hilde übertrieb es ganz eindeutig.

Wenige Minuten später erschien ein schlaksiger Kerl in einem etwas zu weit geschnittenen Anzug, einem weißen Hemd, das er durch eine blassgraue Krawatte mit Paisley-Muster aufzuwerten versuchte. Seine schwarzen Haare hatte er streng nach hinten gegelt.

»Ein Glück, dass Öl im Moment so billig ist. Seine Frisur würde sonst ein Vermögen verschlingen«, sagte Laura, und Greta grinste.

Hilde verließ ihren Platz, stürmte auf den Mann, den Greta auf Mitte dreißig schätzte, zu und zupfte seine Krawatte zurecht. Sie seufzte.

»Wie läufst du denn rum? So kannst du die Laura und die Greta nicht empfangen.«

Fehlte nur noch, dass sie in ihr Taschentuch spuckte und ihm über die Wangen strich, dachte Greta.

Van der Laan schob Hilde sanft beiseite und schritt den Polizistinnen entgegen. »Meine Damen, was kann ich für sie tun?«, fragte er und lächelte. Er entblößte eine schiefe Zahnreihe.

Greta stellte sich und Laura vor. »Wir hätten ein paar Fragen an Sie. Es geht um einige Ihrer Kunden aus Biberach. Neukunden wohlgemerkt«, begann die Hauptkommissarin.

Florijan van der Laan legte die Stirn in Falten. »Aha, nun gut, dann folgen Sie mir bitte.«

Er drehte sich um, ging den Gang entlang, aus dem er gekommen war, und die Polizistinnen folgten ihm.

»Flo, dein Schokoriegel«, rief ihm Hilde hinterher und winkte mit der Süßigkeit. »Und trinken nicht vergessen. Das ist so wichtig.«

In van der Laans Büro herrschte das geordnete Chaos. Kartons mit Prospektmaterial stapelten sich in den Ecken, Pläne und Fotos von technischen Komponenten hingen an den Wänden, eine Tafel wies den Mitarbeiter des Monats aus. Rund um den Schreibtisch lagen Geräte und Module, die Greta nicht identifizieren konnte, auf seinem Schreibtisch türmten sich die Akten.

»Ihr müsst entschuldigen, wie es hier aussieht. Wir sind erst vor einigen Wochen eingezogen. Und ich komme einfach nicht zum Aufräumen. Zu viel zu tun.«

Er zog zwei Hocker und seinen Schreibtischstuhl an einen Besprechungstisch, lud Greta Gerber und Laura Behrmann ein, sich zu setzen.

»Greta. Laura. Was kann ich für euch tun?«

Die Hauptkommissarin überhörte den gönnerhaften Ton. »Ihre Geschäfte laufen also gut?«

Van der Laan lehnte sich zurück und setzte eine zufriedene Miene auf.

»Sehr gut sogar. Wir werden expandieren, neue Standorte in der Region errichten, brauchen dringend neue Leute.«

Er blinzelte Laura Behrmann zu. »Wenn du jemanden weißt oder vielleicht selbst einsteigen willst: Unsere Türen stehen offen. Wenn du dich hier richtig reinhängst, kannst du in drei Monaten mehr verdienen als bei der Polizei im ganzen Jahr.«

Laura Behrmann machte sich eine Notiz und ging nicht weiter auf das Angebot ein. »Wie erklären Sie sich denn diesen Erfolg?«, fragte sie.

Van der Laan hatte diese Frage offenbar schon oft gehört, seine Selbstsicherheit schien sich auf den Höhepunkt zubewegen zu wollen.

»Es sind verschiedene Säulen, auf denen das Puresafe-Konstrukt ruht. Zum einen haben wir einen Partner, der uns beim Einkauf der Bauteile großzügige Konditionen gewährt. Diese günstigen Preise geben wir an unsere Kunden weiter. Zum anderen haben wir das ›In time, no crime‹-System integriert. Wir arbeiten mit Sicherheitsfirmen zusammen, die in nächster Nähe des zu sichernden Objekts sitzen. Damit sind wir im Falle eines Alarms schneller vor Ort als die Polizei. Der Täter hat gar keine Chance, Dinge einzusacken, weil unsere Partner ihn schnappen, bevor er sich umsehen kann. Und last but not least haben wir ein Erfolgsbeteiligungssystem für unsere Mitarbeiter entwickelt, das sich in anderen Branchen bereits bewährt hat.«

Er verschränkte die Arme vor der Brust und lächelte.

»Wie sieht das denn aus, dieses Erfolgsbeteiligungssystem?«, hakte Greta Gerber nach.

Florijan van der Laan stand auf und durchschritt mit langsamen Schritten den Raum. »Nun, unsere Mitarbeiter gehen eine Art Subunternehmerschaft ein. Sie bezahlen monatlich einen kleinen Betrag an Puresafe, bekommen dafür Werbematerial, Call-Center-Unterstützung, wir schalten Anzeigen und stellen bei Bedarf auch ein Büro mit Sekretärinnen-Service, Buchhaltung und so weiter zur Verfügung. Das Material und das Werkzeug bekommen sie ebenfalls von uns. Sie müssen lediglich Kunden akquirieren und erhalten für jede eingebaute Anlage eine Provision. Und natürlich auch das Honorar für die erbrachte Leistung. Gutes Geld für gute Arbeit. Die Besten gehen locker mit einer fünfstelligen Summe im Monat nach Hause.«

Greta Gerber hob die Augenbrauen. »Eine fünfstellige Summe, das sind mindestens 10 000 Euro. Wir kennen zwar Ihre Marge nicht, aber wir haben Ihre Preise gesehen. Irgendwie bekomme ich diese Zahlen nicht zusammen.«

Van der Laan nickte. »Ich verstehe deine Zweifel, Gerda.«

»Greta, wenn schon ...«

»Sicher, Greta. Du darfst nicht vergessen, dass wir es teilweise mit einigen sehr versierten Menschen zu tun haben. Die sind so schlau und suchen sich Mitarbeiter, die für sie Kunden akquirieren und Anlagen verkaufen. Damit steigern sie ihren Umsatz, das erhöht die Provision.«

»Das ist also eine Art Schneeballsystem«, schloss Laura.

Der Puresafe-Geschäftsführer verzog das Gesicht. »Nein, Lara-Kleines, den Begriff schätze ich nicht sehr. Er ist so negativ belastet. Ich nenne es das ›Success until Excess‹-System. Erfolg bis zum Abwinken.«

Er lachte. Greta warf Laura einen verzweifelten Blick zu.

»Das heißt, Sie kennen viele Mitarbeiter gar nicht, die Ihre Produkte an den Mann bringen?«

Van der Laan zuckte mit den Schultern. »Muss ich das? Ich habe meine Subunternehmer, die vertraglich an mich gebunden sind. Von denen bekomme ich mein Geld. Was die mit ihrem Unterbau ausmachen, interessiert mich nicht.«

»Das sollte Sie aber interessieren. Wir haben nämlich den Verdacht, dass einer Ihrer Mitarbeiter mit unlauteren Mitteln zu seinen Aufträgen kommt«, warf Laura Behrmann ein und schilderte den möglichen Zusammenhang zwischen den Einbrüchen und den Neuaufträgen von Puresafe.

»Und aus diesem Grund benötigen wir dringend eine Aufstellung aller Mitarbeiter, die im Moment für Sie tätig sind«, ergänzte Greta Gerber.

Der Geschäftsmann schien die Sprache verloren zu haben. Er blickte starr vor sich hin. »Das kann ich mir nicht vorstellen. Meine Leute sind absolut zuverlässig. Das sind doch keine Verbrecher«, sagte er schließlich.

»Nein, natürlich nicht. Aber vielleicht interpretiert einer dieser versierten Menschen das ›Success until Excess‹-Konzept falsch. Man hat schon Flöhe husten hören, Flo«, erwiderte Greta Gerber. »Wenn wir also die Liste haben könnten ...«

»Das sieht nach einer Menge Arbeit aus«, sagte die Hauptkommissarin zu Laura Behrmann, als sie wieder im Auto saßen. Sie fuhr mit dem Finger die Aufstellung der Puresafe-Mitarbeiter nach.

»Allein hier im Oberschwäbischen hat er zwanzig Mitarbeiter. Wenn jeder nur drei oder vier Subunternehmer beschäftigt, brauchen wir Wochen für die Recherche.«

Laura Behrmann seufzte. »Na ja, ein Gutes hat das. Wenn die Täter wirklich aus Puresafe-Kreisen kommen, dann sind sie jetzt gewarnt und verschonen uns mit neuen Einbrüchen.«

Greta Gerber blickte gedankenverloren aus dem Seitenfenster. »Wollen wir es hoffen.«

25

An der Tür von Chantals Appartement klopfte es. Mit Mühe gelang es ihr, die Augen zu öffnen, wie in Zeitlupe richtete sie sich vom Bett auf, setzte sich an die Kante und wurde von einer Schmerzwelle erfasst. Ihr Magen krampfte sich zusammen, sie kämpfte gegen den Würgereiz an und schleppte sich zur Tür.

Als sie öffnete, lächelte ihr Ernst Allgaier entgegen. Seine gute Laune gefror, als er Chantals Zustand erkannte. Ihre Haare hingen in fettigen Strähnen am Kopf, von den Lippen lösten sich kleine, trockene Hautpartikel, das Nachthemd klebte ihr schweißnass am Körper. Darüber hinaus strömte sie einen unguten Geruch aus. Genauer gesagt: Sie stank erbärmlich. Er legte ihr die Hände auf die Schultern und zog sie an sich.

»Was isch mit dir, Schätzle? Du siehsch net gut aus«, sagte er.

Chantal rülpste leise. Ein Hauch von Schwefel stieg Allgaier in die Nase. »Mir ist so schlecht. Ich habe den ganzen Nachmittag gekotzt«, sagte Chantal und ließ sich gegen ihn fallen.

Ernst Allgaier führte sie zum Bett zurück, half ihr dabei, sich hinzulegen. »Dei Nachthemd isch ganz nass. Willsch bade ond dann a neues anzieha?«, fragte er.

Chantal kicherte schwach. »Du denkst wohl, ich bin doof? Ich weiß, was du vorhast. Du bist ein Schlawiner.«

Ernst Allgaier lächelte. Er zog eine Champagnerflasche und die Xocolatl-Zimtstangen von dem Spezial-Mahl, das ihm Oberschwester Ursula serviert hatte, aus einem Leinenbeutel hervor und präsentierte sie seiner Geliebten. »Guck, was i mitbrocht hab.«

Chantal stöhnte erneut. Dieses Mal allerdings klang es weniger leidend.

»Hm, lecker, deine Zauberstangen. Wenn mir nur nicht so schlecht wäre …«

Sie schlug sich eine Hand vor den Mund, schob sich an Ernst Allgaier vorbei, hechtete in das Badezimmer und übergab sich dort geräuschvoll.

»Des wird wohl heut nix«, sagte Ernst Allgaier leise und betrachtete missmutig die Präsente. Den ganzen Tag schon hatte er sich auf ein amouröses Intermezzo gefreut. Chantal weckte ein in ihm verschollen geglaubtes Verlangen, was mitunter daran lag, dass die sich wie eine Ausgehungerte gebärdete und ihn zu sexuellen Höchstleistungen antrieb. Seitdem fühlte sich Ernst Allgaier stark, attraktiv und gesund. Zum ersten Mal seit Jahren dachte er nicht an seine geschiedene Ehefrau, die ihn durch ihre Forderungen an den Rand der Existenz getrieben hatte.

Chantal war anders. Sie stellte keine Forderungen, sie sprach nicht von einer gemeinsamen Zukunft, sie ließ ihn in Ruhe, wenn er die Stille suchte, und gab sich ihm hin, wenn ihm danach war. Die Beziehung zu ihr war einfach perfekt.

Er hörte, wie sie sich die Zähne putzte und gurgelte, dann das Rauschen von Wasser, offensichtlich ließ sie ein Bad ein. Sie erschien im Türrahmen, lehnte sich dagegen und lockte ihn mit ihrem Zeigefinger. »Ich brauche jemanden, der mir den Rücken einseift«, gurrte sie. Sie zog das Nachthemd aus, drehte sich einmal um die eigene Achse und verschwand aus seinem Blickfeld.

»Bisch sicher, dass du dich fit genug fühlsch?«, fragte Ernst Allgaier. Er erhielt einen wohligen Laut zur Antwort, als Chantal in die Wanne stieg. Allgaier beeilte sich, aus den Klamotten zu kommen, entkorkte den Champagner, füllte zwei Gläser und entrollte die Zimtstangen.

»Dann wird's ja doch no an schöner Obend«, murmelte er und begab sich ins Badezimmer.

Ernst Allgaier erwachte, weil er fröstelte. Benommen blickte er sich um. Er lag unbekleidet in einem Bett, das nicht seines war. Die Decke und das Laken lagen in einem Knäuel am

Boden, die Balkontür stand offen. Ein schwacher Wind bewegte den zur Seite geschobenen Vorhang.

Nur langsam fügten sich kleine Erinnerungsstücke zusammen. Chantal. Das Bad. Champagner. Zimtstangen. Forschende Hände. Leidenschaftliche Küsse. Fordernde Berührungen. Lustvolle Vereinigung. Filmriss.

Ernst Allgaier versuchte sich zu erinnern, doch es gelang ihm nicht, ein Bild davon heraufzubeschwören, wie er ins Bett gelangt war. Und in diesem Moment wurde ihm auch bewusst, dass Chantal nicht neben ihm lag. Er richtete sich auf, unter seiner Schädeldecke pochte es, als würde dort die Holzfällerweltmeisterschaft ausgetragen.

»Chantal?« Sein Ruf dröhnte in seinen Ohren. Keine Antwort.

»Schätzle, wo bisch denn?«

Er schleppte sich in das Badezimmer, von Chantal keine Spur. Das Wasser in der Wanne wirkte wie ein Relikt aus einer anderen Wirklichkeit, verströmte einen zarten Blütenduft. Sie hatten es nicht abgelassen. Allgaier schüttelte den Kopf, das Pochen verstärkte sich, rote Funken begannen vor seinen Augen zu tanzen. Er setzte sich an den Wannenrand, kramte nach weiteren Erinnerungsfetzen, doch da war nichts. Sie hatten sich in der Badewanne geliebt. Oder doch nicht? Ernst Allgaier war sich plötzlich nicht mehr sicher. Er musste eingeschlafen sein. In der Badewanne.

Er erhob sich, schlurfte in das Wohnzimmer zurück.

»Chantal, zefix, wo bisch denn?«, rief er. Nur sie konnte Erklärungen liefern. Er hob das Laken vom Boden auf, schlang es um sich und trat auf den Balkon hinaus. Dichter Nebel waberte über dem See, die Schlieren wirkten wie Moorgeister, die sich zum Stelldichein trafen.

Er beugte sich ein wenig über die Brüstung, und dann sah er sie. Chantal lag vor der steinernen Umfriedung des Grundstücks. Ihr Kopf war zur Seite geneigt, als wollte sie ihn auffordern, ihr nachzufolgen. Sie sah ihn mit leeren Augen an, ihren Mund hatte sie zu einem stummen Schrei geöffnet. Ihre Beine waren unnatürlich verdreht und doch wirkte sie wie eine Balletttänzerin, die sich an einer anspruchsvollen Figur versuchte.

Einige Sekunden vergingen, bis die Eindrücke für Allgaier einen Sinn ergaben. Er würgte. Die Stiche in der Brust kehrten zurück. Er zwang sich, ruhig zu atmen. Chantals Bild wurde unscharf, in seinen Ohren rauschte es. Seine Beine gaben nach, er klammerte sich an das Geländer des Balkons, um nicht den Halt zu verlieren. Atmen, Atmen. Aus seiner Kehle drang ein leises Krächzen. Der Boden drehte sich, sein Brustkorb wurde von einer gewaltigen Kraft zusammengedrückt. Atmen, Atmen. Speichel rann ihm am Kinn herab. Mit einem langen Atemzug füllte er seine Lungen. Und dann brüllte er seine Angst und seinen Schmerz in die Nacht hinaus.

26

»Es ist tatsächlich so, wie wir es angenommen haben. Jeder dieser Subunternehmer von Puresafe hat mindestens vier Leute, die für ihn Werbung machen und Kunden akquirieren. Bis wir die alle überprüft haben, ist Malte verheiratet und hat hoffentlich drei Kinder, die alle so gestört sind wie er.«

Laura Behrmann betrachtete den Neffen ihres Chefs, der sie seit Stunden mit Büroklammern bewarf. »Mach doch heute einfach mal früher Schluss, Sportsfreund. Du kannst ja mal zur Abwechslung deine Eltern nerven.«

»Langweilig«, murrte Malte und warf der Kommissarin eine Büroklammer ans Kinn. »Yeah, Volltreffer.«

»So, jetzt reicht's«, knurrte Laura Behrmann. Sie schoss auf den Jungen zu, zerrte ihn nach oben, drehte ihm die Arme auf den Rücken und legte ihm Handschellen an. Dann schob sie ihn zur Tür hinaus in Richtung Ausnüchterungszelle. Malte protestierte lautstark, doch die Kommissarin hatte ihn fest im Griff und ließ sich durch sein Gejammer nicht erweichen.

Hauptkommissarin Gerber sah den beiden nach, rieb sich mit der Hand über die Stirn und atmete hörbar aus.

»Vier ungeklärte Einbrüche, mindestens vierzig neue Verdächtige und ein bescheuerter Praktikant. Das ist zu viel für mich. Ich gehe«, sagte sie.

»On koiner hot die Trompet vom Louis Armstrong gseha. I glaub, i ben au glei weg«, antwortete Polizeiobermeister Fritz. »I gang mit meiner Frau heut zum U-100-Schwoof ins Abdera.«

Greta Gerber nickte. Im Gegensatz zu ihrem Kollegen stand ihr kein besonders vergnüglicher Abend bevor. Oliver hatte angerufen und die Euphorie, seine Stimme zu hören, war schnell in Ernüchterung umgeschlagen. Er wollte mit ihr reden, und es hatte nicht so geklungen, als wollte er ihr einen Heiratsantrag machen. Nicht, dass sie das von ihm erwartet hätte, aber sein nüchterner Ton ließ vermuten, dass ihn ein ernsteres Thema beschäftigte. Und man musste kein Hellseher sein, um zu erraten, dass es wohl um ihre Beziehung ging.

Zwei Stunden später stand sie vor seiner Appartementtür und klingelte.

Oliver öffnete und küsste sie zur Begrüßung links und rechts auf die Wange. Greta wusste nicht, ob sie enttäuscht, wütend, überrascht oder einfach nur gekränkt sein sollte. Tagelang hatten sie sich nicht gesehen, und nun behandelte er sie so, als wäre sie eine alte Freundin auf Durchreise und nicht die Geliebte, die sie nun bereits seit mehr als einem Jahr war.

Doch bei seinem Anblick konnte sie keinen Groll entwickeln: Er wirkte sehr müde, ausgelaugt, dunkle Ringe unter den Augen ließen auf schlaflose Nächte schließen.

Greta ließ sich von ihm aus dem Mantel helfen und wartete, bis er ihn verstaut hatte. Sie trug, entgegen ihren Gewohnheiten, ein figurbetonendes Kleid. Nach der etwas unterkühlten Begrüßung kam sie sich allerdings ziemlich overdressed vor und wünschte sich in ihre Jeans und in den Kapuzenpulli zurück.

»Du siehst gut aus«, sagte Oliver und versuchte sich an einem Lächeln. Es misslang, in seinen Augen regte sich nichts. Schnell wandte er den Blick ab. Er wies in Richtung seines Wohnzimmers und ging voraus. Dort eilte er zu seiner Couch, ordnete zwei Kissen neu.

»Entschuldige bitte die Unordnung. Ich habe dem Mädchen frei gegeben. Die Gewerkschaften hätten mich sonst wegen Sklavenhalterei vor den Kadi gebracht.«

Er grinste schief. Greta zeigte keine Reaktion.

»Setz dich doch«, sagte er und begann, die Flasche Wein, die er auf dem Tisch neben zwei großen Gläsern platziert hatte, umständlich mit dem Korkenzieher zu bearbeiten.

Greta folgte seiner Einladung, setzte sich vorsichtig in einen Sessel, konnte jedoch nicht verhindern, dass der Saum ihres Kleides nach oben rutschte und mehr von ihren Beinen preisgab, als es dieser angespannten Atmosphäre angemessen war. Sie bemerkte Olivers verstohlene Blicke, der mühsam versuchte, unbeteiligt zu wirken. Sie zog den Rock nach unten, der sich jedoch nur Millimeter bewegen ließ, und gab es schließlich auf.

»Du hast am Telefon gesagt, dass du etwas Wichtiges mit mir besprechen musst. Was ist los?«

Greta erschrak über ihren kühlen Ton, und auch Oliver hielt einen Moment inne, bevor er den Korken mit einem sanften Ploppen aus dem Flaschenhals zog und die Gläser füllte.

»Lass uns erst einen Schluck trinken«, sagte er und reichte ihr ein Glas.

»So schlimm?«, fragte Greta. »Ertrage ich deine Nachricht nur im Vollrausch?«

Oliver stellte sein Glas ab und setzte sich neben sie. Er griff nach ihrer Hand, doch Greta entzog sie ihm. Er strich mit einem Finger über die Tischplatte, nahm sein Glas, stellte es wieder ab.

»Es ist ... Ich meine ... Du hast doch gesagt, dass wir uns immer grünes Licht geben wollen, wenn sich eine Chance im Leben bietet. Das hast du doch gesagt, oder?«

Greta nippte an ihrem Wein. »Ja, und?«

»Diese Chance zeichnet sich jetzt für mich ab. Verstehst du? Das ist der Moment, auf den ich immer hingearbeitet habe. Ein Leben lang.«

Er legte ihr eine Hand auf das Knie, Greta ließ es geschehen.

»Ich habe doch auf diesem Kongress in Berlin ein Referat gehalten. Über die Möglichkeit, mittels Nanotechnologie auf Antikörper einzuwirken und so Darmkrebserkrankungen einzudämmen. Eine amerikanische Pathologin hat mich im Anschluss darauf angesprochen. Sie war sehr angetan von meiner Arbeit. Wir haben abends lange in der Hotelbar gesessen und diskutiert. Die hat mich mit Fragen bombardiert, kann ich dir sagen.«

Greta versteifte sich. Wie sie vermutet hatte, lief das Gespräch auf eine Beichte hinaus. Nur der Sündenfall blieb noch im Unklaren.

Oliver schien ihre Anspannung nicht zu bemerken.

»Sie arbeitet seit Jahren an dem gleichen Thema, hat riesige Fortschritte gemacht. Und es ist ihr tatsächlich gelungen, Forschungsgelder der Regierung loszueisen und ein Institut zu gründen. Sie will, dass ich dort mitarbeite.«

Greta hatte den Atem angehalten, nun ließ sie die Luft zischend entweichen. Erleichtert fiel sie Oliver um den Hals und küsste ihn. »Aber, das ist doch toll. Ich gratuliere. Und ich habe schon gedacht …«

Verlegen blickte sie zu Boden. Sie kam sich ziemlich dämlich vor, dass sie das Schlimmste befürchtet hatte. Noch einmal küsste sie Oliver, dieses Mal weit zärtlicher, auf den Mund.

»Das heißt, du hast nichts dagegen?«, presste er zwischen ihren verbundenen Lippen hervor.

Greta sah ihm tief in die Augen und strich mit einer Hand über seine Wange. »Nein, was sollte ich denn dagegen haben? Das ist doch die Gelegenheit für dich, groß rauszukommen. Ich freue mich für dich.«

Sie schmiegte sich an ihn. Oliver griff zum Glas, führte es zum Mund und trank einen großen Schluck.

»Und ich dachte schon, du bist sauer. Ich meine, wir werden uns nicht mehr oft sehen können. Aber inzwischen gibt es ja relativ günstige Flugverbindungen …«

Greta richtete sich auf und starrte ihn an. »Flugverbindungen? Zwischen Biberach und Ulm?«

Oliver lachte. »Nein. Sagen wir eher, zwischen München und Baltimore. Dort ist der Sitz des Instituts.«

»Soll das heißen, du ziehst weg?«

»Jetzt guck doch nicht so entsetzt. Freilich muss ich umziehen. Oder hast du gedacht, ich pendle täglich?«

Oliver lachte und versuchte sie zu küssen. Sie drehte den Kopf zur Seite, sodass er nur ihr Ohr traf.

Greta schob ihn von sich.

»Moment, Moment. Lass mich das kurz rekonstruieren. Du willst nach Baltimore ziehen. Und ich bin hier. Bleibt die Frage: Was wird aus uns?«

Oliver rückte näher an sie heran und versuchte, einen Arm um ihre Schultern zu legen. Aber Greta rückte ab.

»Andere Paare führen doch auch Fernbeziehungen. Wir sehen uns, wann immer es möglich ist. Im Urlaub. An einem verlängerten Wochenende. Außerdem ist es doch nur für zwei, drei Jahre.«

Greta stand auf und blickte auf ihn herab.

»Ach, dann haben wir also demnächst eine Fernbeziehung, ja? Gespräche via Skype und am Wochenende Telefonsex, oder wie? Und im Urlaub mimen wir dann vierzehn Tage lang das Liebespaar. Das klappt doch jetzt schon nicht und ist überhaupt nicht das, was ich mir wünsche.«

Oliver starrte sie mit offenem Mund an.

»Okay, und was wünschst du dir?«, fragte er schließlich.

»Dass wir zusammen sind. Dass wir gemeinsam etwas unternehmen. Dass wir uns austauschen. Dass wir füreinander da sind. Dass wir miteinander schlafen. Dass wir miteinander aufwachen. Aber nicht, dass wir getrennte Leben führen, die wir irgendwann nicht mehr in Einklang bekommen. Denn genau das wird passieren.«

Oliver stand auf und sah ihr tief in die Augen. Er strich ihr eine Strähne hinter das Ohr, streichelte ihre Wange.

»Bei uns läuft das anders. Wir sind füreinander bestimmt. Was machen da schon ein paar tausend Kilometer Entfernung aus? Überleg doch mal: In drei Jahren Baltimore kann ich mein Projekt weiter voranbringen als hier in meinem ganzen Leben. Das ist die Chance.«

»Du hast also schon unterschrieben?«

Oliver wich ihrem Blick aus. »Ich musste mich schnell entscheiden, und ich konnte ja nicht ahnen, dass du das mit dem grünen Licht nicht ganz so ernst gemeint hast. Wenn du vor einer solchen Entscheidung stündest, würde ich dir keine Steine in den Weg legen.«

Greta stellt ihr Glas betont auf dem Tisch ab.

»Gut, alles klar. Ich gebe dir grünes Licht. Und ich will auch kein Klotz am Bein sein. Nicht, dass du auf dem Flug noch wegen Übergepäck einen Zuschlag zahlen musst. Es wäre trotzdem schön gewesen, wenn du mit mir gesprochen hättest, bevor du deinen Entschluss gefasst hast. Das macht man in funktionierenden Beziehungen nämlich so.«

Eine heiße Welle der Wut durchlief sie. Sie spürte, dass ihr die Tränen in die Augen schossen, deshalb schob sie sich an Oliver vorbei, rannte hinaus, riss ihren Mantel vom Garderobenhaken und schlug die Tür zu. Es hörte sich an wie ein Schuss.

27

»Sie müssen mir glauben. Chantal. Sie ist tot. Im Garten. Wahrscheinlich vom Balkon gesprungen.«

Ernst Allgaier keuchte. Er lag auf seinem Bett in seinem Zimmer, die Oberschwester hielt ihn fest, während Professor Thompson eine Spritze aufzog. Allgaier wusste nicht, wie er hierhergekommen war. Er erinnerte sich nur noch an seinen Schrei, als er Chantal unten im Garten gesehen hatte, danach musste er das Bewusstsein verloren haben. Er war erst wieder in seinem Zimmer aufgewacht.

»Alles wird gut«, sagte Ursula Merklinger und sah ihn gütig an. »Sie haben nur geträumt.«

Allgaier bäumte sich auf, versuchte sich aus ihrem Griff zu befreien. Er schwitzte. »Nein, kein Traum. Sie lag unten. Chantal. Sie müssen sie doch gefunden haben. Bitte ...«

Er spürte den Stich in seiner rechten Armbeuge, Thompson drückte den Kolben der Spritze durch, zog die Nadel aus der Vene und drückte einen Wattebausch auf die Wunde.

»Sie müssen sich beruhigen, Herr Allgaier. Die Aufregung schadet Ihrem Herzen. Schlafen Sie sich aus, und morgen früh ist alles wieder im Lot.«

Allgaier bemerkte, wie er von einer bleiernen Schläfrigkeit ergriffen wurde. »Bitte. Sie müssen Chantal doch gesehen haben. Im Garten. Ihre Augen ...«, brachte er schwach hervor.

»Chantal Möller ist gestern abgereist«, erwiderte Professor Thompson. »Und laut ihrer Freundin Blandine geht es ihr sehr gut. Die beiden haben telefoniert.«

»Aber ich war doch bei ihr. Wir haben gebadet und Champagner getrunken. Und Zimtstangen gegessen. Ich muss eingeschlafen sein. Als ich aufwachte, war Chantal nicht mehr da. Die Balkontür ... geöffnet ... unten ... da lag sie.«

Allgaiers Worte wurden unverständlich. Sein regelmäßiger Atem verriet, dass er in Morpheus' Armen weilte.

»Kommen Sie«, sagte Thompson zu Oberschwester Ursula. »Er schläft jetzt. Morgen früh wird er sich an diesen Traum nicht mehr erinnern.«

28

Andreas Goettle stand auf der Aussichtsplattform im Wackelwald und beobachtete das vor ihm liegende Feld. Ein Fuchs schlich geduckt durch das hohe Gras, hob immer wieder den Kopf, um sich neu zu orientieren, und verschwand schließlich in einem Gebüsch.

Der Geistliche sah auf seine Taschenuhr. Frieder hatte bereits zehn Minuten Verspätung, was den Pfarrer schon jetzt in Richtung Weißglut trieb. Die Vernichtung seiner Zeit durch andere war für Andreas Goettle ein moralischer Anschlag auf seine persönlichen Werte, ein Ausdruck von geringem Respekt. Seine Predigten über die Pünktlichkeit als Basis eines lebenswerten Miteinanders waren in Busfahrerkreisen gefürchtet, seine Firmlinge hatte er inzwischen so weit, dass sie lieber eine halbe Stunde vor dem Gemeindesaal herumlungerten, als nur eine Minute zu spät zum Unterricht zu kommen. Und selbst Frieder, ein wahrhaftiger Pünktlichkeitsverweigerer und Zeitanarchist, hatte bei Goettle nur eine geringe Toleranz, die er regelmäßig auszudehnen versuchte.

Stimmen näherten sich, und wenig später erblickte Goettle ein älteres Paar, das sich hüpfend über den Waldweg bewegte und höchstes Vergnügen empfand, wenn der moorige Untergrund nachgab. Es entstand der Eindruck, als würde der Boden federn, ein Effekt, der empfindlichen Charakteren reichlich zu schaffen machte.

Frieder gehörte offensichtlich zu dieser Kategorie. Goettle identifizierte die Gestalt, die sich in etwa einhundert Meter Entfernung am Halteseil, das entlang des Weges gespannt war, entlanghangelte und immer wieder stehen blieb. Sein Gesicht leuchtete von der Anstrengung, die ihm dieser Gang bereitete.

»Das ist ja wie auf einem Walfänger bei Windstärke 12«, rief er dem Pfarrer zu und winkte.

»Wenn er a Kilo Fliegenpilze frisst, dann macht des dem nix. Aber im Wackelwald wird's ihm dommelig«, murmelte Goettle, stieg von der Aussichtsplattform herunter, um seinem Freund entgegenzugehen.

Erleichtert nahm Frieder zur Kenntnis, dass er sich nicht weiter abquälen musste, und wartete.

»Es gibt so großartige Wirtshäuser in der Stadt. Aber wir müssen uns ausgerechnet hier treffen«, maulte er zur Begrüßung und sah den Pfarrer vorwurfsvoll an.

»Wenn i di im Wirtshaus treff, dann kommt mi des emmer teuer. Des kann i mir net leista, i han koin Geldscheißer«, antwortete Goettle.

»Schon gut«, winkte Frieder ab und schöpfte einen Augenblick Atem.

Andreas Goettle sah sich im Wald nach Lauschern um. Sie waren allein, dennoch rückte er an seinen Freund heran.

»Hosch scho was rausgfonda?«, flüsterte er.

Der ehemalige Chefredakteur des Schwäbischen Tagblatts schüttelte den Kopf. »Nicht wirklich. Nur, dass der Chefkoch Raimund Schmieder ein ziemlicher Menschenfeind ist und ein strenges Regiment in der Küche führt. Er hatte mal ein Sternerestaurant geplant, ging pleite, weil er abgezockt wurde, und hasst seitdem alle reichen Menschen, die er für sein Unglück verantwortlich macht. Und die gibt es in der Härle-Klinik zuhauf.«

Andreas Goettle rieb sich das Kinn, wie immer, wenn er seinen Gedanken nachhing.

»Versteh i net. Isch des a Art Sozialneid oder wie?«

»Das ist in einem kapitalistischen System kein seltenes Phänomen. Die anderen haben das, was er nicht hat. Und weil er das nicht haben kann, rächt er sich auf andere Weise. Vielleicht, indem er ihnen etwas ins Essen mischt.«

Goettle begann auf und ab zu gehen. Frieder krampfte seine Hände noch mehr an das Halteseil. »Könntest du bitte ein bisschen weniger hart auftreten. Ich bin nicht seefest.«

Der Priester entließ einen verächtlichen Laut. »Stell dich doch net so an. Der Jesus isch übers Wasser glaufa ond du kannsch net amol auf dem wackeliga Boda steha.«

Frieders Gesichtsfarbe, die einen eindeutigen Grünstich aufwies, ließ ihn verstummen. Bei all den Qualitäten, die sein Freund aufwies, schauspielerisches Talent hatte er bislang nicht an ihm ausmachen können. Ihm schien es wirklich schlecht zu gehen.

»Ang'nomma, der will sei Wut loswerda, indem er de Leut was ins Essa mischt, damit die Krämpfe kriegat und damit es ihnen et so gut geht – des kommt doch irgendwann raus. Und dann isch er sein Job los. Außerdem: Was hat des mit diese Herzinfarkte auf sich?«

Spaziergänger näherten sich und brachten durch vehementes Ausschreiten den Waldboden zum Vibrieren. Frieder krampfte sich in sein Halteseil und gab einen Wimmerlaut von sich. Die Passanten feixten und lachten, als sie sahen, was der wankende Boden bei ihm auslöste.

»Mei Kumpel war Krisenhelfer im Erdbebagebiet. Des hier isch so a Art Konfrontationstherapie«, sprang Andreas Goettle seinem Freund zur Seite.

Der Hohn der Vorbeiziehenden schlug in Mitleid um.

Die beiden warteten, bis die Kurgäste außer Sichtweite waren.

»Noch etwas«, brachte Frieder keuchend hervor. »Ich weiß nicht, ob es wichtig ist: Aber es gibt da eine Schwester in der Klinik, auf die Schmieder zu hören scheint. Wenn er mit ihr spricht, ist er lammfromm. Er scheint fast ein wenig Angst vor ihr zu haben.«

»Wie hoißt die Schwester?«

»Oberschwester Ursula. Sie sieht eigentlich gar nicht so gefährlich aus. So eine Kleine, Stämmige ist das. Nicht mehr ganz jung. Wenn ich hier je lebend rauskomme, finde ich mehr über sie heraus.«

Goettle überhörte die letzte Bemerkung. »Die Ursula kenn i. Des isch a sehr fleißige, die sich den Ar…, also älles für die Patienta macht. I würd sage, die isch okay. Aber was isch mit dieser Hexe vom Federsee? Woisch du scho, wer des isch?«

Frieder verdrehte die Augen. »Meine Güte, ich bin doch erst drei Tage hier. Und Schmieder achtet darauf, dass ich nicht zu viel Freizeit habe. Sobald ich was weiß, melde ich mich bei dir.«

Der Pfarrer nickte und sah auf seine Taschenuhr.

»Jessas, i komm zu spät zu mei'm Seminar. I muss los. Bleib dran und ruf mi an, wenn's ebbes Neues gibt«, sagte er und hastete davon.

Frieder klammerte sich, um Gleichgewicht bemüht, erneut an das Seil. »He, und was wird aus mir? Du kannst mich doch hier nicht zurücklassen.«

Andreas Goettle verschwand aus seiner Sicht. Unglücklich blickte Frieder auf das Stück Weg, das ihn von sicherem Boden trennte.

»Okay, ganz ruhig, Frieder«, sprach er sich selbst Mut zu. »Denk an den wunderbaren schwäbischen Whisky, der in deinem Zimmer auf dich wartet. Wenn du das schaffst, dann hast du ein ordentliches Gläschen verdient.«

Mit dieser ermutigenden Aussicht trat er Schritt für Schritt den langen Heimweg an.

Der Seminarraum war bei Andreas Goettles Ankunft alles andere als gut gefüllt. Lediglich Natascha und Hermann, der ehemalige Alkoholiker mit erhöhter Rückfallbereitschaft, warteten auf ihren Referenten. Natascha saß auf dem Fensterbrett, blickte in den Garten. Sie hatte große Kopfhörer auf den Ohren und hörte so laut Musik, dass der Pfarrer den Techno-Beat von Scooter erkennen konnte. Hermann lief im hinteren Teil des Seminarraums auf und ab, bewegte die Lippen und gestikulierte wild.

Goettle stupste den Teenager an. Natascha drehte sich zu ihm, sah ihn mit schläfrigen Augen an, nickte und nahm die Kopfhörer ab.

»Hosch koi gscheite Musik, die du höra kannsch? Soll i mol was mitbringa?«, fragte Goettle.

Natascha zuckte mit den Schultern. »Ist mir egal. Ich hör das nur, damit der mich nicht volllabern kann.«

Sie wies mit dem Kinn in Hermanns Richtung, dann blickte sie wieder hinaus in den Garten. Einige Kurgäste hatten es sich auf Liegestühlen gemütlich gemacht und genossen die letzten wärmenden Strahlen der Herbstsonne.

»Wo sen denn die andere?«, fragte der Geistliche.

Hermann unterbrach seinen stummen Monolog und wandte sich Andreas Goettle zu. »Weg. Sie sind alle weg. Verschwunden. Vom Erdboden verschluckt. So wie wir auch bald weg sein werden. Wir sind alle dem Untergang geweiht, Herr Pfarrer. Über diesem Haus schwebt ein Fluch.«

Goettle schritt auf Hermann zu und bemerkte bereits nach wenigen Schritten, dass der Patient an diesem Tag seine Sucht nicht unter Kontrolle hatte. Hermann dünstete den säuerlichen Geruch vergorenen Obstes aus, er hatte also heimlich getrunken.

»Solang i da bin, lieber Hermann, kann euch nix passiera. Also, wo sen die andere?«

»Die Heulsuse versteckt sich auf ihrem Zimmer, der Spacko-Spießer kommt nicht mehr, und die fette Kuh ist abgereist«, antwortete Natascha.

Goettle blickte das junge Mädchen streng an. »Erstens: Die fette Kuh hat an Noma: Chantal. Zwoitens isch die fette Kuh maximal a vollschlanke Kuh. Außerdem: Die Helen isch traurig, weil Mensch a wie du schlecht über sie redat.«

Die Bezeichnung Spacko-Spießer für Ernst Allgaier ließ er unkommentiert. In diesem Punkt musste er Natascha Recht geben, die Abwesenheit des zu Klugscheißerei Neigenden war zu verschmerzen.

»Chantal wurde abgeholt. Gestern Abend. Von Dämonen aus der Unterwelt. Ich habe sie gesehen. Ja, ja, ja, ja, ja, ja, ja.«

Hermann hob einen Zeigefinger und stocherte damit in der Luft herum. Er schien einen imaginären Gesprächspartner belehren zu wollen.

»Wie jetzt, von Dämona?«, schob Andreas Goettle nach.

Hermann setzte seinen Rundgang fort, murmelnd und gestikulierend. Vor Goettle blieb er stehen und sah ihn mit glasigen Augen an.

»Dunkle Gewänder, Teufelsfratzen. Sie kommen in der Nacht, um unsere Träume zu stehlen. Erst holen sie unsere Träume und dann uns. Und gestern haben sie Chantal geholt. Ich weiß das, ich habe sie gesehen.«

Er stach mit dem Zeigefinger in Goettles Brust, bis dieser ihn festhielt.

»Hermann, du bisch doch bsoffa. Es gibt koine Dämona.«

Hermann kicherte irr. »Doch, hier schon. Auf diesem Haus liegt ein Fluch. Sie werden nicht Ruhe geben, bis sie uns alle haben.«

Natascha stöhnte und schob sich wieder den Kopfhörer über die Ohren.

»Herrgott, Leut, so kann i doch koi Seminar geba. Der oine Teil kommt net, ond die, die kommat, fanget an zum spenna.«

Wutentbrannt stürmte er aus dem Zimmer und warf die Tür krachend ins Schloss. Natascha blickte Hermann an, der die Hände zur Decke gereckt hatte. »Die Dämonen. Jetzt haben sie auch den Herrn Pfarrer in ihren Klauen. Wir sind dem Untergang geweiht.«

Unter Ausstoß eines lang gezogenen Heultons ließ er sich auf einen der Stühle fallen.

29

Greta Gerber saß in ihrem Refugium, der Ausnüchterungszelle, und sah Malte zu, wie er die Wände seines temporären Gefängnisses von seinen Malereien befreite. Offensichtlich hatte Laura vergessen, ihn zu durchsuchen, bevor sie ihn unlängst weggeschlossen hatte. Mit einem Bleistift hatte er eine wahrhaftige Collage des Grauens entworfen und wirklich kein Szenario ausgelassen: Hinrichtung, Folter, Verstümmelungen – in allen Bildern wurden Menschen von einem Unhold, der Malte unverkennbar ähnelte, Schlimmes angetan.

Auch die Opfer waren bestens identifizierbar: Kriminalrat Seidel brannte auf einem Scheiterhaufen, Polizeiobermeister Fritz wurde von einem spitzen Gegenstand durchbohrt. Greta war halbnackt an ein Andreaskreuz gefesselt und erwartete die Peitschenhiebe von Malte. Und für Laura hatte er die bestialischste Strafe vorgesehen: Sie wurde in einem Aquarium von Piranhas zerfleischt – ein Schauspiel, das ein gezeichneter Malte feixend, gemütlich in einem Fernsehsessel sitzend, betrachtete.

Der Junge gab sich keine besondere Mühe, die Zeichnungen zu entfernen. Mit laschen Bewegungen ließ er einen Schwamm über die Wände gleiten.

»So scheußlich die Motive sind: Du zeichnest wirklich gut«, sagte Greta Gerber. »Hast du schon mal darüber nachgedacht, das zu deinem Beruf zu machen?«

Maltes Bewegungen wurden langsamer. »Mein Vater sagt, dass man vom Malen nicht leben kann. Das ist was für Hungerleider.«

Greta lächelte. Einen ähnlichen Satz hatte sie von ihrem Vater gehört, als sie ihn damit konfrontiert hatte, Philosophie studieren zu wollen. Dabei war es ihr weniger um die großen Denker gegangen, sondern um einen, der ihr Denken zu der Zeit maßgeblich bestimmte: Christopher aus der Parallelklasse, der bei Debattierclubwettbewerben immer die ersten Plätze erreichte. Mit dem Abklingen des Interesses für ihn – auch in intimeren Situationen zog er es vor, zu labern – hatte sich auch die Idee des Studiums verflüchtigt.

»Naja, ich weiß nicht. Es gibt schon Maler, die von ihrer Kunst leben können. Georg Baselitz, Neo Rauch und Norbert Brisky zum Beispiel. Oder denk doch mal an die großen Zeichner. Carl Barks mit seinem Donald Duck oder Janosch.«

Malte drehte sich um. »Donald Duck und Janosch ist doch was für Kinder. Kennen Sie Akira Toriyama?«

»Nein, leider nicht. Was macht der denn so?«

Die Augen des Jungen leuchteten. Greta hatte noch nie so viel Begeisterung bei ihm gespürt.

»Er zeichnet Mangas. Richtig fett. Das würde ich auch gern können. Aber so gut bin ich nicht.«

Er drehte sich um und nahm seine Radierertätigkeit wieder auf, allerdings mit kräftigeren Bewegungen.

»Naja, vielleicht bist du noch nicht so gut wie er. Aber das kann ja noch werden, ziemlich sicher sogar. Bei deinem Talent. Bring doch mal was mit von diesem … Wie heißt der nochmal?«

Malte stöhnte. »Akira Toriyama.«

»Genau, würde mich interessieren, was der so macht.«

Malte zuckte mit den Schultern.

Es klopfte an der Tür.

»Frau Gerber, Sie müsstet kurz mal ins Büro komma. Mir hen was Interessantes entdeckt.«

Die Stimme gehörte Polizeiobermeister Fritz. In seinem Ton schwang eine gewisse Anspannung mit. Greta Gerber öffnete und blickte dem Kollegen ins Gesicht. Er trat von einem Bein auf das andere, seine Schnurrbartspitzen zitterten vor Erregung.

»Was gibt es denn? Sie sind ja ganz außer sich.«

»I glaub, mir hen a heiße Spur zu denne Ei'brecher.«

»Das ist ja eine super Nachricht. Ich komme mit.«

»Ich auch«, sagte Malte und ließ den Schwamm in den Eimer neben sich fallen.

»Von wegen«, sagte Greta Gerber streng. »Du kommst hier erst raus, wenn du deine Höhlenmalereien entfernt hast. Und damit du auf keine dummen Gedanken kommst, schließen wir hier ab.«

30

Andreas Goettle warf die Haustür laut ins Schloss. Er wusste, dass dies seine Haushälterin Münzenmaier auf den Plan rufen und einen wortreichen Vortrag über die schonende Behandlung aller Dinge nach sich ziehen würde. Aber das war ihm egal. Auf seiner Rückfahrt von Bad Buchau hatte er sich in einen mächtigen Zorn hineingesteigert, und den bekam er nun nicht mehr so recht los.

Seine Beschwerde bei der Klinikleitung hatte nur beschwichtigende Worte zur Folge gehabt. Professor Thompson hatte ihm erklärt, dass er die Patienten nicht zwingen könne, an den Vorträgen teilzunehmen, und es gebe auch keine Handhabe, Abreisewillige an ihrem Vorhaben zu hindern. Chantal Möller sei auskuriert, sie habe um Entlassung gebeten. Zudem sei es normal, dass Menschen mit schweren Depressionen wie Helen Kaminski sich öfter zurückzögen, und Ernst Allgaier sei sowieso ein schwieriger Fall. Er widersetze sich stetig den Anweisungen der Ärzteschaft und des Personals, verweigere die Zusammenarbeit und binde sehr viel Pflege an sich. Derzeit habe er eine schwer depressive Episode, die ihn an das Bett fessele. Er schlafe fast rund um die Uhr.

Auf Goettles Hinweis, dass es sich wohl kaum lohne, das Seminar für zwei Personen abzuhalten, hatte Thompson entgegnet, dass die Entscheidung bei ihm, Pfarrer Goettle, liege. Womöglich sei die Thematik nicht patientengerecht, bedürfe einer Neuausrichtung.

Goettle hätte dem Leiter der Härle-Klinik nur zu gern gesagt, dass er die Behandlungsmethoden in dem Reha-Zentrum für ebenfalls nicht sonderlich patientengerecht hielt. Die Verantwortlichen sahen tatenlos zu, wie sich eine Essgestörte ins Nichts hungerte, ein fast trockener Alkoholiker die Restbestände seines Hirns wegsoff, eine Deprimierte immer einsamer und ein überdrehter Choleriker zu einem Depressiven wurde. Es schien in diesem Klinikum nur um eines zu gehen: Hauptsache, die Kasse stimmte.

Nach dem Gespräch hatte er versucht, die Adresse von Chantal Möller herauszufinden, um sie nach dem wahren Grund ihrer Abreise zu fragen. Die dralle Brünette war alles andere als auskuriert. In seinen Seminaren war Chantal diejenige gewesen, die am meisten von sich preisgegeben hatte. Daher wusste Andreas Goettle auch, dass sie fast täglich neue Beschwerden ersonnen hatte, um in der Klinik bleiben zu können. Draußen, in der realen Welt, kümmerte sich niemand um sie, abgesehen von den Verkäufern, denen sie auf ihren ausgedehnten Shopping-Touren begegnete, die ihr halfen, ihr beträchtliches Erbe zu schmälern. Und natürlich gab es auch die vermeintlichen Schönheitsexperten, die aus der attraktiven Frau ein aufgepumptes Wesen geschaffen hatten, das aufgrund des vielen Plastiks im Körper als Rettungsboje der DLRG eingesetzt werden könnte.

Nachdem er die gewaltige Liste von Möllers durchgegangen war, die seine Abfrage im Internet ergeben hatte, gab der Geistliche auf. Zwar waren nicht allzu viele Chantals darunter, aber allein unter C. Möller hatte er mehr als 700 Einträge gefunden. Da er noch nicht einmal wusste, in welchem Ort Chantal wohnte, war die Suche ein aussichtsloses Unterfangen.

Andreas Goettle schleuderte seine Aktentasche durch den Raum. Sie prallte an der Garderobe ab und blieb davor liegen.

»Die hebat Se aber auf«, wetterte Renate Münzenmaier, die, von dem Lärm angelockt, in den Flur getreten war und ihren Dienstherrn streng ansah. »Mir sen doch hier net auf der Kegelboh'.«

»Lasset Se mr mei Ruah. I ben narret«, grummelte Goettle zurück.

Die Haushälterin trat an ihn heran und tastete ihn ab. Mit einem behänden Griff zog sie seinen Schlüsselbund aus der Manteltasche.

Goettle schob sie von sich. »Was soll denn des?«

»I muss gucka, ob Sie no ebbes andres zum Schmeißa hen. I muss Ihne nämlich ebbes mitteila.«

Andreas Goettle kannte diesen gefährlich-ruhigen Ton, den Frau Münzenmaier nur dann anwendete, wenn sich Problembehaftetes anbahnte. Sie wischte sich die Hände an der Kittelschürze ab.

»Es isch nämlich so …«, fing sie an. »Der Bischof hat a'grufa. Er will einen Termin mit Ihne ausmacha. Es isch sehr wichtig.«

Goettle runzelte die Stirn. Das war wirklich außergewöhnlich. Bischof Anton Timmermann meldete sich so gut wie nie, und wenn, ließ er sich kurz telefonisch einen aktuellen Stand über das Seelenheil der Gemeinde durchgeben, eine Angelegenheit, die Pfarrer Goettle in maximal fünf Minuten erledigte.

»Was will er denn?«

Renate Münzenmaier errötete, ihr Brustkorb hob und senkte sich rasch, ihre Lippen zuckten. »I woiß net«, sagte sie kleinlaut.

Goettle ergriff ihre Hände und schaute ihr tief in die Augen. »Du sollsch kein falsches Zeugnis ablegen wider deinen Nächsten. Und deinen Chef anlüga scho gar net. Also? Was will der?«

»Der Kirchenrat hot sich beschwert«, sprudelte es aus der Haushälterin heraus. »Sie kämet Ihre Pflichta net nach, hen die gsagt. Weil Sie älleweil onderwegs sen und sich bleds Zeugs ausdenkat.«

Renate Münzenmaier hatte schon den ganzen Vormittag darüber gegrübelt, wie sie ihrem Dienstherrn diese Botschaft übermitteln sollte. Nun war sie erleichtert, dass es so einfach gegangen war.

Goettle winkte ab. »Ach so, i han scho dengt, es sei ebbes Ernstes. Ich ruf ihn an. Was gibt's denn zom Essa?«

Seine Haushälterin ergriff ihn an den Schultern. »Bitte nemmet Se des ernst. Ich hab g'hört, dass der Kirchenrat scho nach nem Nachfolger von Ihne sucht.«

Goettle lachte. »Da könnat die lang sucha. Die müssat erst mol oin fenda, der's mit Ihne aushält. Also? Was isch jetzt mit dem Essa?«

Renate Münzenmaier sah ein, dass sie den Pfarrer durch Warnungen nicht erreichen konnte. Er war sich seiner Sache offensichtlich sehr sicher. Und bislang war er mit seiner unkonventionellen Art immer durchgekommen. Sie seufzte, schüttelte den Kopf und kehrte wortlos in die Küche zurück.

Andreas Goettle sah ihr nach. Ganz wohl war ihm nicht. In letzter Zeit hatte es immer wieder Fälle gegeben, in denen katholische Priester beurlaubt wurden, wenn sie ihre Pflichten zu eigennützig erfüllten oder andere Dinge als das Gemeindewohl verfolgten. Und natürlich stimmte es, dass auch er derzeit eher gemeindeübergreifend tätig war. Aber das war Teil seines Konzepts. Die Kirche musste sich modernen, zeitgenössischen Themen stellen. Sie musste dort Hilfe anbieten, wo sie konkret eingefordert wurde. Das »Lasset die Schäflein zu mir kommen« hatte ausgedient. Wer so dachte, war ein fauler Schäfer, der sich nicht wundern durfte, wenn die Weide leer blieb. Nein, so war Andreas Goettle nicht. Er war für seine Herde an Gläubigen da und zwar überall. Daran mussten sich der Gemeinderat und auch der Bischof gewöhnen.

»Basta«, resümierte er den Abschluss seiner Gedanken laut und bekam in diesem Moment irgendwie Appetit auf Nudeln.

31

»Sieh mal einer an. Zufälle gibt's.«

Greta Gerber blickte Polizeiobermeister Fritz anerkennend an, der ihr soeben seinen Netzfund offenbart hatte. Einer der Subunternehmer von Puresafe, ein gewisser Kai Bode, hatte in seinem Profil im Internet angegeben, Mitglied bei den Jazzfreunden Biberach zu sein. Dies wiederum hatte Musikfreund Fritz dazu bewogen, die Homepage der Jazzliebhaber aufzurufen.

»I wollt bloß seha, ob's a paar gute Konzerte in nächster Zeit gibt«, begründete er seine Recherche.

»Und dabei sind Sie dann auf die Bilderseite der Veranstaltungen gekommen«, folgerte Greta.

POM Fritz errötete. »Na ja, i war halt neugierig, wie's do abgoht. Wie die Stimmung isch ond des Ambiente.«

Greta Gerber grinste und betrachtete die Aufnahme genauer, die den Kollegen so aus der Fassung gebracht hatte. Auf dem Bild waren Kai Bode und Udo Kurz zu sehen, die sich freundschaftlich umarmten und dem Betrachter zuprosteten.

»Der Juniorchef eines Elektrounternehmens und der Subunternehmer seines größten Konkurrenten innig vereint. Das ist in der Tat interessant. Aber was bedeutet das jetzt für unsere Fälle?«

Laura Behrmann klopfte mit einem Kugelschreiber gegen ihre Lippe. »Also entweder spioniert der Bode den jungen Kurz aus, bekommt auf diese Weise die Adressen seiner Kunden. Dann lässt er oder van der Laan dort einbrechen und Puresafe taucht als Anbieter eines neuen Sicherheitssystems auf. Oder …«

»… Bode macht mit dem jungen Kurz gemeinsame Sache, um den alten Kurz aus dem Geschäft zu drängen. Das wäre allerdings eine äußerst perfide Methode, um den Senior aufs Altenteil zu schicken«, ergänzte Greta.

Polizeiobermeister Fritz schien noch nicht zufrieden. Mit nachdenklicher Miene durchstreifte er das Zimmer, seine Absätze klackerten auf dem Parkett. »Des Problem isch: Mir könnet nix beweisa«, sagte er schließlich.

Laura Behrmann seufzte. »Richtig. Das wird kompliziert. Befragen können wir die beiden ja wohl kaum. Sie werden uns nichts erzählen.«

»Ja. Aber das Geschäft von Kai Bode muss auch weitergehen. Entweder auf legalem Wege oder durch einen erneuten Einbruch. Allerdings sind die Subunternehmer von Puresafe durch unser Auftauchen wahrscheinlich gewarnt. Ich bin ziemlich sicher, dass van der Laan seine Geschäftspartner informiert hat. Wenn tatsächlich einer von ihnen hinter den Einbrüchen steckt, wird er sich im Moment eher zurückhalten. Es sei denn …«

POM Fritz und Laura Behrmann sahen ihre Chefin neugierig an.

»… er verlegt sein Betätigungsgebiet. Ich könnte darauf wetten, dass die Serie außerhalb von Biberach fortgesetzt wird. Am besten wäre es, wenn wir eine Meldung an alle Präsidien der Region rausgeben.«

»Oder wir stellen den Tätern eine Falle«, insistierte Laura Behrmann.

»Okay, und wie soll das gehen?«

Laura Behrmann holte Luft und stellte ihre Idee vor. Als sie ihre Ausführungen schloss, leuchteten ihre Wangen.

»Ganz sche aufwändig«, lautete der Kommentar von POM Fritz.

»Aber genial. So könnte es gehen«, schloss Greta Gerber.

»Aber au ganz sche viel Gschäft«, fügte POM Fritz an, der unbedingt das letzte Wort haben wollte.

Willkommen in Bärbels kleiner Giftküche,
www.baerbelsblog.de
Wissenswertes aus Fauna und Flora
Petersilie ist nicht gleich Petersilie

Hallo, meine Lieben,

aus gegebenem Anlass muss ich heute noch einmal eine Warnung an alle Kräutersammler aussprechen. Bitte, und das meine ich ganz ernst, verwendet nur die Pflanzen, die ihr auch wirklich hundertprozentig bestimmen könnt. Denn manchmal trügt der Schein. Viele essbare Wildkräuter haben Doppelgänger, die sich nur durch Nuancen unterscheiden. Ein bekanntes Beispiel ist das Maiglöckchen, dessen Blätter dem Bärlauch zum Verwechseln ähnlich, aber hochgiftig sind. So ist es auch bei Brunnenkresse und dem giftigen Wasserschierling, dem Huflattich und der Pestwurz, Wermut und Blauem Eisenhut. Ein allzu unbedachter Verzehr ist sehr gefährlich.

Warum ich euch das erzähle? Nun, ein Freund von mir, der sich wirklich mit Wildkräutern auskennt, hat eine sehr schmerzhafte Erfahrung mit Petersilie gemacht. Eigentlich hatte er auf eine entschlackende Wirkung gehofft, als er sich ein Süppchen aus dem wohlschmeckenden Kraut gekocht hatte. Den gewünschten Effekt hat er nicht ganz erzielt. Statt den Harnfluss anzuregen, hat sich sein Magen gegen das Gebräu gewehrt. Er hat sich die ganze Nacht übergeben und hatte schlimmste Alpträume. Warum? Nun, mein Bekannter hat Hundspetersilie verwendet, der giftige Zwilling der normalen Petersilienpflanze. Sie enthält Coniin, ein Stoff, der ähnlich wirkt wie Curare. Hundspetersilie wächst überall, in Gärten, auf Wiesen und in Wäldern. Die Gefahr, dass Hundspetersilie in euren Kochtöpfen landet, ist nicht klein. Wenn ihr unsicher seid, lasst lieber die Finger weg von dem Kraut. Schließlich will ich euch als Leser nicht verlieren.

Alles Gute
Eure Bärbel

32

Frieders Rücken schmerzte. Schon seit sechs Uhr morgens war er auf den Beinen, hatte mit Irene Lepple und Ornella das Frühstücksbuffet angerichtet, dann Kartoffeln geschält und ein Petersilien-Pesto für das Mittagessen zubereitet. Nun stand er mit sauberer Montur und einem Papierschiffchen auf dem Kopf an der Essensausgabe und bereitete sich auf den Ansturm der Patienten vor.

Neben ihm stand Ornella, die trotz ihrer weißen Arbeitskleidung die Anmut einer afrikanischen Prinzessin ausstrahlte. Tatsächlich kam sie auch aus besserem Hause, wie sie Frieder erzählt hatte. Ihr Vater war ein angesehener Unternehmer, der sich sehr um das Wohl seiner Tochter sorgte. Ein bisschen zu sehr, denn er hatte, ohne Ornella zu informieren, ihre Hochzeit mit dem Sohn eines Geschäftspartners organisiert. Ornella hatte ihren Vater angefleht, das Versprechen rückgängig zu machen, schließlich wollte sie zu Ende studieren und ein eigenes Leben in Deutschland aufbauen, doch der hartherzige Patriarch hatte nicht mit sich reden lassen. Im Gegenteil: Er hetzte einige junge Männer auf sie, die sie zurück in die Heimat bringen sollten. Ornella war also gezwungen gewesen unterzutauchen und war so in der Härle-Klinik gelandet.

»Du siehst toll aus«, flüsterte Frieder ihr zu.

Ornella lächelte und deutete schüchtern eine Schlagbewegung mit dem Kochlöffel an. »Du solltest mich mal in meinem Gartenarbeit-Outfit sehen. Da flippst du aus«, sagte sie und kicherte.

»Ich meine das ernst«, verteidigte Frieder seine Charme-Offensive.

Laute Stimmen in der Küche lenkten ihn von seinem Flirt ab. Eine davon gehörte Oberschwester Ursula, die dabei war, Kartoffeln und Petersilien-Pesto auf einen Teller zu häufen. Dies geschah offenbar nicht mit dem Einverständnis von Chefkoch Schmieder. Die Pflegerin ließ sich von ihm nicht beeindrucken, stellte den Teller auf ein Tablett, platzierte einen Nachtisch daneben und trug es zur Küche hinaus.

»Ich muss nochmals ganz dringend …«, verkündete Frieder und ließ die verdutzte Ornella an der Ausgabe zurück.

Er eilte der Oberschwester hinterher, entdeckte sie vor dem Aufzug, wartete, bis sie eingestiegen war, und beobachtete, wie die Anzeige über der Fahrstuhltür bei der Zwei stehenblieb. Über die Treppe hechtete Frieder in den zweiten Stock.

Oben angekommen konnte er gerade noch sehen, wie Oberschwester Ursula samt Tablett in einem der Zimmer verschwand.

Er blickte sich um. Der Gang war leer. Er konnte es also wagen, weiter in Richtung des Zimmers zu gehen, in dem die Oberschwester verschwunden war. Sein Herz schlug ihm bis zum Hals, als sich die Tür öffnete und die Pflegerin im Rahmen erschien. Sie stand mit dem Rücken zu Frieder und sprach mit dem Patienten.

»Schön aufessen, Herr Allgaier. Sie müssen wieder zu Kräften kommen. Ich sehe nachher nochmals nach Ihnen. Guten Appetit.«

Sie machte einen Schritt nach hinten, Frieder wich aus, damit sie nicht in ihn hineinlief. Er sah, dass sie ein dunkelbraunes Fläschchen in ihrem Kittel verschwinden ließ. Oberschwester Ursula drehte sich um und erstarrte, als sie ihm direkt gegenüberstand.

Schnell fand sie ihre Fassung wieder.

»Was machen Sie hier im Patientenbereich? Müssten Sie nicht in der Küche sein? Es gibt gleich Mittagessen.«

Offenbar hatte sie Frieder aufgrund seiner Kochmontur richtig zugeordnet und blickte ihn nun streng an.

Der Hilfskoch fasste sich in den Rücken und verzog das Gesicht.

»Rheuma. Ich wollte fragen, ob ich eine Schmerztablette haben kann. Ich weiß sonst nicht, wie ich den Tag überstehen soll.«

Die Miene von Oberschwester Ursula entsteinerte, sie lächelte und legte Frieder eine Hand auf den Arm.

»Oh je, Sie Ärmster. Rheuma und dann den ganzen Tag in der Küche arbeiten. Sie müssen Furchtbares durchmachen.«

Frieder nickte und bemühte sich, so leidend wie nur möglich auszusehen. Offenbar gelang ihm das ziemlich gut, denn Oberschwester Ursula litt mit ihm.

»Wir haben hier in der Klinik keine pharmazeutischen Produkte wie Schmerztabletten. Wir setzen auf die Kraft der Natur.«

»Nun, gegen ein bisschen Cannabis hätte ich auch nichts einzuwenden«, erwiderte Frieder und setzte sein gewinnendstes Lächeln auf.

Oberschwester Ursula sah ihn zunächst entsetzt an, bis sie die Ironie seiner Bemerkung verstand, dann klopfte sie ihm scherzhaft auf den Arm. »Na, Sie sind mir einer. Wir haben natürlich auch keine Drogen. Ich schlage vor, dass Sie jetzt zurück in die Küche gehen. Ich bringe Ihnen etwas zum Einreiben vorbei.«

Gegen 15 Uhr, Frieder hatte gerade die Spülmaschine ausgeräumt und bereitete sich mit einem Tässchen Brennnesseltee auf den Feierabend vor, betrat Oberschwester Ursula die Küche. Sie sandte Schmieder einen kurzen Gruß, rauschte auf Frieder zu und stellte ein kleines, braunes Fläschchen auf den Tisch.

»Mit dieser Tinktur reiben Sie die schmerzende Stelle einmal am Tag ein. Dann wird es Ihnen bald schon besser gehen. Aber waschen Sie sich nach der Prozedur unbedingt gründlich die Hände. Da ist Eisenhut drin.«

Frieder betrachtete das Behältnis misstrauisch. Es ähnelte dem, das die Pflegerin nach ihrem Besuch bei Herrn Allgaier in ihrer Tasche hatte verschwinden lassen. Ob er auch Rückenschmerzen hatte? Aber warum nahm Ursula die Medizin wieder an sich und ließ sie nicht bei ihrem Patienten? In Frieders Kopf flatterten die Gedanken durcheinander.

Die Oberschwester betrachtete ihn mitleidig. »Nun machen Sie doch nicht so ein betrübtes Gesicht. Ich weiß, was gut für Sie ist. Vertrauen Sie mir.«

Frieder nickte und drückte ihr die Hand.

»Natürlich. Sie sind ein Engel. Vielen Dank. Ich stehe in Ihrer Schuld. Wie kann ich das nur wieder gutmachen?«

Sie errötete, winkte aber ab. »Dafür bin ich doch da. Ich will doch, dass es allen Menschen gut geht.«

Sie giggelte kleinmädchenhaft und verschwand.

33

Polizeiobermeister Fritz stöhnte und strich mit einer energischen Geste eine weitere Adresse aus der Liste der Kunden von Elektro Kurz. Im Stillen verfluchte er Laura Behrmanns Idee, die er für einen unbeholfenen Versuch hielt, die Einbruchsserie zu lösen.

Ihr Plan sah vor, alle Haushalte in der Umgebung, die vom Biberacher Unternehmen mit einer Alarmanlage ausgestattet worden waren, anzurufen und sie aufzufordern, sich zu melden, wenn Werbebotschaften von Puresafe ins Haus flatterten oder wenn Berater vorsprachen. Die Liste war lang, und nicht alle Angerufenen waren begeistert, dass Elektro Kurz ihre Daten herausgegeben hatte. Einige Kunden waren schwer oder gar nicht zu erreichen, und bislang hatte POM Fritz noch keinen nützlichen Hinweis erhalten.

Er gewann immer mehr den Eindruck, dass sie sich auf einer falschen Fährte befanden und ihre Zeit vergeudeten. Allerdings wollte ihm kein besserer Vorschlag einfallen, also fügte er sich dem Plan und telefonierte sich die Stimme heiser.

»Ochsahausa, Bad Schussaried und Bad Waldsee kannsch vergessa. Da hot no koiner was von Puresafe g'hört«, maulte er und betrachtete die Reihe an Namen, die er noch vor sich hatte.

An einen frühen Feierabend war nicht zu denken.

Laura Behrmann blickte unglücklich von ihrer Liste auf. »Ja, ich habe irgendwie auch noch kein Glück gehabt. Vielleicht war meine Idee doch nicht so gut.«

Greta Gerber legte einen Finger an den Mund, um ihr anzuzeigen, dass sie die Stimme senken solle. Mit der anderen Hand hielt sie sich den Telefonhörer ans Ohr. »Ah ja, Sie haben also eine Werbekarte von Puresafe erhalten. Und es hat sich auch schon jemand gemeldet … Aber Sie haben keinen Termin ausgemacht … Ihre Einbruchmeldeanlage ist ja noch nicht so alt. Gut. Aber bitte melden Sie sich, wenn Sie etwas Verdächtiges bemerken, ja? Danke schön.«

Greta Gerber beendete das Gespräch, machte sich eine Notiz und sah ihre Kollegen mit einem zufriedenen Lächeln an.

»Ich glaube, es geht weiter«, sagte sie.

Laura Behrmann und Polizeiobermeister Fritz warteten darauf, dass sie diese Erkenntnis ausführte, doch die Hauptkommissarin blieb stumm. Sie stand auf, ging zur Wandkarte, zog einen Kreis um einen Ort und tippte mit dem Stift darauf. »Puresafe hat ein neues Akquisegebiet erschlossen und Werbekarten verteilt. Ich hatte schon zwei Kandidaten auf meiner Liste, die kontaktiert wurden. Diesen Ort sollten wir ins Visier nehmen.«

POM Fritz erhob sich und ging ebenfalls zur Karte, um zu sehen, welchen Ort die Hauptkommissarin eingekreist hatte.

»Ausgerechnet Bad Buchau«, zischte er.

34

Frieder saß in seinem Zimmer und betrachtete das braune Fläschchen, das vor ihm auf dem Tisch stand. Daneben lag der Prospekt von Miriam Luscheder, der Kräuterfrau, die er auf dem Biberacher Markt getroffen hatte. Er wusste nicht allzu viel über den Blauen Eisenhut, aber dass es eine hochgiftige Pflanze war, das hatte er, der ja immer auf der Suche nach neuen bewusstseinserweiternden Substanzen war, bereits gelesen. Und obwohl er durchaus zu Experimenten jeglicher Art bereit war, vor dieser Pflanze hatte er Respekt.

Es wunderte ihn, dass ausgerechnet in einer Reha-Klinik solche Substanzen zur Anwendung kamen, und er wollte sich nicht vorstellen, welche Auswirkungen eine falsch verordnete Dosis oder gar ein absichtsvoller Missbrauch haben konnte. Womöglich rührten die Beschwerden mancher Patienten von einem allzu sorglosen Umgang mit Giftpflanzen her.

Er musste mit Miriam Luscheder darüber reden. Sie kannte sich mit Kräutern aus, konnte ihm vielleicht mehr über den Zusammenhang von medizinischer Anwendung und Wirkung erklären und ihn auch über mögliche Folgen aufklären.

Außerdem war es ein willkommener Anlass, die attraktive Frau wiederzusehen.

Er breitete den Faltplan von Bad Buchau, den er sich in der Touristeninformation am Marktplatz besorgt hatte, vor sich aus, zog mit dem Finger den Weg von der Härle-Klinik zur Kapellenstraße nach. Ein Katzensprung. Kurz überlegte er, ob er seinen Besuch telefonisch ankündigen sollte, entschied sich jedoch dagegen. Ein Handy besaß er nicht, ganz zu schweigen von Kleingeld oder einer Bankkarte, um das Telefon im Foyer benutzen zu können. Er beschloss, bei ihr vorbeizugehen und zu klingeln, in der

Hoffnung, dass sie Zeit für ihn hatte. Wenn nicht, konnte er ja wieder gehen. Er schob das Fläschchen und den Flyer in seine Jackentasche und verließ die Klinik.

Das Haus in der Kapellenstraße war von einer nicht ganz mannshohen Hecke umfasst. Frieder musste sich auf die Zehenspitzen stellen, um die blutrote Schrift an der Fassade zu entziffern. »Hurenhexe« stand da in zittrigen Großbuchstaben. Es war offensichtlich, dass der Verfasser dieses Graffitos kein geübter Sprayer gewesen war. Und ein Freund von Miriam Luscheder offensichtlich auch nicht. Er überquerte die Straße, ging auf die Hofeinfahrt zu, die durch ein schweres Stahltor gesichert war. Er versuchte, es zu öffnen, musste jedoch einsehen, dass seine Körperkraft nicht ausreichte. Also klingelte er. Es dauerte einen Moment, dann vernahm er ihre Stimme in der Gegensprechanlage.

»Ja, bitte?«

»Hallo, mein Name ist Frieder. Wir haben uns neulich auf dem Markt in Biberach getroffen. Vielleicht erinnern Sie sich noch an mich? Der Mann mit den Wechseljahrebeschwerden.«

Doch Miriam Luscheder reagierte nicht.

»Ich bin gerade geschäftlich in Bad Buchau. Und Sie hatten ja gesagt, dass ich Sie besuchen könne. Da dachte ich, ich komme mal vorbei.«

»Das ist jetzt gerade ganz schlecht«, knarzte es aus der Gegensprechanlage. »Ich bekomme gleich Besuch und muss noch einiges vorbereiten.«

»Schade«, sagte Frieder enttäuscht. »Ich hätte Ihnen gern etwas gezeigt und Ihre Meinung dazu gewusst. Dauert auch bestimmt nicht lange.« Instinktiv ließ er eine Hand in der Jackentasche verschwinden und umklammerte das Fläschchen mit der Eisenhut-Tinktur.

Einen Moment lang schien es, als hätte sich die Kräuterfrau aus dem Gespräch ausgeklinkt, dann jedoch meldete sie sich wieder.

»Na gut, kommen Sie rein. Aber wirklich nur kurz«, raspelte es zur Antwort. Mit einem Rucken setzte sich das Tor zur Einfahrt in Bewegung und gab den Weg frei.

Frieder schritt den Kiesweg zum Haus entlang. Die Eingangstür öffnete sich wie von Geisterhand. Es war, als hätte er Zutritt zu einem geheimen Ort erhalten.

Er trat ein, der süßliche Duft von Räucherstäbchen und leise Sitarklänge nahmen ihn in Empfang. Er zwinkerte, um sich an die rötlich schimmernde Dunkelheit zu gewöhnen, die dem Foyer etwas Märchenhaftes verlieh.

Miriam schwebte aus einem Nebenzimmer heran. Sie trug einen blassroten Sarong mit orientalischem Muster, den sie im Nacken geknotet hatte. Bei jeder Bewegung klaffte er auf und gab den Blick auf ihre Beine frei. Auch wenn Frieder bei diesen ungünstigen Lichtverhältnissen es nur ahnen konnte, war er sich sicher, dass sie nichts darunter trug.

»Wie schön, Sie wiederzusehen«, sagte sie und reichte ihm die Hand.

»Find ich auch«, stammelte Frieder und versuchte, sie nicht anzustarren. Was nicht leicht war, denn in diesem Outfit gefiel ihm Miriam Luscheder noch besser als in ihrer Marktkluft.

Die Kräuterfrau lächelte. »Sie wollten mir etwas zeigen. Was ist es denn? Ich habe nicht sehr viel Zeit, ich bekomme noch Besuch.«

Frieder fühlte einen Stich in der Herzgegend. Ein Besucher, der so empfangen wurde, durfte sich auf eine besondere Art der Gastfreundschaft freuen. Allerdings erschien ihm die attraktive Frau nun auch in einem anderen Licht. Das Graffito an der Hauswand, die Beleuchtung, ihre Bekleidung – alles ließ darauf schließen, dass Miriam Luscheder ihr Geld nicht nur mit dem Verkauf von Kräutern verdiente.

Er griff nach dem Fläschchen in seiner Tasche und hielt es ihr hin. »Schauen Sie mal. Diese Tinktur habe ich gegen meine Rückenschmerzen bekommen. Blauer Eisenhut. Ich dachte, ich frage Sie, bevor ich sie anwende. Sie kennen sich doch mit Kräutern und Pflanzen aus. Ich möchte Risiken und Nebenwirkungen vermeiden.«

Miriam Luscheders Miene verdunkelte sich. »Woher haben Sie das? Wer verschreibt Blauen Eisenhut gegen Rückenschmerzen?«

Die Frage klang wie eine Anklage, für einen Moment raubte sie Frieders Selbstsicherheit. »Ich habe das Mittel in der Härle-Klinik bekommen«, antwortete er wahrheitsgemäß und biss sich im nächsten Moment auf die Zunge. Er war drauf und dran, sich zu verraten.

Miriam war dies nicht entgangen. »Ich dachte, Sie sind geschäftlich in Bad Buchau?«

»Ja«, antwortet Frieder kleinlaut. »Aber ich habe auch oft in der Härle-Klinik zu tun. Geschäftlich.«

Das klang ziemlich hanebüchen, war jedoch nicht gelogen. Sein Freund Andreas wäre stolz auf ihn gewesen.

»Erzählen Sie mir keine Märchen. Sie sind dort Patient.« Miriam sah ihn misstrauisch an.

Frieder nickte und hörte seinen Freund Andreas fluchen. Eine Notlüge war in diesem Fall jedoch besser als das Bekenntnis, ein Hilfskoch mit detektivischer Funktion zu sein.

»Sie dürfen das nicht nehmen«, sagte Miriam und drehte das Fläschchen in ihrer Hand. »Es stimmt zwar, dass Eisenhut bei Rückenbeschwerden zur Anwendung kommen kann, allerdings müssen Sie extrem aufpassen. Wenn die Dosierung zu hoch ist und die Tinktur über Ihre Schleimhäute in den Körper gelangt, dann ist das sehr gefährlich. Krämpfe, Kreislauflähmung, Herzrhythmusstörungen bis hin zu Herzstillstand können die Folge sein.«

Sie stockte. Es schien, als hätte sie sich durch ihre Worte selbst erschreckt. Sie starrte die kleine Flasche an, als hätte sie ihr der Teufel persönlich in die Hand gedrückt. Ihr Atem ging schwer, für einen Moment schloss sie die Augen.

»Was haben Sie?«, fragte Frieder besorgt.

Miriam öffnete die Augen und schüttelte den Kopf. »Nichts, es ist nichts. Sie müssen jetzt gehen. Mein Besuch wird jeden Moment da sein. Wir können ein andermal reden.«

Frieder nickte. »Gut, dann geh ich mal. Vielen Dank, dass Sie sich die Zeit genommen haben. Jetzt weiß ich ja Bescheid über mein Zauber-Medikament.« Er hielt die Hand auf, in der Hoffnung, dass Miriam ihm die Flasche aushändigen würde. Doch sie drückte sie an sich.

»Das bleibt bei mir. Es ist zu gefährlich.«

»Aber meine Rückenschmerzen …«, wimmerte Frieder.

»Die kann ich Ihnen nehmen. Ich habe Ihnen doch gesagt, dass ich energetische Massagen anbiete.« Miriam lächelte. »Kommen Sie morgen wieder. Am frühen Abend habe ich noch Termine frei. Wäre 19 Uhr okay? Bringen Sie Zeit mit.«

Sie wies zur Tür, ein Lichtstrahl unterstrich die Transparenz ihres Sarongs, und Frieder meinte, die Wölbung ihrer Brüste zu erkennen.

»Behandeln Sie auch auf Krankenschein?«, fragte er und grinste.

»Nein, auf Geldschein. Er ist grün und es steht die Zahl ›einhundert‹ drauf«, antwortete Miriam. Sie begleitete Frieder zur Tür und umarmte ihn zum Abschied.

»Bis morgen«, hauchte sie ihm ins Ohr.

35

Andreas Goettle starrte stumm zum Fenster hinaus, ohne die Landschaft zu betrachten, die an ihm vorbeiflog. In Gedanken war er noch bei dem Telefonat, das er mit Bischof Timmermann geführt hatte. Der ansonsten so tolerante, geduldige und zurückhaltende Kirchenmann hatte ihm ganz ordentlich die Leviten gelesen und auf dem persönlichen Gesprächstermin bestanden, während Pfarrer Goettle mit Engelszungen dagegen argumentierte. Doch der Bischof blieb dabei. Aus seiner Sicht gab es immensen Klärungsbedarf, der nicht am Telefon abgewickelt werden konnte. Es sei an der Zeit, Pfarrer Goettle an die Gemeindeaufgaben zu erinnern, und dazu bedürfe es eines Rückblicks auf das Geleistete. Hierzu wollte Timmermann eine Auflistung aller Projekte, mit Kurzbeschreibung, Zeitaufwand und Start-Ziel-Analyse, eine Arbeit, die Andreas Goettle überhaupt nicht lag und zu der er nicht den leisesten Anflug von Lust verspürte. Und das alles nur, weil der Kirchenrat ihn angeschwärzt hatte. Seine eigene Gemeinde stellte sich gegen ihn. »Saubande, elende«, zischte Goettle.

»'aben Sie schlescht geschlafen, monsieur pasteur?«, fragte Jean-Luc, der seinen Fahrgast seit geraumer Zeit im Rückspiegel beobachtet hatte. »Sie sehen müde aus.«

»Ja, manchmal bin i miad, sehr miad«, antwortete Andreas Goettle schwach. »Da dackelsch dich ab, damit die Leut wieder a bissle meh zom Glauba findat, ond dann fallet dir die in dr Rücka, die moinat, sie sind die bessere Christa. Dabei sen des bloß scheinheilige Nosagruabler.«

Andreas Goettle schnaubte wütend.

»Nach Regön folgt Sonnenschein«, sagte Jean-Luc und zwinkerte.

»Nomol so 'n Spruch ond i lass mi aus 'm Auto falla«, knurrte Goettle. Binsenweisheiten waren das Letzte, was er hören wollte. Was er benötigte, war ein klares Konzept, um seine Tätigkeiten inner- und außerhalb der Gemeinde zu vereinbaren. Das bedeutete auch, dass er mehr Menschen im Reha-Zentrum an sich binden musste, um diese Arbeit fortführen zu können. Zumindest bis die ominösen Umstände dort aufgeklärt waren. Ein Seminar mit zwei bis drei Teilnehmern zu führen, lohnte sich nicht. Das konnte er dem Bischof gegenüber nicht vertreten. Die Hoffnung auf Zuwachs war gering, und Chantal Möllers Abreise hatte seine Situation nicht besser gemacht.

Apropos Chantal.

»Wie isch denn des?«, fragte er Jean-Luc. »Wenn Leute aus der Klinik abreiset, fahret Sie die zum Bohhof?«

Jean-Luc übermittelte ihm durch den Rückspiegel einen fragenden Blick. »Was ist das, eine Bauhof?«

»Bahnhof, net Bauhof. Wo Züge fahren. Gare du Nord, Gare de l'Est, Gare Mischpartenkirchen.«

Andreas Goettle fand zu seiner heiteren Form zurück und imitierte sogar die Fahrgeräusche eines Zuges.

»Ah oui«, antwortete Jean-Luc. »Oft, aber nicht immer.«

»Und Chantal Möller? Hen Sie die zum Boh… Bahnhof g'fahra?«

Jean-Luc schüttelte den Kopf. »Nein, sischer nischt. Ist sie fort?«

»Wenn Sie sich so sicher sen, dann kennat Sie die Chantal Möller?«

Jean-Luc nickte. »Oui, sie ist eine Freundin von Blandine. Isch 'abe die beiden oft gefahren nach Ülm. Zum Tanzön.«

Es dauerte einen Moment, bis Andreas Goettle die Bezeichnung »Ülm« mit der Münsterstadt in Einklang brachte, aber eigentlich war dies zweitrangig. Der Hinweis des Chauffeurs war Gold wert. Nun konnte er diese Blandine ausfindig machen, um die Adresse von Chantal Möller zu erfragen. Sie sollte ihm den wahren Grund ihrer Abreise mitteilen. Aber vorher wollte er Frieder treffen, um ihm seine neueste Anschaffung aus dem Detektivbedarf zu

übergeben. An einem geheimen Ort. Schließlich sollte niemand Verdacht schöpfen.
»Lasset Sie mich am Wackelwald raus«, wies er Jean-Luc an.

»Du machst mich fertig!«, brüllte Frieder, als er Andreas auf der Aussichtsplattform sah. Mit zitternden Knien schlich er den Weg durch den Wackelwald und versuchte, sich im Gleichgewicht zu halten. Am Vortag hatte es geregnet, der Untergrund schien seine Puddinghaftigkeit verstärkt zu haben, so dass Frieder den Eindruck hatte, es könnte sich im nächsten Moment der Boden auftun und ihn verschlingen. Sein Freund beobachtete ihn mit einem breiten Grinsen im Gesicht und machte dieses Mal keine Anstalten, ihm entgegenzukommen.
»Ich gehe keinen Schritt weiter!«, schrie der Hilfskoch. »Wenn du wissen willst, was ich herausgefunden habe, dann musst du schon herkommen!«
»Na gut, aber i hoff, dass es sich lohnt. Weil dein Anblick isch au net schlecht«, entgegnete Goettle lachend und begann mit dem Abstieg.
»Also, was gibt's?«, fragte er, als er bei seinem Freund angekommen war.
»Wenn wir uns noch einmal hier treffen, dann muss ich mir aus der Apotheke Reisetabletten besorgen«, keuchte Frieder und würgte.
»Awa, du hocksch doch an der Quelle«, entgegnete Andreas Goettle.
Frieder schüttelte sachte den Kopf und erzählte ihm von der Extratour der Oberschwester zu Ernst Allgaiers Zimmer, dass sie ihm das Essen persönlich gebracht und danach ein Fläschchen in ihren Kittel gesteckt hatte. Er berichtete von seiner Ausrede, als sie ihn ertappt hatte, und von dem Fläschchen Eisenhut gegen seine erfundenen Rückenschmerzen. Die Begegnung mit Miriam ließ er aus, Andreas Goettle musste ja nicht über alle seine Schritte Bescheid wissen.

»Wo isch des Fläschle jetzt?«, fragte der Pfarrer.

»Hab ich abgegeben«, erwiderte Frieder wahrheitsgemäß.

Andreas Goettle lehnte sich an einen Baum, der prompt nachgab. Frieder entließ ein quiekendes Geräusch.

»Des bedeutet, dass die in der Klinik mit gefährliche Substanza arbeitet. So wie i des vermutet hab. Deshalb hen die Leut diese Krämpf. So sind womöglich au die zwoi Herzinfarkte zu erklära.«

Andreas Goettle sprach mehr mit sich selbst als mit dem um Haltung Bemühten.

»I versteh bloß net, warum? Normalerweise sorgt a Klinik doch dafür, dass es den Patienta besser goht ond net schlechter.«

»Naja, wenn es den Leuten schlechter geht, dann bleiben sie länger. Die Härle-Klinik wird privat betrieben, das heißt, die Leute bezahlen ihren Aufenthalt selbst. Und es spielt für alle Patienten keine Rolle, ob sie einen oder mehrere Tage länger bleiben. Außerdem gehören die Wildkräuter zum Konzept des einfachen Lebens. Sie haben ja nicht nur toxische, sondern auch heilende Wirkung.«

Andreas Goettle sah Frieder lange an. Mit dem hippokratischen Eid hatte diese Vorgehensweise nichts zu tun, und es war durchaus denkbar, dass in der Härle-Klinik nur der schnöde Mammon zählte. Aber konnte es sein, dass man auch den Tod von Menschen in Kauf nahm? Ihn womöglich sogar forcierte? Das wäre denn doch reichlich unlogisch, denn tote Patienten konnten ja nicht mehr bezahlen.

»Okay, beweisa können mir des net. Deshalb müssat mir weiterermittla.« Er zog eine silberne Kette, an der ein massives, hölzernes Kruzifix hing, aus seiner Jacke und hielt es Frieder hin.

Der verzog das Gesicht zu einer Grimasse. »Ach, Andreas, du weißt doch, dass ich mit deinem Laden nicht so viel am Hut habe.«

Goettle legte ihm unaufgefordert die Kette um, förderte ein zweites Kruzifix aus seinem Hemd zutage und sprach hinein. Das Kreuz um Frieders Hals zischte und röchelte, und mit ein bisschen Fantasie konnte man die Worte verstehen, die der Pfarrer in seinen Sender hineinsprach. »Gell, do glotsch, Frieder. So a Funkgerät hosch no nie g'seha. Ab jetzt bleibat mir miteinander verbonda. Sag mol ebbes.«

»Wer hat dir denn diesen Mist angedreht? Gibt es das im Souvenirladen des Vatikans? Du musst ein Geld haben. Apropos, ich brauche dringend hundert Euro. So als Überbrückung, bis ich meinen ersten Lohn bekomme.«

Andreas Goettle klopfte gegen sein Kruzifix, hielt es an sein Ohr, schüttelte es. »I glaub, auf dem Kanal isch a Störung. I hör nix.«

Frieder hob das Kreuz ganz nah an seinen Mund und brüllte: »Hundert Euro, sonst kannst du die Bespitzelei alleine machen.«

Andreas Goettles Kruzifix fiepte und der Geistliche hielt sich das Ohr.

»Jetzt han i's verstanda. Wenn es sei muss.« Er zog zwei Fünfziger aus seinem Portemonnaie und hielt Frieder die Scheine hin. »Aber Wiedersehen macht Freude. Mir höret voneinander.«

Er hob das Kruzifix an, wandte sich ab und bewegte sich mit großen Schritten aus dem Wald. Frieder spürte das Schwappen des Moores unter seinen Füßen und biss sich auf die Lippen, um einen Schrei zu unterdrücken.

»Na super, und ausgerechnet jetzt muss ich mal für Königstiger«, murmelte er, als sich der Boden wieder beruhigt hatte. Unsicher eierte er auf cinen Baum abseits des Wegs zu. Er konzentrierte sich auf jeden einzelnen Schritt. Daher entging ihm auch nicht der goldene Ohrring, der neben einer Baumwurzel lag. Er sah sich um, als könnte er diejenige, die ihn verloren hatte, entdecken. Aber er war allein, kein Geräusch war zu hören. »Den gebe ich nachher in der Klinik ab«, murmelte er und steckte das Schmuckstück ein.

36

Miriam Luscheder zögerte einen Moment, bevor sie über die Schwelle der Härle-Klinik trat. In ihrer Hand hielt sie das Fläschchen mit der Eisenhut-Tinktur, das sie unablässig betrachtete. Mit einem Ruck setzte sie sich in Bewegung und rauschte am Pförtner vorbei. Der blickte zu spät von seinem Sudoku-Rätsel auf und konnte ihr nur noch hinterhersehen. Er schoss aus seiner Loge.

»He? Wo wollen Sie hin?«, schrie er.

»Zum Chef. Ich kenne den Weg«, bekam er zur Antwort.

Er eilte an das Telefon, um den Professor zu warnen. Er war sich zwar nicht sicher, aber er meinte, diese Frau zu kennen. Es war die Frau, die alle die Hexe vom Federsee nannten. Zumindest würde die Beschreibung auf sie zutreffen.

Professor Thompson fing Miriam Luscheder auf dem Gang vor seinem Büro ab, packte sie grob am Arm und drängte sie in eine Kammer, in der Putzmittel aufbewahrt wurden.

»Was willst du hier?«, herrschte er sie an. »Du hast hier Hausverbot.«

Miriam erwiderte seinen Blick und setzte ein boshaftes Grinsen auf.

»Oh, der Herr Professor empfängt mich in der Besenkammer. Wenn das mal kein Stoff ist, aus dem Gerüchte gestrickt werden. Es sollen ja schon Kinder in einer solchen Situation entstanden sein.«

Thompson packte sie an den Schultern und schüttelte sie.

»Wieso bist du hier?«

Miriam Luscheder hielt ihm das braune Fläschchen unter die Nase.

»Deswegen«, zischte sie.

Der Chefarzt entriss ihr das Behältnis, betrachtete es von allen Seiten, konnte es jedoch nicht einordnen.

»Was soll das sein?«

»Tu doch nicht so scheinheilig. Eisenhut ist das. In einer Konzentration, die einen Elefanten töten kann. So etwas verabreicht ihr euren Patienten gegen Rückenschmerzen. Ohne Warnung. Das ist Körperverletzung. Vielleicht sogar ein Mordanschlag.«

Miriam schrie ihm die letzten Worte ins Gesicht. Mit versteinerter Miene nahm der Chefarzt diese Anklage hin.

»Das ist hanebüchener Unsinn. Das denkst du dir aus, um mir, um der Klinik zu schaden. Billig ist das, Miriam, um nicht zu sagen: schäbig. Aber leider auch typisch für dich.«

In den Augen der Frau funkelte es bedrohlich.

»Schäbig, ja? Mal sehen, ob es die Polizei auch so schäbig findet, dass ihr giftige Essenzen verteilt. Das wirft ein ganz neues Licht auf Ihre Behandlungsmethoden, Herr Professor. Und auch auf die beiden Herzinfarkte, die du so sorgsam vertuschst.«

Thompson legte ihr die Hände um den Hals und drückte zu.

»Pass auf, was du sagst, du falsche Schlange. Es reicht dir wohl nicht, dass du mit deiner Hurerei meine Patienten in den Zweifel treibst? Glaubst du, ich weiß nicht, was du hier spielst?«

Miriam würgte, die Hände an ihrem Hals nahmen ihr die Luft.

Thompson lockerte den Griff ein wenig.

»Erst legst du diese notgeilen Böcke flach, und dann zockst du sie ab. Nicht wahr? So wie du es auch mit mir gemacht hast. Aber daraus wird nichts. Dafür sorge ich.«

»Indem du die Patienten umbringst, oder wie?«, brachte die Kräuterfrau keuchend hervor. Es gelang ihr, sich aus dem Griff zu lösen, sie massierte sich den Hals. »Du bist ein Monster und hast keine Ahnung, was den Menschen wirklich nützt. Du weißt nur, was dir nützt. Und das hat ausschließlich mit Geld zu tun.«

Der Professor lachte bitter. »Das musst du gerade sagen. Wer hat dir denn deine Praxis finanziert? Das Haus, die Einrichtung, dein Auto, deine Kleidung. Deine heilenden Essenzen. Soviel ich weiß, war ich das. Mit meinem Geld, für das du dich angeblich nicht interessierst. Mach dich nicht lächerlich, Miriam. Du und ich, wir sind aus dem gleichen Holz geschnitzt. Doch leider willst du davon offenbar nichts mehr wissen. Das ist sehr schade.«

Er schob sich an sie heran, küsste ihre Wange und legte ihr eine Hand auf den Busen. Sie wehrte ihn energisch ab.

»Lass das. Ich bin nicht dein Flittchen.«

Der Chefarzt ließ von ihr ab. »Nein, du bist nicht *mein* Flittchen. Du bist eines, das jeder haben kann. Und jetzt hau ab. Ich will dich hier nicht mehr sehen.«

Er öffnete die Tür und schob sie hinaus auf den Gang. Sie taumelte und prallte gegen Blandine Geffert, die sie fragend ansah. Dann erkannte die Patientin den Professor in der Abstellkammer, atmete hörbar ein und eilte davon.

Gerold Thompson schloss die Augen.

»Das ist alles nicht wahr«, raunte er.

Als er die Augen wieder öffnete, blickte er Miriam direkt ins Gesicht.

»Was ist? Verschwinde, habe ich gesagt«, knurrte er. Er trat auf den Gang und stieß sie von sich weg.

»Gib mir das Fläschchen mit dem Eisenhut«, fauchte sie.

»Es gibt kein Fläschchen mit Eisenhut«, erwiderte der Chefarzt. »In der gesamten Klinik nicht.« Er trat dicht an sie heran und hämmerte mit dem Zeigefinger gegen ihre Brust. »Und solltest du tatsächlich so bescheuert sein, die Polizei zu informieren, kann ich nur sagen: Sie wird nichts dergleichen finden. Überhaupt nichts!«

Grußlos wandte er sich ab und begab sich in sein Büro.

»Ich will sofort mit Oberschwester Ursula sprechen. Sofort!!!«, brüllte er Anja Löffler an, bevor er die Tür ins Schloss feuerte.

37

Als Andreas Goettle in der Kriminaldirektion Biberach ankam, bemerkte er sofort, dass Greta Gerber und ihr Team nicht den besten Tag hatten. Polizeiobermeister Fritz telefonierte und machte sich Notizen, und die herabhängenden Enden seines Schnurrbartes verdeutlichten seine Gemütsverfassung. Laura Behrmann stand vor einer Stadtkarte von Bad Buchau und markierte einige Punkte mit Stecknadeln, und Greta Gerber sprach auf eine Gruppe von Jugendlichen ein.

»Nein, es gibt heute keine Party in der Ausnüchterungszelle. Da hat euch euer Facebook-Freund ›OvoMalte‹ angeschwindelt. Geht jetzt nach Hause, ich habe keine Zeit für euch.«

Die Mädchen und Jungen trollten sich murrend. Andreas Goettle sah ihnen hinterher.

»Die Jonge. Nix als Bledsinn im Kopf«, kommentierte er die Lage.

Greta verdrehte die Augen. »Genau genommen ist es nur einer, der Unfug im Hirn hat. Unser Praktikant Malte. Er hat über Facebook zu einer Party zu uns ins Präsidium eingeladen und wohl gehofft, dass hier ein Flashmob stattfindet. Ich bin gespannt, wie viele Leute noch kommen und danach fragen.«

»Ach so, Ihr Praktikant. Ja, von dem hab i scho ghört. Wo isch er denn grad?«

»In der Ausnüchterungszelle. Er beseitigt seine Wandmalereien. Und weil ihm das zu langweilig ist, hat er den Flashmob gestartet. Ich bin wirklich froh, wenn seine vier Wochen rum sind.«

Andreas Goettle lachte. »Wandmalereia. Scheint ja a kreatives Bürschle zom sei, Ihr Praktikant. Den könnt i ao braucha. Aber wieso hockt der in der Ausnüchterungszelle?«

Hauptkommissarin Gerber seufzte. »Ach, fragen Sie nicht. Und es wäre wirklich ein Traum, wenn Sie ihn mitnehmen könnten. Aber deswegen sind Sie sicher nicht hier. Was treibt Sie zu uns? Wollen Sie uns die Beichte abnehmen?«

»Hättet Sie denn was zum Beichta?«

Andreas Goettle sah Greta so durchdringend an, dass sie errötete.

»Im Moment leider nicht«, erwiderte sie leise.

Einen kurzen Moment dachte sie an Oliver, und dieser Gedanke machte sie traurig. Seit ihrem Gespräch hatte sie nichts mehr von ihm gehört, und irgendwie war sie zu gekränkt, um sich bei ihm zu melden.

Der Geistliche ging nicht auf ihre Bemerkung ein.

»I möcht die Härle-Klinik anzeiga. Wega Körperverletzung, Menschenraub und wahrscheinlich au Mord.«

Greta Gerber hob die Hände, um dem Geistlichen Einhalt zu bieten. »Ho, Herr Pfarrer, haben Sie es nicht ein bisschen kleiner? Was ist denn passiert?«

»Die vergiftet ihre Patienta mit dem Essa, zwoi sind scho g'storba. Angeblich Herzinfarkt, aber des glaubt doch koi Sau. Ond a Kursteilnehmerin von mir isch oifach verschwonda. Ohne mir was zom sage. Des isch doch komisch.«

Hauptkommissarin Gerber lächelte spitz. »So komisch ist das auch nicht. Sie wird nach Hause gefahren sein. Vielleicht ist sie geheilt.«

Andreas Goettle schüttelte den Kopf. »Des saget die in der Klinik au, aber des stemmt net. Sie isch nie drhoim ankomma. Zumindest geht koiner ans Telefon.«

»Dann besucht sie eben einen Freund. Oder eine Freundin. Oder verbringt noch ein paar Tage auf Mallorca. Da gibt es hunderte Erklärungen. Stammt die Dame denn aus Biberach oder aus der Umgebung?«

»Noi, sie kommt aus Dresden. Hot mir a Freundin von ihr verzählt.«

»Ha, no isch se vielleicht no onderwegs. Isch ja ein weiter Weg«, schob POM Fritz ein.

»So weit au wieder net. Ond sie wird wohl kaum zu Fuß hoimganga sei«, empörte sich Goettle.

»Gut, Herr Pfarrer, ich würde sagen, Sie beruhigen sich erst mal wieder. Es gibt sicher für alles ganz plausible Erklärungen. Die Härle-Klinik hat doch einen sehr guten Ruf. Der Herr Fritz nimmt jetzt Ihre Aussage mal zu Protokoll, und dann werden wir uns zu gegebener Zeit drum kümmern, gell?«

Murrend deutete der Beamte auf einen Stuhl. Goettle ließ sich fallen.

»Sie müssat da hinfahre. Sofort. Mit der Härle-Klinik stemmt was net. Die Patienta leidat unter Krämpfe, es gab zwei Herzinfarkte in den letzte Wocha, und jetzt verschwindet oifach a Person. Des isch doch net normal. Da muss mr doch mol gucka, was da los isch.«

Greta Gerber setzte sich an ihren Schreibtisch, schaltete den Computer ein und versuchte, ihr Kennwort einzugeben. Sie scheiterte.

»Oh nein, jetzt sehen Sie sich das an. Diese kleine Krampe hat die Sprache geändert. Ich kann mich nicht anmelden. Was soll das sein? Finnisch?«

»Er hat gesagt, es sei aramäisch«, antwortete Laura Behrmann kleinlaut, ohne von ihrer Steckarbeit abzulassen. Inzwischen wurde die Karte von Bad Buchau von ungefähr fünfzehn Nadeln geziert, und es schien so, als sollten es noch mehr werden.

»Wir haben es zu spät gesehen, dass er an Ihrem Computer zugange war, und konnten auch nichts mehr verhindern. Malte stellt die Sprache aber wieder auf Deutsch, wenn er von seiner Strafarbeit befreit wird«, erklärte die Kommissarin ihrer staunenden Kollegin. »Oh Mann, das sind jetzt schon fast zwanzig Kunden, die eine Alarmanlage von Elektro Kurz haben. Wie sollen wir die denn alle überwachen.«

»I hab glei gsagt, dass des viel Aufwand isch«, kam es von Polizeiobermeister Fritz. »Dabei wollt i heut früher ganga.«

»Aber net, bevor mein Fall net g'löst isch«, schaltete sich Andreas Goettle ein.

Greta Gerber schoss aus dem Büro, rannte den Gang entlang und entließ einen wütenden Schrei.

»Jessas, die hätte aber au mol a Reha nötig«, sagte Andreas Goettle und folgte ihr.

38

»Woher hat diese ... Person dieses Mittel?«

Professor Thompson war außer sich vor Wut. Seit Minuten lief er beständig auf und ab, während Oberschwester Ursula auf einem Stuhl vor seinem Schreibtisch saß, die Hände im Schoß gefaltet, und mit jedem Wort zu schrumpfen schien. So zornig hatte sie ihren Chef noch nie erlebt.

»Da steckt doch dieser Allgaier dahinter. Der will mich provozieren, dieser Sauhund. Der will mit aller Macht unseren Ruf ruinieren.«

»Das kann nicht sein. Herrn Allgaier geht es im Moment nicht so gut. Er hat seit Tagen das Bett nicht verlassen«, unterbrach Oberschwester Ursula. Sie rutschte nervös auf der Sitzfläche herum und wünschte sich das Ende der Unterredung herbei. »Er ist immer noch traumatisiert und steigert sich in den Wahn hinein, dass Frau Möller umgekommen sei. Wir geben ihm ein Klatschmohn-Präparat zur Beruhigung.«

Neben der Verunsicherung durch ihren Chef quollen Enttäuschung und Wut in ihr hoch. Dieser Hilfskoch, dem sie das Mittel gegen die Rückenschmerzen gegeben hatte, war also auch Patient bei der Hexe vom Federsee. Er hatte offensichtlich kein Vertrauen in die Heilkräfte der Natur. Und was noch schmerzlicher war: Er hatte auch kein Vertrauen zu ihr. Mehr noch, er war so dumm gewesen, das Fläschchen zur Hexe mitzunehmen, es ihr zu zeigen. Sie hatte ihn in ihren Bann gezogen, bis er ein willenloses, steuerbares Geschöpf war und ihr das Mittel ausgehändigt hatte. Aber das konnte sie dem Professor nicht sagen. Der Hilfskoch war kein Patient, sie hätte ihm die Tinktur niemals aushändigen dürfen. Sie hatte gegen die Hausregeln verstoßen. Und das war ein Grund für eine fristlose Kündigung.

»Wenn es Allgaier nicht war, wer dann?«, polterte Thompson.

Vor dem Stuhl blieb er stehen und beugte sich zu Oberschwester Ursula hinunter. »Finden Sie das heraus und sorgen Sie dafür, dass so etwas nie wieder vorkommt. Ich habe keine Lust, dass unser Image durch einen Skandal leidet. Ist das angekommen?«

Oberschwester Ursula nickte, erhob sich und schlich zur Tür.

Der Professor rief sie noch einmal zu sich. »Und noch etwas, Oberschwester. Schicken Sie mir bitte Blandine Geffert in mein Büro. Es gibt da einen … Befund, den ich mit ihr besprechen muss.«

Die Oberschwester nickte und verabschiedete sich.

Draußen auf dem Gang drehte sie sich zur geschlossenen Tür und zeigte ihr den ausgestreckten Mittelfinger.

Es klopfte. Blandine Geffert schob die Schlafmaske nach oben und blinzelte gegen die Helligkeit an. Sie erhob sich langsam von ihrem Bett und schlich zur Tür. Das Nachmittags-Sportprogramm steckte ihr noch in den Knochen. Die Empörung über die Entdeckung, dass es Professor Thompson mit einer Hippie-Schlampe in der Besenkammer trieb, hatte ihr ungeahnte Energien verliehen, so dass sie ihr sonstiges Trainingspensum um hundert Prozent gesteigert hatte. Dies hatten ihre nicht mehr ganz jungen Muskeln jedoch nicht so recht verziehen und wehrten sich nun durch heftigen Schmerz.

Vor der Tür stand der Chefarzt. Bevor sie wieder schließen konnte, hatte er sich an ihr vorbeigedrängt.

»Wieso kommst du nicht, wenn ich nach dir rufen lasse? Was soll das?«, blaffte er sie an.

»Ich bin nicht dein Hündchen. Außerdem will ich dich nicht mehr sehen. Du Besenkammer-Casanova.«

Blandine verzog die Lippen zu einem dezent optimierten Schmollmund. Professor Thompsons Groll verflog. Sie sah zu süß aus, wenn sie wütend war. Er ging auf sie zu, griff nach ihren Händen und zog sie an sich.

»Da war nichts«, flüsterte er in ihr Ohr. »Ich musste mit Miriam reden, und dazu haben wir einen ungestörten Platz gesucht. Es war wichtig.«

Blandine riss sich los und verpasste dem Chefarzt eine kräftige Ohrfeige.

»Du Lügner!«, brüllte sie. »Du hältst mich wohl für total bescheuert. Glaubst du, ich weiß nicht, was in einer Besenkammer abgeht? Ich habe schon ganze Nächte in Besenkammern verbra… Also, lüg mich nicht an.«

Thompson rieb sich die Wange, konnte jedoch ein Schmunzeln nicht unterdrücken. »So, so. Das ist ja interessant. Erzähle ruhig mehr, vielleicht lerne ich ja noch etwas.«

Blandine holte zu einem weiteren Schlag aus, doch Thompson fing ihren Arm ab und hielt ihn am Handgelenk fest.

»Es ist nicht, wie du denkst. Hör mir bitte zu.«

Blandine versuchte, sich zu befreien, doch sie sah ein, dass sie dies weder durch wilde Drehungen noch mit Kraftanstrengung erreichen konnte. »Du hast diese kleine Nutte gevögelt«, keuchte sie. »Und ich bin wohl mal wieder das Appetithäppchen für den Hunger zwischendurch. Das kannst du vergessen.«

Thompson schüttelte den Kopf. »Nein, das stimmt doch alles nicht. Ich habe nicht mit Miriam geschlafen. Um genau zu sein: Früher schon, aber das ist sehr lange her.«

Blandine riss die Augen weit auf. »Was soll das heißen: früher schon?«

Der Professor ließ sich in einen Sessel fallen und betrachtete die Decke des Appartements, als könnte er dort die Antwort ablesen.

»Miriam und ich, wir waren mal ein Paar«, begann er leise. »Sie hat hier in der Klinik als Physiotherapeutin gearbeitet, war bei den Patienten sehr beliebt. Ein bisschen zu beliebt, wie ich und ihre Kollegen fanden. Wir haben uns lange gefragt, was ihre Behandlung so besonders macht. Ein Patient hat es uns schließlich erzählt.«

Er machte eine Pause und sah Blandine an, die mit vor der Brust verschränkten Armen in der Mitte des Raumes stand. Es war ihr anzusehen, dass die große Wut verraucht war, auch wenn sie immer noch versuchte, die gekränkte Seele zu geben.

»Miriam hat ihre eigene Auslegung von Wellness-Massagen, die den Intimbereich mit einbezieht. Zudem hat sie eigene Elixiere, Tinkturen und Präparate mitgebracht und eingesetzt. Ihr Erfolg ging sogar so weit, dass es kaum einen Mann gab, der sich von einer anderen Therapeutin behandeln lassen wollte.«

Gerold Thompson sah seine Geliebte mit Welpenblick an. Blandine versuchte, an ihm vorbeizusehen, doch der Chefarzt erkannte, dass seine Chancen, sie milder zu stimmen, weiter gestiegen waren. Sie wusste nicht so recht, wohin mit sich. Schließlich ging sie zum Bett und setzte sich auf die Kante. Thompson folgte ihr, ließ sich neben ihr nieder.

»Wir haben viel gestritten in dieser Zeit. Sie konnte nicht akzeptieren, dass ich nicht nur ihr Geliebter war, sondern auch ihr Boss. Dass ich es war, der die Regeln vorgab, an die sie sich zu halten hatte. Es gab keinen anderen Weg. Wenn ich sie privat nicht verlieren wollte, mussten sich unsere beruflichen Wege trennen. Sie hatte die Idee, eine eigene Praxis aufzumachen, und ich habe sie unterstützt. Mit Geld, mit Tipps, wie man ein Geschäft aufbaut, wie man Werbung macht und all das. Wie gesagt, ich wollte die Beziehung nicht gefährden. Aber sie entglitt mir immer mehr. Sie hat Patienten der Klinik abgeworben, sie hat ihnen wahrscheinlich Substanzen verabreicht, die ihnen neue Sphären erschlossen haben. Plötzlich waren diese Menschen mit der Behandlung bei uns unzufrieden, sind abgereist …«

Blandines Augen weiteten sich. »Dann ist sie die Hexe vom Federsee?«

Thompson nickte. »Ja, so nennt man sie in der Stadt. Aber das ist natürlich Schwachsinn. Sie ist keine Hexe. Sie ist eine Tantra-Masseurin, die sich gleichzeitig mit Wildpflanzen auskennt. Nicht mehr und nicht weniger. Und Letzteres hat sie bei uns gelernt.«

»Sie hat Peter umgebracht«, rief Blandine empört. »Sie hat ihn durch Drogen gefügig gemacht. Sein krankes Herz hat das nicht ausgehalten. Und jetzt ist er tot.«

Sie schlug sich die Hände vor das Gesicht und begann zu schluchzen. Thompson zögerte einen Moment, legte einen Arm um die Schulter der weinenden Frau und zog sie an sich. Sie schmiegte ihr Gesicht an seine Brust, während er über ihren Rücken streichelte. Sie zitterte, und es schmerzte ihn, dass der Tod von Peter Grossmann so viel Emotion bei ihr auslöste.

»Kann sein, dass ihre Behandlung zu viel für Peter Grossmanns Herz war. Aber er hat sich auch allen unseren Anweisungen widersetzt. Er hat sich nicht an seinen Diät-Plan gehalten, hat sich aus dem Sportprogramm ausgeklinkt, wollte seine Medizin nicht nehmen. Zudem wollte er die Klinik verlassen und die Behandlung bei Miriam fortsetzen. Grossmann war unbelehrbar.«

Blandines Körper versteifte sich, das Zittern verschwand. Sie hob den Kopf und sah ihn ernst an.

»Wir müssen diese Hexe aus dem Verkehr ziehen«, sagte sie tonlos.

Thompson sah ihren Blick und erschauerte. Es lag etwas Eiskaltes darin.

39

Frieder war gerade dabei, Pfifferlinge zu putzen, als er ein verdächtiges Rauschen aus dem Inneren seiner Kochjacke hörte. Er unterbrach seine Arbeit und holte das Kruzifix heraus.

»Flipper ruft Polarfuchs. Polarfuchs bitte kommen«, krächzte es aus dem kleinen Kreuz.

Frieder sah sich um. Raimund Schmieder war nicht zu sehen, und auch die Kolleginnen und Kollegen waren viel zu beschäftigt, um ihn zu beobachten.

»Hallo, Andreas. Ich kann dich hören«, flüsterte er.

»Herrschaftszeita, Frieder, du kannsch mich doch net beim Klarnoma nenna. Du bisch Polarfuchs ond i ben der Flipper. Für den Fall, dass ons oiner abhört. Wie lauft's in der Klinik? Gibt's scho ebbes Neues?«

»Nein, alles beim Alten. Schmieder ist der gleiche Kotzbrocken wie immer, Oberschwester Ursula tänzelt hier rein und raus, als wäre sie in der Küche zuhause, und wir anderen haben viel zu tun. Heute gibt es Pilze.«

»Um Gottes willa. Bisch sicher, dass die essbar sen?«

Frieder betrachtete die bereits geputzten Exemplare in seiner Schüssel und nickte. »Ja, absolut sicher. Das sind Pfifferlinge. Du weißt doch, dass ich mich mit Pilzen auskenne. Auch wenn ich die nicht ganz so bekömmlichen sehr viel spannender finde.«

»Deine Experimente läsch bitte bleiba. Ich brauch di mit nem klare Kopf. Isch denn der Allgaier wieder auftaucht?«

Frieder zuckte mit den Schultern. »Ich habe ihn noch nicht gesehen«, übersetzte er die Geste in das Mikrofon. »Die Oberschwester will ich nicht fragen. Die ist so komisch heute.«

»Wieso komisch?«, quäkte es aus dem Kreuz.

»Naja, sie hat mich gefragt, wie es meinem Rücken geht. Und als ich gesagt habe, dass meine Schmerzen wie von Zauberhand verschwunden seien, forderte sie das Fläschchen zurück.«

»Du hosch doch gsagt, dass du des abgeba hosch.«

»Ja, aber nicht bei ihr. Eher bei einer Expertin. Das erkläre ich dir später. Ich habe die Oberschwester hingehalten, aber da muss mir etwas einfallen. Ich will nicht, dass sie irgendeinen Verdacht schöpft.«

Das Kreuz um den Hals blieb still. Frieder dachte schon, dass die Verbindung abgebrochen sei.

»Hallo, hallo, bist du noch da?«

»Ja, ich bin noch da«, brummte es hinter seinem Rücken.

Frieder erschrak, beeilte sich, das Kreuz in seiner Kochjacke verschwinden zu lassen, und drehte sich um.

Raimund Schmieder stand vor ihm, die Hände in die Hüften gestemmt.

»Jetzt führt er schon Selbstgespräche«, polterte er. »Ich habe doch gleich geahnt, dass Sie in die Klapse gehören.«

Frieder hörte Goettles Stimme, die leise den Kontakt wiederherstellen wollte, und er klapperte mit einem Messer einen Rhythmus auf das Schneidebrett. »Hey, ich spreche doch nicht mit mir selbst. Ich rappe.

Hallo, hallo, bist du noch da,
wenn es so ist, sag einfach ja.
Sagst du nicht ja, sondern nein,
musst du dennoch immer noch da sein.

Gut, was?«

»Mein lieber Freund, Sie haben ja einen größeren Dachschaden, als ich es je annehmen konnte«, knarzte Schmieder. »Machen Sie die Pilze fertig, aber zack, zack. Und dann ziehen Sie sich um für die Essensausgabe.«

»Die Klinik wird zum Freudenhaus,
der Frieder gibt heut Essen aus.«

Rappte der Hilfskoch und sah seinem Chefkoch hinterher.

»Sapperlott, der hört wieder nix«, plapperte es aus Frieders Kochjacke. »Dann meld i mi später wieder. Over and out.«

Einige Stunden später stand der »Polarfuchs« frisch geduscht und in für Frieders Verhältnisse eleganter Garderobe vor dem Tor zum Anwesen von Miriam Luscheder. Er nestelte an seinem Hemdkragen, strich über das Revers an seinem Sakko und fuhr sich durch die Haare. Sein Herz schlug ihm bis zum Hals, und irgendwie fühlte er sich wie ein Teenager vor seinem ersten Date.

»Es ist eine Massage, weiter nichts«, sprach er sich selbst Mut zu und betätigte den Klingelknopf. Das Tor bewegte sich zur Seite, und wie bei seinem ersten Besuch stand die Haustüre einen Spalt weit auf.

Frieder trat ein, wurde von orientalischen Sitar- und Tablaklängen und einem frischen Limonenduft empfangen. Die Fenster waren mit bunten Tüchern verhängt, das durchscheinende Sonnenlicht illuminierte den Raum. Frieder fühlte sich an seine Zeit in Indien erinnert. Zu dieser Reise war er aufgebrochen, um den Schmerz über den Tod seiner Frau zu betäuben, und tatsächlich fand er durch die Andersartigkeit der Umgebung, durch neue Farben und Gerüche, durch die Gespräche mit Menschen, durch die Musik in sein eigenes Leben zurück. Eines, das er fortan ohne Konventionen führte.

Miriam Luscheder kam ihm entgegen. Anmutig, mit weichen Bewegungen, ein leichtes Lächeln umspielte ihre Lippen. Sie trug einen schwarzen Wickelrock mit einem Muster aus großen, weißen Blumen, hatte ihn wie ein Strandkleid um den Körper geschlungen. Der Anblick ihrer nackten Schultern trieb Frieder den Schweiß auf die Stirn.

»Willkommen in meinem Reich der Sinne«, hauchte sie und forderte ihn durch eine Handbewegung auf, ihr seine Anzugsjacke zu geben.

Frieder schälte sich umständlich aus dem Kleidungsstück und sah ihr nach, wie sie es an die Garderobe hängte.

»Komm«, sagte sie sanft und hielt ihm eine Hand hin.

Er ließ sich von ihr in einen Raum führen, der von einer großen, runden Badewanne dominiert wurde, aus der

Dampf stieg. Miriam setzte sich auf den Rand und ließ eine Hand durch das Wasser gleiten.

»Die Sitzung beginnt mit einer Reinigung vom Alltag. Hier kannst du loslassen. Du wäschst alle Anspannungen, alle Sorgen und Nöte ab.« Miriam deutete auf den Platz neben sich, und Frieder kam ihrer Aufforderung nach, sich zu setzen. Sie begann, ihm das Hemd aufzuknöpfen, strich ihm über die nackte Brust, befühlte das Kruzifix, das er um den Hals trug – das genau in diesem Moment seine Zweittätigkeit aufnahm.

»Herrgott, Polarfuchs, wo bisch denn? Des darf net wohr sei. Der hört mi scho wieder net. Was isch denn los mit dem Deng?«

Miriam Luscheder sah Frieder verdutzt an. Er streifte sich die Kette mit dem Kreuz ab. »Direktverbindung nach oben«, sagte er. »Dieser Anschluss ist vorübergehend nicht erreichbar«, näselte er in das Mikrofon des Kreuzes. Dann legte er es auf eine Kommode, entkleidete sich und ließ sich von Miriam Luscheder erst den Alltag vom Körper waschen und dann die vermeintlichen Rückenschmerzen nehmen.

Er musste eingeschlafen sein. Als er erwachte, stand Miriam vor ihm. Sie hatte ein weißes Tuch um ihren Körper geschlungen und betrachtete neugierig das kleine Kreuz, das noch immer auf der Kommode lag. Sie berührte es vorsichtig, mit einem gewissen Respekt. Es schien fast so, als vermutete sie, dass es im nächsten Moment zubeißen könnte.

»Interessant, nicht?«, fragte Frieder.

Miriam zuckte zusammen und errötete.

»Was ist das?«, fragte sie schnell, um von ihrer Überraschung, ertappt worden zu sein, abzulenken.

»Ein Kruzifix.«

Sie verdrehte die Augen. »Das sehe ich. Aber was ist es wirklich? Ein Sender? Spionierst du mich aus? Bist du im Auftrag von Gerold hier?«

Ihr Ton wurde rauer.

Frieder schüttelte den Kopf. »Weder noch. Ich spioniere dich nicht aus, und ich weiß auch nicht, wer Gerold ist. Aber es stimmt schon. Es ist ein Sender. Über ihn bin ich mit einem Freund verbunden, der manchmal seltsame Anfälle hat. Er kann einen Hilferuf schicken, und wenig später bin ich bei ihm. Toll, nicht?«

Miriam betrachtete Frieder und das Kruzifix immer noch mit Misstrauen.

»Du bist Patient in der Härle-Klinik und kennst Professor Gerold Thompson nicht? Das ist höchst seltsam. Und wenn ich ehrlich bin, kaufe ich dir die Geschichte mit deinem Freund auch nicht ab.«

Frieder richtete sich auf. Das Tuch, das ihn bedeckte, rutschte zur Seite und gab seine Blöße frei. Er griff nach seinen Kleidern und begann sich anzuziehen. In seinem Kopf arbeitete es unentwegt, er suchte nach einer Erklärung für seine Präsenz in der Härle-Klinik, ohne seinen Auftrag zu verraten. Schließlich entschied er sich, ihr zumindest einen Teil der Wahrheit anzuvertrauen.

»Ich habe dich angelogen. Ich bin kein Patient in der Härle-Klinik. Aber dass ich dort geschäftlich zu tun habe, ist richtig. Um genau zu sein, ich arbeite dort in der Küche.«

Miriam legte den Kopf schief, betrachtete ihn lange, dann lachte sie.

»Dir gehen die Geschichten nicht aus, wie? Okay. Wenn du in der Küche arbeitest, dann weißt du ja sicher, wie der Chefkoch dort heißt. Na?«

»Raimund Schmieder.«

Miriam starrte ihn ungläubig an. »Das hast du erraten.«

Frieder schüttelte den Kopf. »Raimund Schmieder ist nicht nur Chefkoch, sondern auch praktizierender Menschenfeind, der nicht nur seine Angestellten mies behandelt, sondern auch eine gehörige Portion Hass gegenüber seinen Patienten empfindet. Da schwingt eine Menge Sozialneid mit, weil er gerne so reich wäre wie sie, aber er gibt ihnen auch die Mitschuld an seiner Misere. Denn er hatte früher beinahe ein Sternerestaurant …?«

Miriam hob eine Hand, um seine Erzählung zu stoppen.

»Okay, überzeugt. Du arbeitest wirklich in der Küche der Härle-Klinik. Hast du von dort auch die Eisenhut-Tinktur? Kochen die womöglich mit dem Zeug? Das würde einiges erklären.«

Miriams Brustkorb hob und senkte sich schnell. Es war offensichtlich, dass sie der Gedanke aufregte.

»Nein, ich habe die Tinktur von Oberschwester Ursula bekommen«, antwortete Frieder. »Sie hat übrigens schon danach gefragt. Es wäre gut, wenn du sie mir wiedergeben könntest. Ich will nicht, dass sie Verdacht schöpft.«

Miriam starrte ihn an, senkte dann den Blick. »Ich habe sie nicht mehr. Ich bin gestern in die Klinik gefahren und habe Gerold zur Rede gestellt. Es kann doch nicht sein, dass er und sein Personal mit solchen Mixturen experimentieren. Dieses Zeug ist tödlich.«

Frieder durchlief es heiß und kalt. »Und dieser Gerold hat dir die Flasche abgenommen. Wahrscheinlich hat er auch schon mit Oberschwester Ursula gesprochen und ihr ordentlich den Marsch geblasen. Daher war sie mir gegenüber so seltsam heute.«

Miriam schlug eine Hand vor den Mund. »Dann wäre es vielleicht besser, wenn du nicht mehr in die Klinik zurückkehrst.« Sie ließ sich in den Lotussitz sinken, vergrub das Gesicht zwischen den Armen und schüttelte den Kopf.

Frieder setzte sich neben sie und berührte ihre Schulter. »Wieso soll ich nicht mehr in Klinik zurückkehren? Was geht da vor sich? Was weißt du über Thompson? Woher kennst du ihn so gut, dass du ihn sogar beim Vornamen nennst?«

Miriam blieb in ihrer Pose und rührte sich nicht. Lediglich am Heben und Senken der Schulterblätter erkannte Frieder, dass sie noch atmete.

»Komm schon«, forderte er sie auf. »Ich habe dir die Wahrheit gesagt. Jetzt bist du dran.«

Miriam richtete sich auf und sah Frieder lange in die Augen.

»Also gut, ich erzähl dir alles«, sagte sie. »Aber du musst mir etwas versprechen.« Es lag etwas Flehendes in ihren Augen.

»Okay, was soll ich dir denn versprechen?«

»Dass du ab jetzt verdammt gut auf dich aufpasst.«

40

Da kommt er. Leichten Schritts. Er-leichtert.

Und es schmerzt, erkennen zu müssen, dass wieder einer vom Weg abgekommen, seinem Trieb gefolgt ist. Ein Jäger bleibt ein Jäger, ein Leben lang. Die Lust an der Beute, sie verleiht allen Jägern ein Gefühl der Macht. Und sie merken nicht, dass es die pure Unterwerfung ist, die sie antreibt. Sie sind süchtig nach diesem Gefühl. Sie werden blind und taub, ihre Gier setzt ihnen Scheuklappen auf. Sie erkennen die wahren Freuden des Lebens nicht mehr, es gibt nur dieses Begehren und den Drang, die Lust zu stillen. Und mit jedem Male wird die Gier größer, frisst sich in sie hinein. Erst in das Gehirn und dann in das Herz. Die Gier höhlt sie aus, macht aus ihnen leere Hüllen, in die sich jeder Windhauch der Verführung verfangen kann.

Es ist so traurig. Jemand muss diesen Menschen helfen. Damit sie erkennen können, in welche Gefahr sie sich begeben. Jemand muss ihnen die Scheuklappen abnehmen, damit sie auf den rechten Weg zurückfinden. Sie schaffen es nicht alleine. Sie brauchen eine helfende Hand, die sie führt. Die ihnen Orientierung gibt.

Dieses Mal muss es gelingen. Die Hoffnung stirbt zuletzt.

Willkommen in Bärbels kleiner Giftküche,
www.baerbelsblog.de
Wissenswertes aus Fauna und Flora
Nur Hexen finden diese Kirsche toll!

Hallo, ihr Lieben,

ich bin wirklich schockiert, entsetzt, entrüstet. Als ich neulich über einen Markt geschlendert bin, habe ich eine Kräuterfrau getroffen, die eine unglaubliche Vielzahl an Heilpflanzen im Sortiment hatte. Wir haben uns lange unterhalten, es war ein Gespräch unter Expertinnen sozusa-

gen, wir haben Tipps und unsere Erfahrungen mit speziellen Kräutern, Beeren und Pflanzen ausgetauscht. Womöglich wäre eine wunderbare Freundschaft aus diesem Kontakt entstanden, wenn ich nicht Unglaubliches bei ihr entdeckt hätte. Neben den ganz »harmlosen Produkten« hatte sie auch Dinge im Angebot, die wahnsinnig gefährlich sind. Geriebene Tollkirsche, Stechapfel, Schlangenwurzel gab es da – Pflanzen, deren Missbrauch tödlich enden kann, lagen bei ihr wie selbstverständlich auf dem Warentisch, als handelte es sich um Suppengewürz. Ich konnte nicht anders und habe sie auf ihre Verantwortungslosigkeit angesprochen, doch sie winkte nur ab. »Gibt es doch überall im Internet zu kaufen«, sagte sie. »Außerdem wissen meine Kunden, wie sie diese Sachen anwenden müssen, um eine heilende Wirkung zu erzielen. Bei mir kaufen nur ehrliche und gute Hexen! Die bösen besorgen sich ihre Substanzen auf anderen Wegen.«

An alle Hexen da draußen: Ich hoffe sehr, dass ihr wirklich wisst, was ihr tut. Ihr seid dazu da, Menschen zu helfen, und nicht, um ihr Leid zu vergrößern. Ich appelliere an euer Ehrgefühl. Experimentiert nicht mit Substanzen oder Rezepten, deren Wirkung ihr nicht einschätzen könnt.

Die Kräuterfrau auf dem Markt habe ich angezeigt. Frauen wie sie müssen aus dem Verkehr gezogen werden. Und ich werde jede Spur verfolgen, die in Richtung Missbrauch der Kräuterheillehre führt. Zieht euch warm an, ihr Giftmischer!

Und da ich es nicht ausschließen kann, dass auch unter meinen Besuchern Menschen sind, die meine Tipps und Rezepte missbrauchen, schließe ich diesen Blog für die Öffentlichkeit. Ab jetzt können nur noch registrierte Mitglieder mitlesen. Wer also weiterhin meine News bekommen möchte, der schreibt eine Mail an mich. Sorry, Leute, aber es geht nicht anders.

Eure Bärbel

41

Im Kurpark war an diesem Morgen noch nicht viel los. Einige einsame Spaziergänger flanierten ziellos auf den Wegen, zwei ältere Damen hatten auf einer Holzbank Platz genommen und unterhielten sich. Frieder ging unruhig auf und ab, er musste in zehn Minuten wieder in der Küche sein und bei der Zubereitung des Mittagessens helfen. Ausgerechnet heute musste sich sein sonst so zuverlässiger Freund Andreas Goettle verspäten. Zudem verspürte er ein eigenartiges Ziehen in der Magengegend, es schien so, als wollte sich sein Körper gegen irgendetwas wehren. Frieder ließ im Geiste die Dinge, die er zum Frühstück verspeist hatte, Revue passieren, konnte sich jedoch an nichts Außergewöhnliches erinnern. Brötchen, Butter, Kirschmarmelade, dazu eine Tasse Tee. Ein Frühstück wie eigentlich fast immer.

Er hörte die beiden alten Damen lachen, doch als er zu ihnen blickte, saßen keine Frauen auf der Parkbank, sondern Gestalten mit Rehköpfen. Frieder wischte sich mit einer Hand über die Augen. Die Rehe verschwanden und nahmen wieder die Gestalt der Damen an.

»Oha, was geht denn hier ab«, flüsterte er und schüttelte den Kopf, als könnte er sämtliche Trugbilder auf diese Weise loswerden.

»So, kann mer scho uff sei«, tönte es in seinem Rücken.

Frieder war geradezu erleichtert, die Stimme seines Freundes zu hören. Er drehte sich um und stand einem drei Meter großen Andreas Goettle gegenüber, der einen zitronengroßen Kopf auf dem Hals trug.

Der Hilfskoch machte einen Satz nach hinten und entließ einen Schreckenslaut.

»Geh weg«, herrschte er die Gestalt an.

»Ha no, erst soll i komma ond dann glei wieder ganga«, tönte der Riese und schrumpfte im nächsten Moment auf Normalgröße.

Frieder schloss die Augen und öffnete sie wieder.

Andreas Goettle beugte sich zu ihm und schnupperte. »Was isch mit dir? Du bisch ja ganz bloich. Hosch g'soffa?«

»Ich glaube, ich habe was Falsches gegessen. Aber es geht schon wieder.« Frieder schüttelte sich.

»Du wolltesch mir was verzähla«, forderte Goettle seinen Freund auf, mit seinem Bericht zu beginnen.

Frieder sah ihn an, als hätte er einen Geist vor sich. Der Pfarrer hatte die Form eines Pfannkuchen angenommen und floss über eine Parkbank.

»Andreas, tu mir einen Gefallen und verändere nicht andauernd deine Form. So kann ich mich nicht konzentrieren.«

Er wartete, bis der Geistliche wieder seine Normalgestalt angenommen hatte, und begann mit seinem Bericht, ohne sein Gegenüber weiter zu beachten.

»Ich war gestern bei Miriam, die hier alle die Hexe vom Federsee nennen. Wegen meinen Rückenschmerzen«, fügte er schnell hinzu, um Andreas Goettle zuvorzukommen. Der rasselnde Atem aus dessen Richtung ließ erahnen, dass der sich gerade in etwas verwandelt hatte, das Frieder nicht sehen wollte. Also sah er auch nicht hin.

»Ich habe Erstaunliches herausgefunden. Miriam, also die Hexe, und Professor Thompson von der Härle-Klinik waren ein Paar. Sie hat in der Klinik als Physiotherapeutin gearbeitet, hat aber immer schon tantrische Elemente in ihre Massagen eingebracht. Das war vielen, vor allem dem Professor, ein Dorn im Auge.«

»Tantrische Elemente? Was isch no au des«, fragte Andreas Goettle mit Fistelstimme.

Frieder riskierte einen kurzen Blick und sah seinen Freund um sich herumschweben. Er schloss die Augen.

»Na ja, da geht es um die Nutzung der sexuellen Energie. Egal, du kannst es ja googeln, was das ist. Miriam war sehr erfolgreich mit dieser Massageform und natürlich bei den männlichen Gästen sehr beliebt. Ihre Kolleginnen waren wiederum sehr neidisch und haben sich bei dem Professor beschwert. Sie haben sogar damit gedroht, Miriam wegen Prostitution anzuzeigen. Was natürlich Quatsch ist. Aber um sich weiteren Ärger zu ersparen, hat Thompson seine Geliebte entlassen, hat ihr jedoch bei dem Aufbau einer eigenen Praxis geholfen. Und jetzt kommt's.«

Ein tiefes, unfassbar lautes Grummeln war aus seiner Körpermitte zu hören, Frieder zuckte zusammen.

»Du wirsch doch jetzt koin fahre lasse?«, ermahnte ihn Andreas Goettle, der zur Abwechslung wieder zu seiner Normalfigur zurückgefunden hatte. »Erzähl weiter.«

»Gut, geht schon wieder. Also. Dieser Professor Thompson hat, ohne Miriams Wissen, in ihrer Praxis überall Videokameras installieren lassen. Und mit den Bändern hat er die Männer, die bei Miriam in Behandlung waren, erpresst. Mit diesem Geld hat er seine Klinik nach vorn gebracht. Er hat in Werbung investiert, hat Spezialisten angestellt, hat die modernsten medizinischen Geräte gekauft und so weiter.«

»Was war denn auf denne Videobänder drauf?«, hakte Andreas Goettle nach. Er hatte sich in einen blauen Nebel gehüllt, er war nur noch schemenhaft zu erkennen. Frieder ignorierte seine Gestaltumwandlung.

»Zur tantrischen Massage gehört, dass Miriam den Herren den Lingam massiert. Um die sexuelle Energie zu aktivieren.«

»Lingam. Du moinsch, die hat denne am Schnepperle romg'macht. Also, dann isch des ja a Sünde.«

»In den Augen der katholischen Kirche bestimmt. Aber auch der Herr Professor war nicht untätig, er ließ bei seinen weiblichen Gästen, allesamt sehr gut betucht, nichts anbrennen. Zum einen hat er sich damit neue Geldquellen gesichert, zum anderen wollte er Miriam eifersüchtig machen. Das hat am Anfang gut funktioniert. Die beiden haben sich in dieser Zeit oft gestritten. Zum endgültigen Bruch kam es jedoch, als Miriam die Kameras entdeckte. Sie hat ihn zur Rede gestellt. Er würde das alles auch für sie tun, sie solle an die gemeinsame Zukunft denken, solche

Sprüche kamen da. Sie wollte die Aufzeichnungen von ihm, doch er rückte sie nicht heraus. Sie hat die Beziehung mit ihm beendet und ihm Hausverbot erteilt. Die Kameras hat sie abmontieren lassen, das heißt, seine Einnahmequelle war versiegt.«

Frieder spürte, wie sich sein Magen zusammenkrampfte und ihm kurz die Luft wegblieb. Er krümmte sich und keuchte.

»Frieder, des g'fällt mir gar net. Du gehsch heut no zum Arzt.«

Sein Freund winkte ab. »Kein Problem«, brachte er hervor. »Nur ein kurzer Krampf.«

Es dauerte einen Moment, bis sich sein Magen wieder beruhigt hatte.

»Goht's wieder?«, fragte ein splitterfasernackter Andreas Goettle.

Frieder grinste. »Ja, sicher, es geht wieder. Miriam musste von nun an selbst auf Patientenjagd gehen. Flyer anfertigen, verteilen, Anzeigen schalten. Aber das brachte nicht den nötigen Erfolg. Erst als sie sich mit Jean-Luc, dem Fahrer der Klinik, anfreundete und die beiden die Idee hatten, dass er sein Gehalt aufbessern könnte, wenn er ihr Patienten zuschanzte und dafür eine Provision bekam, lief es besser. Natürlich durfte das der Professor nicht wissen, aber irgendwann bekam er es dann doch heraus. Es gab ein Mordstheater. Und dann hat noch dieser Seethaler gedroht, er wolle die Klinik verlassen, weil er Miriams Behandlung als weitaus heilsamer einstufte. Der Professor muss regelrecht ausgetickt sein. Und kurz darauf starb Seethaler an einem Herzversagen.«

Andreas Goettle schnippte mit den Fingern. »I hab's doch gwusst, dass da was net stemmt.«

»Der Professor gab natürlich Miriam die Schuld. Sie habe den armen Seethaler überfordert, habe ihn zu sehr aufgeregt und zudem mit Substanzen versorgt, die seinem Herz geschadet haben. Was jedoch so nicht stimmt. Miriam vermutet, dass der Professor ihm etwas verabreicht hat und dass Seethaler daran gestorben ist. Aber das kann sie natürlich nicht beweisen.«

Frieder sah auf die Uhr. In zwei Minuten musste er an seinem Arbeitsplatz stehen, sonst war ihm Ärger gewiss. Und er wollte nicht wissen, in welcher Gestalt Raimund Schmieder ihm auf seinem Höllentrip begegnete. Zudem musste er herausfinden, welcher Teil seines Frühstücks ihm diese Trugbilder bescherte. Konnte nicht schaden, ein wenig von dieser Substanz zu bunkern und sie anzuwenden, wenn er wieder zuhause war.

»Ich muss mich ein bisschen beeilen. In der Küche wartet eine Menge Arbeit auf mich«, sagte Frieder.

Andreas Goettle hatte die Form einer Acht angenommen, deren Konturen stetig verschwammen. Der Hilfskoch ließ sich nicht beirren.

»Bei Peter Grossmann lief es ganz ähnlich. Auch er hat Miriams Dienste in Anspruch genommen, hat sich wohl auch in sie verliebt. Er wollte mit ihr zusammenbleiben, sich von seiner Frau trennen. Miriam fühlte sich anfangs geschmeichelt, aber sie konnte seine Gefühle nicht erwidern. Er hat sie auch immer wieder bedrängt, mit ihm Sex zu haben. Sie wollte aber nicht. Am Abend vor seinem Tod hat er versucht, sie zu vergewaltigen. Sie hat sich gewehrt, bei dem Gerangel hat er wohl einen Herzanfall bekommen. Miriam hat ihn zusammen mit Jean-Luc zur Klinik gebracht, weil sie dachte, dort könnte Grossmann geholfen werden. Sie hat sogar Thompson verständigt. Aber es kam offenbar jede Hilfe zu spät.«

Andreas Goettle hatte schweigend gelauscht, doch jetzt löste er sich aus der Erstarrung. »Ich hab's geahnt. In dieser Klinik isch der Wurm dren.« Als gälte es, seinen Worten mehr Ausdruck zu verleihen, verwandelte sich der Pfarrer in einen Regenwurm.

»Allerdings isch mir des Motiv von dem Thompson net ganz klar.«

»Mir schon«, unterbrach ihn Frieder. »Der Herr Professor leidet unter einer fast krankhaften Form von Eifersucht. Sagt zumindest Miriam.«

»Ach, und du meinsch, er zieht alle seine Widersacher aus dem Verkehr, weil er selbst net bei der Hexe landen kann. Des wär a starkes Stück. Aber wie könna mir des beweisa?«

Frieder zuckte die Schultern. »Ich habe da noch keine Idee. Aber ich muss jetzt auch zurück. Sonst flippt Schmieder wieder aus. Ich bleib dran.«

Andreas Goettle nickte. »Okay, mach des. Ond sei vorsichtig. I ben leider zwoi Tag net do. I muss zum Bischof nach Rottaburg, der will so a Art Workshop mit mir mache.«

Frieder besah seinen Freund, der in einer schwarzen Korsage mit Federboa um den Hals und in Stöckelschuhen vor ihm stand.

»Alles klar, aber ich würde etwas anderes anziehen, wenn du zum Bischof gehst. Nicht, dass er noch auf dumme Gedanken kommt.«

Er eilte in Richtung Klinik davon.

Goettle sah ihm nach. »I glaub, es war koi gute Idee, ihn in die Küche zu stecken, in der mit Wildkräuter gekocht wird. So einen Schwachsinn verzapft der sonst net.«

42

Laura Behrmann stand vor der Stadtkarte Bad Buchaus, auf der sie die Häuser, bei denen Einbruchmeldeanlagen der Firma Kurz installiert worden waren, mit bunten Nadeln markiert hatte. Sie blies die Backen auf und ließ die Luft ganz langsam entweichen.

»Mit einigen Leuten habe ich schon gesprochen, aber ich fürchte, ich habe sie mit meinem Plan mehr verunsichert als beruhigt. Außerdem liegen die Objekte zum Teil so weit auseinander, dass wir sie durch Streifenfahrten nicht absichern könnten. Wir müssten überall Observierungen durchführen.«

Polizeiobermeister Fritz entließ einen Schreckenslaut. »Des kann net Ihr Ernst sei. So viel Leut hem mir doch gar net. Au in Ochsahausa, in Ummendorf und in Ingoldinga sen solche Werbe-Kärtle von Puresafe auftaucht. Des hoißt, es kommen nomol ungefähr 25 potenzielle Tatorte dazu.«

Greta Gerber betrachtete die Karte, dann ihre Kollegen. POM Fritz hatte Recht. Die Personaldecke der Kriminaldirektion samt der Polizeistellen der umliegenden Gemeinden war viel zu dünn, um eine Überwachung der einbruchsgefährdeten Objekte durchzuführen. Zudem war es nur eine Theorie, dass Puresafe hinter all diesen Einbrüchen steckte. Was, wenn alles nur Zufall war? Hinzu kam, dass sich nur drei Eigenheimbesitzer bereit erklärt hatten, bei Lauras Plan mitzuwirken. Sie sollten vortäuschen, in den Urlaub zu gehen, diese Nachricht streuen und das Eigenheim so verlassen, dass es den Anschein machte, es sei keiner zuhause. Rollläden sollten heruntergelassen werden, die Briefkästen ungeleert bleiben. Auf den ersten Blick sollte ein geschultes Einbrecherauge erkennen, dass hier ungestört dem Broterwerb nachgegangen werden konnte.

Die Mehrzahl der Befragten hatten Lauras Ansinnen, den Tätern eine Falle zu stellen, als Schnapsidee eingestuft, an der sie sich nicht beteiligen wollten. Allerdings war auch der

Missmut geschürt worden. Täglich fragten die besorgten Bewohner der entsprechenden Objekte, ob es schon eine Spur zu den Tätern gäbe oder ob sie gar schon gefasst seien. Beides musste Greta verneinen.

»Wie wäre es, wenn wir diesem Bode einen Besuch abstatten. Vielleicht macht ihn das nervös und er verplappert sich«, schlug sie vor.

»Ich befürchte, das ist unsere einzige Chance. Obwohl wir nicht davon ausgehen können, dass er irgendetwas sagt, solange wir überhaupt kein Indiz haben, das für seine Schuld spricht«, entgegnete Laura Behrmann.

»Ein Indiz vielleicht net. Aber Bode isch Musikfreund. Ond was wurde unter anderem g'stohla? Musikinstrumente! Also des könnt scho a Fährte sei«, ergänzte Polizeiobermeister Fritz.

Greta Gerber schlug sich mit der flachen Hand gegen die Stirn. »Ja, klar. Jemand, der nichts mit Musik anfangen kann, hätte die Teile mit Sicherheit zurückgelassen. Sie machen nicht den Anschein, besonders wertvoll zu sein. Da hätten wir aber wirklich früher draufkommen können. Kommen Sie, Laura, wir fahren sofort zu diesem Bode.«

Greta Gerber kramte ihren Pistolengurt aus der Schublade ihres Schreibtisches, legte ihn an und schwang sich in ihre Jacke. Laura Behrmann tat es ihr gleich.

POM Fritz kümmerte sich indessen um das klingelnde Telefon und nahm ab. Seine Miene verfinsterte sich, mit hastigen Bewegungen fertigte er eine Notiz an und gebot seinen Kolleginnen durch eine Handbewegung, zu warten. »Gut, mir kümmern ons drum«, sagte er und legte auf.

»Den Besuch bei Bode müssat Se verschieba. Mir hen an neua Ei'bruch. Ond ratet mol, wo!«

»Bad Buchau«, antworteten Greta Gerber und Laura Behrmann gleichzeitig.

POM Fritz lächelte, riss das Notizpapier vom Block und gab es an die Hauptkommissarin weiter.

Greta Gerber warf einen Blick darauf. »Auf nach Bad Buchau«, sagte sie und klopfte Laura Behrmann auf die Schulter.

43

Frieder schwitzte und fror zugleich. Er kannte diese Symptome von seinen Experimenten mit psychoaktiven Substanzen. Wenn sie in ihrer Wirkung nachließen, dann reagierte sein Körper ganz ähnlich. Seine Trugbilder hatten ihn während der Essensausgabe verlassen, wobei er einem besonders nachtrauerte: Ornella hatte sich in einen weiß gewandeten Engel verwandelt, der Wind spielte mit ihrem Haar und ihre Stimme klang wie sanftes Harfengezupfe, als sie ihn bat, ihr die Käsereibe zu reichen.

Seine Mittagspause hatte er genutzt, um im Internet die Bestandteile seines Frühstücks auf die erlebten Nebenwirkungen zu untersuchen, und er war auf einen interessanten Eintrag auf der Seite der Suchmaschine gestoßen. Eine Internetseite, die »Bärbels Blog« hieß, versprach, ihm Antworten auf seine Fragen bieten zu können. Ein kürzlich eingestellter Eintrag behandelte die Anwendung einer Frucht namens Schwarze Tollkirsche, doch leider war der Blog für die Öffentlichkeit geschlossen worden. Dennoch erfuhr er über eine weitere Seite, dass der Genuss dieser Frucht stark halluzinogen wirkte. Vor seinem inneren Auge rekapitulierte er, wie er sich am Frühstückstisch eine Brötchenhälfte mit Kirschmarmelade bestrichen hatte. Und noch vor seinem ersten Biss hatte Schmieder nach ihm verlangt. In dieser kurzen Zeit der Abwesenheit musste jemand die Chance genutzt haben, ihm die giftige Substanz unterzumischen.

Er musste nicht lange überlegen. Zu deutlich schob sich das Bild von Oberschwester Ursula vor seine Augen – wie sie aus einem Patientenzimmer kam und ein Fläschchen in ihrem Kittel verschwinden ließ. Sie hatte ihm die Eisenhut-Tinktur besorgt, offenbar hatte sie Zugang zu all diesen Stoffen und scheute auch nicht davor zurück, sie anzuwenden. Wollte sie ihn vergiften? Wenn ja, warum?

Als hätte er sie durch seine Gedanken herbeigelockt, war sie in den Aufenthaltsraum der Küchenkräfte gekommen. Ihre Überraschung, ihn am Computer sitzen zu sehen, war deutlich, verwandelte sich aber sofort in Besorgnis. »Sie sind so blass. Geht es Ihnen nicht gut?«, fragte sie.

Frieder schloss den Browser und klappte den Laptop zu.

»Es ist nichts. Ein bisschen Magengrummeln. Vielleicht habe ich etwas Falsches gegessen.«

Er setzte sein gewinnendstes Lächeln auf, doch die Krankenschwester lächelte nicht zurück. Sie musterte ihn, als könnte sie seinen Worten keinen Glauben schenken.

»Sie wollten mir die Tinktur, die ich Ihnen gegeben habe, zurückgeben. Es wäre mir sehr recht, wenn dies bald geschehen könnte.«

Frieder nickte. »Ja natürlich, das habe ich ganz vergessen. Ich bringe sie Ihnen demnächst vorbei.«

Oberschwester Ursula machte weiterhin keine Anstalten zu gehen. Stattdessen zog sie einen Gegenstand aus ihrer Kitteltasche.

Frieder zuckte vor dem bedrohlichen Blinken zurück, erkannte jedoch, dass es keine Waffe war, die Ursula in den Händen hielt, sondern der Ohrring, den er im Wackelwald gefunden und dann an der Rezeption der Klinik abgegeben hatte.

»Man hat mir gesagt, Sie hätten diesen Ohrring gefunden. Stimmt das?«

»Ja, im Wackelwald. Ein bisschen abseits vom Weg«, antwortete Frieder und hielt dem durchdringenden Blick der Oberschwester stand. »Ich dachte mir, ich gebe ihn ab, falls ihn jemand aus unserer Klinik vermisst. Ich meine, natürlich könnte ihn auch eine Patientin aus der Federseeklinik …«

»Nein, nein«, unterbrach ihn Oberschwester Ursula schroff. »Ich kenne die Besitzerin«, fügte sie schnell und wesentlich sanfter an. »Ich sorge dafür, dass sie ihn wiederbekommt. Allerdings hat sie beide Ohrringe verloren. Haben Sie den anderen vielleicht auch entdeckt?«

Frieder verneinte.

»Hätte ja sein können«, sagte Oberschwester Ursula knapp.

Frieders Magen gab einen grummelnden Laut von sich, was die Krankenschwester mit einem mitleidsvollen Blick begleitete.

»Oh, Sie Armer. Am besten wäre es, Sie gehen in Ihr Zimmer und ruhen sich ein bisschen aus. Ich bringe Ihnen einen Hopfentee vorbei. Der beruhigt die Magenwände ungemein.«

Frieder wollte widersprechen, doch sie drückte ihm einen Finger auf die Lippen. »Keine Widerrede. Ich bin doch für Sie da.«

44

»Kann es sein, dass Sie sich verlesen haben? Hier soll der Einbruch stattgefunden haben?«, fragte Greta Gerber, als Laura Behrmann den Dienstwagen in der Einfahrt vor einem Mehrfamilienhaus in der Adelindisstraße in Bad Buchau stoppte. Im Gegensatz zu den anderen Tatorten ließ weder das Gebäude noch das Umfeld vermuten, dass hier etwas Wertvolles zu holen war.

Kommissarin Behrmann blickte auf die Notiz, die POM Fritz angefertigt hatte und nickte. »Doch, Adelindisstraße, das muss hier sein. Ah, da sind ja auch die Kollegen von der Spurensicherung.«

Drei in weiße Schutzanzüge gewandete Gestalten traten zur Haustür heraus und begaben sich zu ihren Fahrzeugen, um die Beweismittelkoffer zu verstauen.

»Hallo, Kollegen«, rief Greta. »Habt ihr irgendetwas Konkretes gefunden, was einen Hinweis auf den oder die Täter geben könnte?«

Einer der Spurensicherer drehte sich um. An seiner Miene war erkennbar, dass die Suche nicht besonders ergiebig gewesen war.

»Ein paar Hautpartikel, Haare, mehr nicht. Können aber auch dem Wohnungsbesitzer gehören, das müssen wir noch untersuchen. Ansonsten haben die Täter wieder einmal erstklassige Arbeit geleistet. Alarmanlage aus, rein in die Wohnung, ein paar Sachen eingepackt, wieder raus und weg.«

Greta nickte und schritt auf einen Polizeibeamten zu, der im Hauseingang stand und einen aufgebrachten Bewohner befragte. Der etwas untersetzte Mann, den Greta auf Mitte vierzig schätzte, gestikulierte wild. Er schien unter Hochdruck zu stehen, sein Kopf drohte zu platzen, er schwitzte. Als der Polizist die Hauptkommissarin erblickte, stand er stramm und legte eine Hand an die Mütze.

»Melde gehorsamst: Polizeihauptmeister Köbele bei der Arbeit«, bellte er.

Greta Gerber hob abwehrend die Hände. »Schon gut, Kollege. Stehen Sie bitte bequem, wir sind hier nicht beim Militär. Wissen wir, wem das Objekt gehört, in das eingebrochen wurde, ob etwas fehlt oder ob jemand etwas gesehen hat?«

»Mir gehört die Wohnung«, schnaubte Köbeles Gesprächspartner sichtlich erregt. »Meine Tulak ist weg und meine Elefantensammlung aus Halbedelsteinen. Außerdem haben diese Schweine meinen Kimono gestohlen, den ich mir aus Japan mitgebracht habe. Was sind denn das für Perverslinge?«

Köbele sah den ungefragt Sprechenden mürrisch an und wandte sich an Greta Gerber.

»Habe Herrn Schmieder bereits befragt und alles notiert, Frau Hauptkommissarin. Werde Ihnen meinen Bericht umgehend zukommen lassen. Bitte wegtreten zu dürfen.«

Greta Gerber nickte, Polizeihauptmeister Köbele schlug die Hacken zusammen und marschierte schnurstracks zu seinem Fahrzeug.

Greta Gerber sah ihm hinterher und schüttelte den Kopf. »Ich würde mich gern nochmals in Ihrer Wohnung umsehen, Herr …?«

»Schmieder. Raimund Schmieder«, antwortete der Geschädigte und schob nach: »Wenn es unbedingt sein muss!«

Greta und Laura folgten ihm in seine Wohnung im Erdgeschoss. Raimund Schmieder bewohnte seine Dreizimmerwohnung allein, wie die Befragung ergab, und tatsächlich hätte eine zweite Person kaum eine Chance gehabt, weitere Gegenstände in die Räume einzubringen. Überall standen Schränkchen, Truhen, Kunstgegenstände, mannshohe Figuren, barocke Stühle und fein gearbeitete Tische herum, an den Wänden buhlten aufwändig hergestellte Gemälde um die Aufmerksamkeit des Betrachters. Bestickte Tücher mit orientalischen Motiven zierten die Sitzgarnitur im Wohnzimmer, in den Ecken stapelten sich unausgepackte Kisten.

»Ich wohne noch nicht lange hier«, erklärte Raimund Schmieder, als er dem neugierigen Blick der Hauptkommissarin folgte.

»Offenbar reisen Sie gerne. Sind das alles Andenken, die Sie hier sammeln?«, fragte Laura Behrmann und fuhr mit dem Finger über den Wandbehang aus Schlangenhaut.

Raimund Schmieder nickte. »Ja, Reisen ist ein Hobby von mir. Je weiter, desto besser. Dabei kann ich den ganzen Alltagsmist vergessen.«

Er klang verbittert.

»Och, das ist doch schön, wenn man sich das leisten kann. Was machen Sie denn beruflich, Herr Schmieder?«

Es dauerte einen Moment, bis er antwortete.

»Ich bin der Chefkoch in der Härle-Klinik«, brachte er schließlich hervor. Er verschränkte die Arme vor der Brust und machte den Anschein, dass er keine weiteren Fragen mehr beantworten wolle.

»Da scheinen Sie ja gut zu verdienen«, sagte Laura Behrmann und ging neben einem Buddha aus Jade in die Hocke. »Die Sachen hier sind doch bestimmt nicht ganz billig.«

»Ich spare das ganze Jahr auf meine Reisen«, knurrte Schmieder.

»Ah, und den grünen Daumen scheinen Sie auch zu haben, wie ich sehe.« Greta Gerber stand vor der Glaswand zu einem Wintergarten, der von der Küche aus betreten werden konnte. »Was sind das denn für Pflanzen?«

»Kräuter. Die brauche ich zum Kochen«, murmelte Schmieder. Er beobachtete die Hauptkommissarin, die sich seinem Regal mit Gewürzen zugewandt hatte und versuchte, die Etiketten zu entziffern.

»Wermut, beruhigend«, las Greta Gerber. »Engelstrompete, euphorisierend. Was soll das daneben sein? Ein Totenkopf?«

Greta riss den Kopf herum und starrte den Chefkoch so unverhohlen an, dass diesem keine Antwort einfiel. Er machte einen Schritt rückwärts und lief direkt in Laura Behrmann hinein, die hinter ihm stand.

»Weißer Stechapfel, halluzinogen«, las Greta weiter. »Das scheinen ja interessante Gerichte zu sein, die Sie mit diesen Gewürzen aufpeppen. Wenden Sie die nur privat oder auch in der Klinik an?«

Schmieder betrachtete seine Schuhspitzen. »Meist privat. Ganz selten auch mal in der Klinik. Wenn es passt.«

Die Hauptkommissarin stutzte. »Hier scheinen zwei Behälter zu fehlen. Haben Sie die im Moment in Gebrauch?«

Schmieder zuckte zusammen, stürmte in die Küche, blieb vor dem Regal stehen und betrachtete die Lücken in den Reihen mit kleinen Glasbehältern. »Das Glockenbilsenkraut ist weg. Und die getrockneten Goldkelche, die ich mir aus Mexiko mitgebracht habe. Ja, dann viel Spaß.« Er errötete, schlug sich eine Faust in die flache Hand und entließ ein widerliches Lachen.

»Was freut Sie denn so?«, hakte Greta Gerber nach.

Schmieder blickte durch die Scheibe auf seine Pflanzen. Sein Atem bildete einen kleinen Dunstkreis auf dem Glas. »Das geschieht diesen Rotzlöffeln recht.«

»Was geschieht welchen Rotzlöffeln recht?«

»Den Einbrechern. Die Mittel, die sie gestohlen haben, machen geil. Wenn man die richtige Dosierung kennt.«

»Und was ist, wenn man die Dosierung nicht kennt?«, fragte Laura Behrmann. Sie war neben Schmieder getreten und blickte ebenfalls durch die Glasscheibe auf die stattliche Anzahl an Blumentrögen, in denen die Wildkräuter wuchsen.

Schmieders Mundwinkel zuckten verächtlich, als er antwortete: »Dann verreckst du ganz jämmerlich.«

45

Andreas Goettle stand vor dem Gebäude mit seinen markanten Staffelgiebeln und lauschte auf seinen Herzschlag. Der Anblick des bischöflichen Palais in Rottenburg hatte etwas Einschüchterndes. Vielleicht war es auch nur der Gedanke daran, dass er sich auf eine Auseinandersetzung mit dem Bischof einstellen musste, die dem Biberacher Gemeindepfarrer den Wind aus dem Selbstbewusstseins-Segel nahm. Die Situation erinnerte ihn an seine Schulzeit, in der er häufig in Erwartung einer Strafpredigt vor dem Zimmer des Rektors saß, weil er keine Gelegenheit ausgelassen hatte, gegen die Hausordnung zu verstoßen. Meist blieb es nicht bei den mahnenden Worten. Er war so oft zum Reinigen des Pausenhofs eingeteilt, dass regelmäßig vorbeilaufende Passanten ihn für einen Mitarbeiter der örtlichen Müllabfuhr hielten. Wenn er nicht den Unrat seiner Mitschüler zusammenklaubte, dann musste er den Hausmeister der Schule beim Verkauf der Pausenmilch unterstützen. Dies erwies sich jedoch unter allen Maßnahmen als die angenehmste, denn der Hausmeister entlohnte seine Hilfskraft meist mit Gratismilch.

Eine solche bevorzugte Behandlung konnte er von Bischof Timmermann nicht erwarten. Der war zwar ein äußerst gutmütiger Charakter, doch reizen durfte man ihn nicht. Geschah dies doch, dann erwachte die strenge Seite in ihm, und die kannte meist keine Gnade. Offenbar hatte Andreas Goettle den Bogen überspannt und war drauf und dran, sich die letzten Sympathien zu verscherzen.

Er durchschritt das Portal und staunte wieder einmal über die gestaffelten Balkone, die dem Eingangsbereich eine fast futuristische Anmutung verliehen. Er meldete sich im Sekretariat an und saß auch schon wenige Momente später dem Bischof gegenüber. Dieser war eindeutig gealtert in den letzten Jahren. Tiefe Furchen durchschnitten die Stirn, das Haar war gänzlich ergraut, und offenbar drückten die Sorgen auf seinen Schultern so schwer, dass er eine gebückte Haltung angenommen hatte.

Er blätterte in Aufzeichnungen, seufzte hin und wieder oder schüttelte den Kopf.

»Goettle, Goettle, Goettle, was mache ich nur mit Ihnen? Hier steht, dass Sie wiederholt die Gemeindesprechstunde ausfallen ließen, weil Sie anderweitig unterwegs waren. Der Kirchenchor hat schon seit Wochen nicht mehr geprobt, und das, obwohl der ›Messias‹ von Händel am Heiligabend aufgeführt werden soll.«

»Des könnat Se vergessa. Des schaffet die doch nie. I hab a paar Gospelsongs von Sister Act rausg'sucht. Da kannsch net viel falsch mache. Außerdem goht's schneller.«

Timmermann runzelte die Stirn und blickte ihn über den Rand seiner John-Lennon-Gedächtnis-Brille hinweg an.

»Was ist mit dem Bibelkreis, den Besuchen beim Altenstift, dem Kommunionsunterricht, den Adventsvorbereitungen, dem jährlichen Basar zugunsten der Hilfsbedürftigen, kurz: Was ist mit all diesen Aufgaben, die Sie in den letzten Wochen und Monaten sträflichst vernachlässigt haben? Wann gedenken Sie, Ihre Pflichten zu erfüllen?«

Goettle rutschte nervös auf seinem Stuhl herum. Der Kirchengemeinderat hatte offenbar eine Liste seiner Verfehlungen angefertigt und sie dem Bischof bereits zugesandt. Ohne mit ihm zu reden. Goettle spürte, wie Groll in ihm aufstieg.

»Eminenz, es isch so: In Bad Buchau, in der Härle-Klinik, da stemmt ebbes net. Da sterbat Mensche ond koin juckt's. Die andere kotzat sich die Seele aus dem Leib oder halluzinierat. Denne Patienta goht's wirklich schlecht. I muss denne helfa.«

Der Bischof hatte sich von seinem Stuhl erhoben und durchschritt andächtig den Raum. Er faltete die Hände vor seinem Bauch und rieb sie gegeneinander. »Wenn ich Sie richtig verstehe, dann gedenken Sie nichts an Ihrem Vorgehen zu ändern?«

»Noi, net bevor ich den Fall aufklärt hab.«

Goettle ließ sich gegen die Stuhllehne fallen und verschränkte die Arme auf der Brust. Er schob die Unterlippe vor und ähnelte somit einem ungezogenen Kind.

»Das ist es aber nicht, was die Gemeindemitglieder von Ihnen erwarten, mein lieber Pfarrer Goettle. Die Gemeindemitglieder erwarten, dass Sie für sie da sind. Dass Sie sich mit deren Seelenheil befassen und nicht als billige Kopie von Pater Brown durch die Gegend ziehen und den Detektiv spielen.«

Goettle schluckte. Auf die billige Kopie von Pater Brown hätte er gern entsprechend reagiert, aber es war besser, jetzt keine zusätzliche Schärfe ins Gespräch zu bringen.

»Eminenz, i ben Pfarrer gworda, weil i den Menschen helfa will, denen es am schlechtesten goht. Deshalb war i in der Entwicklungshilfe, deshalb hab i mi lang in der Flüchtlingshilfe engagiert. Und wenn mi in Biberach oiner braucht, dann bin i emmer da. Aber jetzt werd i in Bad Buchau braucht. Ond wenn des erledigt isch, dann kümmer i mi um älles andere.«

»Nein, Herrgott nochmal«, wetterte Bischof Timmermann. »Sie machen Ihre Arbeit und sonst gar nichts. Und zwar in Biberach.«

»Hab i recht g'hört? Hen Sie g'flucht? Oh, des wird dem Schöpfer aber net g'falla.«

Timmermann bekreuzigte sich, ließ den Blick zur Decke schweben, dann wandte er sich wieder an seinen Gast.

»Andreas Goettle. Wir werden uns jetzt zwei Tage lang ganz intensiv darüber unterhalten, wie Gemeindearbeit zu erledigen ist. Wir werden einen Aufgabenkatalog erarbeiten, an dem Sie sich orientieren können. Und nach diesen zwei Tagen kehren Sie nach Biberach zurück und wenden diese Erkenntnisse an. Alles andere können Sie von mir aus in Ihrer Freizeit machen. Ist das klar?«

Andreas Goettle erhob sich und blieb vor dem Schreibtisch stehen. »Ond was isch, wenn ich mich weigere?«

Der Bischof sah ihn lange an. »Dann wird das Konsequenzen haben.«

46

Frieder erwachte an seinem eigenen Schrei. Verdutzt blickte er sich um, versuchte, sich in der Dunkelheit zu orientieren. Er erkannte die Schemen des Wandschranks, des Holztisches und des Stuhls, auf dessen Lehne seine Kochmontur hing.

Er hatte geträumt. Von Miriam. Sie war ihm erschienen. In einen dunklen Umhang gehüllt, eine Kapuze verdeckte das rote Haar. Mit knochigen Fingern lockte sie ihn, ihr zu folgen. Sie schwebte eine Treppe hinauf, ihre Füße schienen den Boden nicht zu berühren. Er stolperte hinter ihr her, wankte wie ein Betrunkener, bemüht, sie nicht aus den Augen zu verlieren. Miriam verschwand hinter einer Tür, die mit einem sanften »Klick« ins Schloss fiel. Frieder bewegte sich auf die Tür zu, die sich mit jedem Schritt von ihm zu entfernen schien. Urplötzlich raste sie auf ihn zu, kam vor ihm zum Stillstand. Er drückte die Klinke herunter, stieß die Tür auf. Rotes Licht blendete ihn, eine melancholische orientalische Melodie schwebte heran. Die Tür fiel hinter ihm ins Schloss. Er fuhr herum, und da stand sie: Miriam. Er streckte die Arme nach ihr aus, sie kam näher, drückte ihren Körper an den seinen. Er spürte ihren heißen Atem an der Wange, ihre Hände strichen über seinen Rücken, blieben einen Moment auf seinem Po liegen, wanderten wieder nach oben.

»Jetzt gehörst du ganz mir«, flüsterte sie ihm ins Ohr. Es klang alles andere als zärtlich, fast wie eine Drohung, und es war auch nicht Miriams Stimme, die da säuselte. Er machte sich frei, stieß die dunkel Gewandete von sich. Er ergriff die Kapuze, schob sie nach hinten, der Umhang fiel. Vor ihm stand eine zähnefletschende Oberschwester Ursula, die ihn im nächsten Moment attackierte, sein Gesicht mit ihren langen Krallen zerkratzte und mit ihren scharfen Eckzähnen zum Biss in seinen Hals ansetzte. Er schrie.

Frieders Kopf dröhnte, in seinem Ohr summte es. Er richtete sich auf und versuchte sich zu erinnern. Sein Magengrimmen am Nachmittag hatte zugenommen, er hatte sich hingelegt. Er musste eingenickt sein. Als er erwachte, hatte Oberschwester Ursula an seinem Bett mit einer Tasse in der Hand gesessen, aus der es herausdampfte. »Hier, trinken Sie das«, hatte sie mit sanfter Stimme gesagt und ihn gütig angelächelt. Frieder war ihrer Anweisung nachgekommen, hatte einige Schlucke des heißen Gebräus zu sich genommen. Der Tee hatte nicht unangenehm geschmeckt, aber er war auch ganz schön stark gewesen.

»In ein, zwei Stunden geht es Ihnen wieder besser.«

Oberschwester Ursula hatte eine Hand auf seine Stirn gelegt, als wollte sie prüfen, ob er Fieber hatte. Dann musste er wieder eingeschlafen sein.

Ein rumpelndes Geräusch, gefolgt von einem leisen Fluch, riss ihn aus der Gedankenkette. Im Garten waren Menschen zugange. Von der Neugier getrieben, hechtete Frieder ans Fenster und versuchte, etwas zu erkennen. Draußen war es stockfinster und dennoch konnte er die Bewegung von Schatten ausmachen, die durch den Garten der Kuranstalt schlichen. Ohne lange zu überlegen, schlüpfte er in seine Hose, warf sich ein Hemd über, streifte seine Schuhe über die Füße und eilte hinaus.

Ihm war ein wenig schwindelig, er musste sich am Handlauf der Treppe entlangtasten und immer wieder stehenbleiben, um das Gleichgewicht zu halten. Als er in den Garten hinaustrat, verfluchte er sich, dass er keine Taschenlampe mitgenommen hatte. Der Kiesweg, der zum Kräutergarten führte, war nur schwach zu erkennen, verlor sich nach ein paar Metern im dunklen Schlund der Nacht. Lediglich ein trüber Lichtschein in der Ferne bot ihm Orientierung. Die Gestalten bewegten sich auf den Hinterausgang des Grundstücks zu. Er hörte das Schlagen einer Autotür, Scheinwerfer flammten auf, ein Fahrzeug fuhr in Richtung Wackelwald.

»Och nö«, raunte Frieder. »Was wollt ihr denn da alle.«

Sein Magen rebellierte, er schwitzte, dennoch beschleunigte er seine Schritte, stolperte, stürzte, blieb kurz am Boden liegen, um kein weiteres Geräusch zu verursachen. Er spürte das Kreuz, die Verbindung zu seinem Freund Andreas Goettle, an seiner Brust und war versucht, ihn anzufunken. Vier Augen sahen mehr als zwei, zudem hatte Andreas Goettle den blauen Gürtel in Karate, was bei einem plötzlichen Treffen mit Widersachern von Nutzen sein konnte. Er drückte das Kruzifix an seine Lippen und betätigte den Sendeknopf.

»Polarfuchs an Flipper, bitte kommen.«

Keine Reaktion.

»Andreas, wenn du mich hören kannst, dann bitte, komm her. Hier geht etwas Seltsames vor sich. Im Wackelwald. Mitten in der Nacht. Ich bleibe dran, aber mir wäre es lieber, dich an meiner Seite zu wissen. Over.«

Schwer atmend bewegte er sich weiter voran, erreichte den Zaun, fand die Tür unverschlossen vor. In etwa zweihundert Meter Entfernung sah er den Lichtkegel der Autoscheinwerfer an schwarze Baumstämme prallen und plötzlich erlöschen.

Er beschleunigte seinen Schritt. Am Eingang zum Wackelwald war ein Fahrzeug geparkt, das sich bei näherer Betrachtung als Porsche Cayenne entpuppte. Frieder warf einen Blick hinein, konnte jedoch nicht viel erkennen.

Der Boden im Wackelwald hatte die Konsistenz von Gelee. Frieder bewegte sich im Schneckentempo über den schwammigen Weg und kämpfte gegen die aufbrandende Übelkeit an. In der Ferne hörte er ein leises Scharren.

»Durchhalten«, sprach er sich selbst Mut zu. »Das ist alles nur eine Illusion. Der Boden hier ist knochenhart wie Beton.«

Er strauchelte über eine besonders hohe Welle des unsteten Untergrunds und konnte sich nur mit Mühe an einem Baum festhalten, der natürlich prompt nachgab. Frieder schüttelte den Kopf, als könnte er damit sein Unwohlsein loswerden. Schritt für Schritt näherte er sich der Quelle des Scharrgeräusches, bis er die Gestalten sehen konnte. Im fahlen Schein einer Taschenlampe stießen sie Schaufeln in den Waldboden, warfen Erde hinter sich.

»Okay, da ist sie«, ächzte eine Männerstimme. Eine Gestalt bückte sich und zog unter großen Mühen einen blauen Müllsack aus der Grube hervor. »Wie wäre es mit Helfen«, krächzte die Stimme.

Frieder schob sich noch ein Stück voran, um mehr erkennen zu können, ging neben einem Baum in die Hocke. Auch die zweite Gestalt zog an dem blauen Müllsack, der offensichtlich einen sehr schweren Inhalt barg. Die beiden wuchteten den Müllsack aus der Grube, legten ihn am Rand ab und schaufelten die Erde wieder in das Loch hinein.

Frieder nahm all seinen Mut zusammen und schlich noch weiter auf die beiden zu. Sie standen mit dem Rücken zu ihm. Die eine Gestalt war etwas größer als die andere und offensichtlich auch sehr viel versierter im Umgang mit der Schaufel. Er hörte, wie die beiden unter der Anstrengung ihrer Arbeit keuchten. Frieder konzentrierte sich auf den blauen Müllsack. Er war sich sicher, dass sich eine Leiche darin befand. Seine Körperhaare stellten sich auf, sein Magen vollführte eine Rolle vorwärts, ihm wurde schwarz vor Augen. Er presste seine Wange gegen die Rinde des Baumes und konzentrierte sich auf den Druck, um einer Ohnmacht zu entgehen.

»Los, pack mit an«, hechelte die Männerstimme. Die größere Gestalt hatte ein Ende des Müllsacks hochgehoben, die andere mühte sich mit dem anderen Ende ab. »Sie ist zu schwer, die fette Kuh«, keuchte sie.

Die Stimme gehörte einer Frau. Und Frieder wusste auch, welcher.

Panik ergriff ihn, er schob sich rückwärts. Der Boden unter ihm wellte sich, als wäre er auf hoher See. Er strauchelte und fiel auf den Rücken.

»Was war das?«, fragte die Männerstimme.

»Da ist jemand«, antwortete die Frauenstimme.

Frieder hörte, wie sich Schritte näherten. Er warf sich herum, kam auf die Beine und rannte los. Der Boden gab unter seinen Schritten nach, es war, als bewegte er sich auf einem Trampolin vorwärts. Zweige peitschten ihm ins Gesicht, Wurzeln stellten ihm Stolperfallen. Er wich einem Baum aus, den er zu spät gesehen hatte, krachte mit der linken Schulter gegen den Stamm, keuchte einen Schmerzenslaut und taumelte weiter. Die Schritte näherten sich, Frieder warf einen Blick über die Schulter. Er konnte gerade noch das Schaufelblatt erkennen, das sich von rechts seiner Schläfe näherte. Er riss den Kopf herum, konnte jedoch dem Schlag nicht ausweichen. Ein dumpfer Ton erklang, gleißendes Rot explodierte in seinem Kopf, bevor es im Tiefschwarz seiner Ohnmacht verglühte.

47

»Laura, haben Sie inzwischen alle Krankenhäuser in der Region informiert, dass wir sofort angerufen werden, sobald Vergiftungsopfer eingeliefert werden?«

In Greta Gerbers Frage schwebte etwas Vorwurfsvolles mit. Laura Behrmann biss sich auf die Lippe, um nicht zu harsch zu kontern. »Natürlich. Wir haben sogar einige Arztpraxen angerufen, die in nächster Zeit Notdienste schieben.«

»Und kam schon ein Anruf?«

»Nein, aber den Rundruf habe ich auch erst vor einer halben Stunde beendet. Sobald ein Hinweis eingeht, erfahren Sie es zuerst«, schnappte Laura.

Die Hauptkommissarin trommelte mit ihrem Kugelschreiber einen nervösen Takt auf ihre Tischplatte. Seit dem Besuch bei Raimund Schmieder war sie in einer sehr unaufgeräumten Verfassung. Die Vorstellung, dass sich die Einbruchserie auflöste, indem die Täter entweder selbst tot zusammenbrachen oder anderen die giftigen Substanzen als Aphrodisiaka verkauften, war nicht sonderlich berauschend. Und dass der Chefkoch der Härle-Klinik so verächtlich reagiert hatte, machte sie nur noch wütender. Wie konnte er es wagen, mit giftigen Wirkstoffen zu hantieren und die Gesundheit von Menschen aufs Spiel zu setzen? Was ging in diesem Mann vor? Dienten ihm die Patienten als Versuchskaninchen?

Die Kollegen von der Drogenfahndung waren auch keine große Hilfe gewesen. Offensichtlich war es nicht verboten, mit giftigen Wildkräutern herumzuexperimentieren, solange niemand zu Schaden kam.

Sie warf den Kugelschreiber auf die Tischplatte und erhob sich.

»Ich denke, wir sollten diesem Bode einen Besuch abstatten. Angenommen, er hat irgendetwas mit den Einbrüchen zu tun und hat die Gewürze von Schmieder eingesackt, dann schwebt er jetzt in Lebensgefahr.«

»Gut, i komm mit«, ließ Polizeiobermeister Fritz verlauten. »Vielleicht kann der mir musikalisch a paar Geheimtipps geba. Der kennt sich doch aus im Jazz.«

»Und achten Sie darauf, ob eines der gestohlenen Instrumente bei ihm herumsteht. Neu im Sortiment könnte die Tulak sein, die bei Schmieder geklaut wurde«, ergänzte Laura Behrmann. »Das ist eine orientalische Flöte«, schob sie nach, als sie die fragenden Gesichter ihrer Kollegen richtig deutete.

»Gut, und Sie bleiben hier am Telefon und informieren uns umgehend, wenn ein Vergiftungsopfer angezeigt wird«, sagte Greta Gerber.

Laura Behrmann verdrehte die Augen. »Ich bin ja nicht aus Dummsdorf.«

Polizeiobermeister Fritz lenkte den Dienstwagen vom Bismarckring in die Wielandstraße. Er sprach nie viel beim Autofahren, aber an diesem Tag war er noch schweigsamer als sonst. Doch erst als er eine Ampel bei rotem Licht überfuhr, bemerkte Greta, dass ihn irgendetwas beschäftigte.

»Die war rot«, sagte sie.

Polizeiobermeister Fritz sah sie an, als bemerkte er erst jetzt, dass sie neben ihm saß. »Wer?«

»Die Ampel. Sie war rot. Und Sie sind einfach weitergefahren. Das ist zum einen strafbar, zum anderen für Ihr Fahrverhalten recht außergewöhnlich. Wo sind Sie mit ihren Gedanken?«

POM Fritz sah in den Rückspiegel. »Echt? War da a Ampel? Hab i gar net gseha. Des isch ja peinlich.« Er räusperte sich und bedachte Greta Gerber mit einem schuldbeladenen Blick. »Es isch, weil i die ganze Zeit dran denk, was der Goettle mir letzte Woch erzählt hot.«

»Was hat er denn erzählt?«

»Dass in der Härle-Klinik zwoi Menscha an Herzversage g'storba sen. Ond die andere Patienta hen andauernd

Schmerza. Des könnt doch mit dem Schmieder und seine Gwürz zsammahänga.«

»Gut möglich. Aber was hat er denn davon, wenn die Patienten andauernd krank sind oder gar sterben. Das ist doch höchst rufschädigend für seinen Arbeitgeber. Das würde der doch sofort unterbinden.«

Greta Gerber sah zum Seitenfenster hinaus.

»Hier ist es, hier hat Bode seine Dependance.«

Sie wies auf ein gelbes Gebäude mit weißen Fensterläden, das von einem Gartenzaun zur Straße hin gesichert war.

Ihr Kollege steuerte den Wagen in eine der Parkbuchten der Pflugschule.

»Schon das zweite Verkehrsvergehen an diesem Tag. Auf diesem Schild steht, dass Sie hier nicht parken dürfen«, frotzelte die Hauptkommissarin.

Sie wollte schon aussteigen, doch POM Fritz hielt sie am Arm fest.

Greta sah ihn verdutzt an.

»Sie hen g'sagt, dass der Schmieder gerne Fernreisa macht ond sich teures Zuigs mitbrengt. Was i mi frog: Verdient der als Koch so viel, dass er sich des leista kann?«

Greta zögerte, dann ließ sie sich wieder in den Beifahrersitz sinken.

»Sie meinen, er bekommt Geld dafür, wenn er dafür sorgt, dass es den Patienten schlecht geht?«

Fritz zwirbelte an seinen Bartspitzen. »Des könnt doch sei.«

»Aber von wem?«

»Entweder von seinem Arbeitgeber. Damit die Patienta länger in der Klinik bleiba müssat. Oder …«

»Von einem Konkurrenten«, ergänzte Greta. »Boah, Herr Fritz. Damit hätten wir ja noch einen weiteren Fall. Also, langsam wird mir diese Gegend hier suspekt.«

48

Andreas Goettle warf seine Reisetasche in den Kofferraum des Taxis und schmetterte beim Einsteigen die Türe zu.

»Seien Sie gnädig mit meinem Auto, Eminenz, es ist noch nicht ganz abbezahlt«, knurrte der Taxifahrer. »Wo soll es denn hingehen?«

»Bahnhof, aber zackig und ohne bleds Gschwätz«, grantelte Biberachs Gemeindepfarrer.

Nach dem Gespräch mit dem Bischof und dessen Versuchen, ihn auf den Pfad des treusorgenden Seelsorgers zurückzuführen, war ihm jede Lust an der Kommunikation mit anderen vergangen. Und Taxifahrer galten ja schon seit jeher als Charaktere, die sich unbedingt mitteilen wollten. Sei es, um den Fahrgast vom Taxameter abzulenken, oder um sich ein höheres Trinkgeld zu verdienen.

Goettle war sich während der Unterredung mit seinem Vorgesetzten vorgekommen wie ein Berufsanfänger, dem man das Einmaleins der Gemeindefürsorge beibringen musste. Timmermann hatte ihn behandelt wie einen Eleven, hatte ihn gezwungen, alles zu notieren, und als sich Andreas Goettle weigerte, hatte nicht viel gefehlt und der Bischof hätte ihn an den Ohren gezogen.

Noch während der Mittagspause stand für Goettle fest, dass er abreisen würde. Die Folgen konnte er zwar nicht absehen, aber das war ihm ziemlich egal. Er stand lange genug im Dienste der Kirche, um zu wissen, wie eine Gemeinde zu führen war. Und seine Methoden, die zugegebenermaßen ein wenig von der Norm abwichen, hatten noch immer Erfolg gezeigt. Es gab keinen Grund, daran etwas zu ändern. Und dass er nun einfach ein bisschen mehr Zeit für seine Nebenprojekte benötigte, würde seine Schäfchen nicht in den Vorhof zur Hölle bringen.

»Na, gibt es Ärger im Paradies?«, fragte der Taxifahrer grinsend und fixierte Goettle im Rückspiegel.

Der Pfarrer richtete sich auf. »Noi, eigentlich net«, erwiderte er. »Seit Taxifahrer nemme aufgnomma werdat, isch a Ruah im Himmel.«

Im Zug schloss sich Goettle in der Toilette ein und versuchte, Frieder über das Kruzifix zu erreichen. Sein Zorn war einigermaßen verraucht, es galt nun, nach vorn zu sehen. Außerdem war er neugierig, ob sein Freund in geheimer Mission neue Erkenntnisse herbeigeschafft hatte. Er erhielt keine Antwort.

»Polarfuchs, hier isch Flipper. Jetzt meld dich halt mol. I mach mir Sorga.«

Das kleine Kreuz blieb stumm.

»Gib mir a Zeicha, damit i woiß, dass es dir gut goht.«

Es klopfte an der Toilettentür.

Goettle hielt das Kreuz ein wenig von sich weg und starrte es an, als wären die Klopfgeräusche von ihm ausgegangen. Er schüttelte den Kopf.

»Mensch, Frieder, mach's mir doch net so schwer. Du musch bloß aufs Knöpfle drucka. Des dät scho langa.«

Es klopfte erneut. »Könnten Sie Ihre Unterhaltung bitte an einem anderen Ort weiterführen? Ich müsste mal ganz dringend«, klagte ein Mann draußen.

»Dann suchat Sie sich a eigene Kabine. I muss dringend telefoniera.« Draußen war ein Scharren zu vernehmen, dann wieder ein Klopfen.

»Warum muss denn das auf einer Toilette sein?«, knurrte die Männerstimme.

Goettle gab seine Versuche, Frieder zu erreichen, auf, drückte die Spülung und öffnete. Ein älterer Herr sah ihn empört an und wollte schon zu einer Tirade ansetzen. Goettle kam ihm zuvor. »Koi Wonder krieg i koi Verbindung. I hab dacht, des isch a Telefonzell. Aber wie bekomm i jetzt mein Euro wieder, den i in den großa, weißa Kasta gschmissa han? Wissat Se was, i frog den Schaffner.«

Andreas Goettle spürte, wie sich seine Stimmung etwas besserte, und ging zu seinem Platz zurück.

49

Frieder schlug die Augen auf und schloss sie sofort wieder. Unter seiner Schädeldecke galoppierten wilde Pferde, jeden Hufschlag konnte er an seiner Schläfe spüren. Er versuchte, die Lippen zu bewegen, die aneinanderklebten, als wären sie zusammengewachsen. Sein Mund war trocken, er hatte Durst. Noch einmal drückte er die Lider auseinander, blickte gegen eine karge Zimmerdecke, die von einer funzeligen Lichtquelle beleuchtet wurde. Rohre liefen an den Wänden entlang, und er bildete sich ein, den Geruch von Heizöl wahrzunehmen. Frieder versuchte, den Rücken durchzudrücken, spürte den schneidenden Schmerz an seinen Hand- und Fußgelenken. Er war gefesselt.

Es gelang ihm, sich auf den Bauch zu rollen und den Kopf nach links zu drehen. Die beiden großen Tanks bestärkten ihn in der Vermutung, sich im Heizungskeller zu befinden. Blick nach rechts: Eine schwere Stahltür. Er drehte sich auf den Rücken, die wilden Pferde setzten sich wieder in Gang. Frieder stöhnte.

»Polarfuchs, hier isch Flipper. Jetzt meld dich halt mol«, zischte es aus dem kleinen Kruzifix an seiner Brust. Auch wenn er Goettles Anruf nicht erwidern konnte, hatte es doch etwas Tröstliches, seine Stimme zu hören. Es war fast so, als wäre er bei ihm.

»Du musch bloß aufs Knöpfle drucka. Des dät scho langa.«

»Ja, wie denn?«, murmelte Frieder und drehte die Handgelenke hin und her, um die Fesseln wenigstens ein kleines Stück zu lösen. Die Stricke gaben nicht nach. Er schob sein Kinn gegen die Brust, um den Sendeknopf auf diese Weise auszulösen, streckte die Zunge weit aus dem Mund, musste jedoch einsehen, dass er keine Chance hatte, die Verbindung zu seinem Freund aufzunehmen.

Er hörte Stimmen. Sie näherten sich. Frieder schloss die Augen und stellte sich schlafend. Und betete, dass sich Andreas Goettle nicht meldete, wenn seine Entführer bei ihm waren.

Die Stahltür kreischte, als sie sich öffnete. Ein schmaler Lichtschein zog eine helle Linie in den Raum. Frieder hörte die Schritte. Das schwere Klacken von Männerschuhen und ein wesentlich leichterer, aber beherzter Auftritt.

»Was machen wir mit ihm?«, fragte die Männerstimme.

Schweigen, ein hektisches, wortreiches Flüstern. Frieder konzentrierte sich, um eine Information zu erhaschen, doch es gelang ihm nicht.

Das Wispern erlosch. Stille.

»Gut, wenn Sie meinen, dass dies die einzige Lösung ist, dann bereiten Sie alles vor. Aber eines muss ich Ihnen sagen: Das ist echt das letzte Mal, dass ich Ihnen bei so etwas helfe, Oberschwester Ursula.«

50

»Bode scheint nicht zuhause zu sein«, vermutete Hauptkommissarin Greta Gerber und drückte dennoch erneut auf den Klingelknopf. Polizeiobermeister Fritz deutete mit dem Kinn auf den Briefkasten, aus dem Zeitungen, Briefumschläge und Werbeschriften quollen.

»So, wie's aussieht, war der scho länger nemme drhoim«, konstatierte er. »Wir können ja mal die Nachbarin fragen, die so auffällig desinteressiert die Blumen gießt«, warf Greta Gerber ein und wandte sich an eine dickliche Frau, die sich eben noch gereckt und gestreckt hatte, um einen Blick auf die Polizisten zu erhaschen, nun aber dazu übergegangen war, ihre Pflanzen zu ertränken.

»Entschuldigung, können Sie uns sagen, ob Herr Bode verreist ist? Sein Briefkasten wurde wohl schon länger nicht mehr geleert.«

Die Nachbarin senkte die Gießkanne. »Ja, der Herr will ja net, dass i sein Kaschte leer. Ond seine Blume lässt er au lieber verrecka, als dass er mir den Schlüssel geba dät. Der hot wohl was zum verberga?«

Die Dame sah Greta fragend an, aber die Hauptkommissarin reagierte nicht auf ihre Neugier. »Was ist denn nun? Ist er verreist? Oder wissen Sie, wo wir ihn antreffen können?«

Die Frau nahm wieder ihre Arbeit auf und duschte einen Strauch.

»I hab den scho lang nemme gseha. Vielleicht isch er bei seiner neua Freundin.«

Polizeiobermeister Fritz zückte Stift und Notizblock.

»Wissat Sie, wer die Dame isch und wo sie wohnt?«, fragte er.

»Dame? Dass i net lach«, antwortete die Nachbarin. »Wenn des a Dame isch, dann bin i die Doppelgängerin von Iris Berben.«

POM Fritz betrachtete die Endfünfzigerin, die so gar nichts von der Zierlichkeit und Anmut der Schauspielerin hatte. So wie sie die Latzhose füllte, sah sie eher aus wie eine Schwester der Wildecker Herzbuben.

»Gut, koi Dame also«, stellte POM Fritz fest und ließ den Stift sinken.

»Noi, gwieß net. Mit ihre Tattoos auf de Ärm ond denne Ring durch d' Nos. Ond die hot ihr Haarfarb öfter gwechselt wie i mei Unterwäsch«, erklärte die Nachbarin.

»Bedeutet das nun ›oft‹ oder eher nicht?«, flüsterte Greta ihrem Kollegen zu, der mühsam ein Kichern unterdrückte.

Mit einer rigorosen Drehbewegung der Kanne stieß die Dame einen Blumentrog von einem Sockel, der in tausend Stücke zerbrach. Sie betrachtete die Scherben teilnahmslos und verschwand in der Eingangstür.

Polizeiobermeister Fritz steckte Stift und Notizblock ein. »Tja, des isch net viel, aber wenigstens ebbes.«

»Vielleicht können wir unseren Starzeichner Malte bitten, ein Phantombild anzufertigen«, erwiderte Greta Gerber.

Das Rauschen des Funkgeräts hinderte sie daran, den Gedanken zu Ende zu bringen. Kurz danach meldete sich Laura Behrmann.

»Im Kreiskrankenhaus wurde eine Frau, Mitte dreißig, mit eindeutigen Vergiftungserscheinungen eingeliefert. Es wurde ein hoher Alkaloid-Gehalt in ihrem Blut festgestellt. Sie schwebt in akuter Lebensgefahr, ist nicht ansprechbar, offenbar hat sie eine ordentliche Dosis zu sich genommen.«

»Alkaloide? Was ist das genau?«, fragte Greta Gerber.

»Es ist ein Gift, das in ziemlich vielen Pflanzen vorkommt. Unter anderem auch in einer, die Altsitzerkraut oder Tollrübe genannt wird. Nur für den Fall, dass Sie das mal in einem Kreuzworträtsel benötigen.«

»Vielen Dank für den Hinweis. Gibt es auch einen vernünftigen Namen für diese Pflanze?«, hakte Greta Gerber nach.

»Ja, Scopolia carniolica. Oder auch Glockenbilsenkraut genannt.«

»Das ist doch die Substanz, die bei Schmieder gestohlen wurde«, schloss Greta Gerber.

»Genau. Und interessant ist auch der Name der Frau, die eingeliefert wurde. Da kommen Sie nie drauf.«

Das Knacken des Funkgeräts, das die Pause von Laura Behrmanns Schilderung begleitete, erhöhte die Spannung.

»Laura, nun sagen Sie schon. Spannen Sie mich nicht auf die Folter«, drängelte Greta Gerber.

»Die Dame, die eingeliefert wurde, heißt … Barbara Kurz.«

In Gretas Gehirn ratterte es.

»Sagen Sie bloß, das ist die Tochter von …«

»Richtig! Die Tochter von Ferdinand Kurz, die Frau von Udo Kurz. Ich würde sagen, wir stehen kurz vor der Lösung des Falls.«

51

»Ja wia, sen Sie scho z'rück?«

Haushälterin Renate Münzenmaier war sichtlich überrascht, als Pfarrer Goettle die Haustür aufschloss. »Des war ja a kurzes Seminar.«

»Ja, der Bischof hot sich gar net so bled ang'stellt, deshalb konnt ich es kürzer halta. Was gibt's zom Essa?«

Renate Münzenmaier war sichtlich verwirrt. »Aber i hab denkt, Sie müssat auf dem Seminar ebbes vom Bischof lerna. Ond net der Bischof von Ihne.«

»Schlecht steht es um den Schüler, der den Meister nicht überflügelt. Des hot scho der Leonardo da Vinci g'wisst.« Goettle grinste.

»Ach Sie!«, erwiderte die Haushälterin, als sie bemerkte, dass sie wieder einmal auf den Arm genommen worden war. »Zom Essa gibt's bloß Hirnsupp. I konnt ja net wissa, dass Sie heut scho zrückkommat.«

Andreas Goettle verzog das Gesicht. »Bah, noi. Des kann i net leida, wenn mei Essa gscheiter isch wie i. I hab eh koi Zeit. I muss nach Bad Buchau. Dringend. Machet Se mr halt a Brot.«

»I hab frische Zong kauft.«

»Noi, des will i au net. Wer woiß, aus welcher Gosch die kommt. Hem mir no a Gsälz?«

Maulend schlurfte Haushälterin Münzenmaier in Richtung Küche. Pfarrer Goettle begab sich in sein Büro, um die nächste Busverbindung nach Bad Buchau herauszusuchen.

Es dämmerte bereits, als er vor der Adalbert-Härle-Klinik stand, in deren Glasflächen sich die untergehende Sonne orangerot spiegelte. Es sah aus, als stünde das Gebäude in Flammen, doch dieses Feuer hatte nichts Bedrohliches, sondern etwas Feierliches, etwas Übersinnliches.

Während der Busfahrt hatte Andreas Goettle mehrfach versucht, Frieder zu erreichen, doch seine Bemühungen waren erfolglos geblieben. Einen Moment war er versucht, das Verschwinden seines Freundes bei der Polizei anzuzeigen, aber er wollte nicht die Pferde scheu machen. Es lag durchaus im Bereich des Möglichen, dass Frieder das Kruzifix abgelegt und vergessen hatte, es wieder umzuhängen.

Er durchschritt den Eingangsbereich, zögerte, weil er eigentlich nicht so genau wusste, wo er nach Frieder suchen sollte. Das Abendessen musste eigentlich schon vorbei sein, und dennoch war es möglich, dass Frieder in der Küche mit Aufräumarbeiten oder mit Vorbereitungen für den darauffolgenden Tag beschäftigt war. Er schwenkte in Richtung Küche, fand die Tür unverschlossen vor und streckte seinen Kopf hinein. Eine dunkelhäutige Hilfskraft stand an einer Arbeitsfläche und putzte Gemüse. »Hallo, i such mein Freund Frieder. Isch der no da?«

Die junge Frau unterbrach ihre Arbeit, bekreuzigte sich, als sie den Pfarrer sah, senkte den Blick. »Nein, Padre. Er war heute nicht bei der Arbeit.«

»Ja, wieso? Isch der krank?«

»Wir wissen es nicht. Es hat niemand etwas gesagt.«

»Gut. Vergelt's Gott«, murmelte Goettle und schloss die Tür.

Wenn sein Freund krank war, dann konnte er nur in seinem Zimmer sein, lautete die Folgerung des Geistlichen.

Er eilte den Gang entlang, klopfte an Frieders Zimmer, erhielt keinerlei Reaktion und drückte schließlich die Klinke. Die Tür war unverschlossen. In der Kammer sah es aus, als hätte darin ein Wirbelsturm gewütet. Die Unordnung unterschied sich nur unwesentlich von der in Frieders Eisenbahnwaggon – und dennoch war etwas anders. Die Schubladen seines Nachtkastens waren aus den Schienen herausgerissen, die Matratze war aus dem Rahmen gehoben worden. Das Bettzeug lag inmitten des Zimmers und bildete mit der spärlichen Garderobe seines Freundes ein eng verwobenes

Knäuel. Es war eindeutig: Irgendjemand hatte Frieders Zimmer durchsucht.

Andreas Goettle schickte ein kurzes Gebet an seinen obersten Dienstherrn, mit der Bitte, dass die Täter nicht das kleine Kruzifix gefunden hatten. Die Hoffnung, dass er darüber die Verbindung zu Frieder aufnehmen konnte, blieb ihm. Dann stürmte er hinaus. Sein Weg führte ihn direkt zu Miriam Luscheder.

52

Eine Taschenlampe leuchtete in sein Gesicht. Frieder blinzelte. Er konnte nur zwei schemenhafte Gestalten im Gegenlicht entdecken.

»Ach, sieh an, unser kleiner Schnüffler ist wach.«

Oberschwester Ursulas Konterfei schob sich in sein Gesichtsfeld. An der Stirn und an ihrer linken Wange bezeugten verwischte Schmutzspuren ihre nächtliche Tätigkeit im Wackelwald. Ihr Blick war unstet, ihre Augen wanderten das Gesicht des Gefangenen ab. Sie wirkte fast ein wenig irr, wie Frieder fand.

»Wer bist du?«, fragte sie. »Warum schnüffelst du uns hinterher? In wessen Auftrag arbeitest du? Und warum?«

Frieder versuchte zu antworten, doch er bekam nur ein heiseres Krächzen zustande. Seine Zunge hing wie festgetackert an seinem Gaumen.

»Wasser«, keuchte er.

Eine Hand schob sich an seinen Hinterkopf und stützte ihn. Ein Glas wurde an seine Lippen gehalten, und Frieder trank in kleinen Schlucken. Er spürte die wohltuende Wirkung der Feuchtigkeit, schloss die Augen und ließ den Kopf wieder sinken. Die wilden Pferde brachen aus ihren Stallungen aus und vollzogen ein schmerzvolles Rennen. Frieder stöhnte.

Eine Hand schlug gegen seine Wange.

»Ich will wissen, wer du bist und was du von uns willst«, kreischte Oberschwester Ursula. »Wer schickt dich?«

Ihr Mund bildete eine schiefe Linie, ihre Wangen glühten. Und da war noch etwas: Lodernder Zorn in ihren Augen.

»Ich habe Geräusche gehört. Im Garten«, erwiderte Frieder schwach. »Und da habe ich gedacht, ich schau mal nach, was da ist.«

»Was haben Sie gesehen?«

Frieder versuchte zu erkennen, wem die dunkle Männerstimme gehörte, doch der Sprecher stand außerhalb des Lichtscheins und wurde zudem von Oberschwester Ursula verdeckt.

»Nichts, ich habe nichts gesehen. Wirklich nicht. Es war ja dunkel.«

Der Hilfskoch schüttelte den Kopf. Ein schwerer Fehler, die wilden Pferde traten nach seiner Schädelwand und platzierten einige Treffer.

Ihm wurde schwarz vor Augen.

»Und was hatten Sie im Wackelwald zu suchen? Mitten in der Nacht?«

»Im Wackelwald?«, antwortete Frieder. »Nie davon gehört.«

»Willst du uns auf den Arm nehmen? Du hast uns beobachtet. Du arbeitest für diese Hexe. Sie hat dich in ihrem Bann. So, wie sie alle in den Bann zieht. Und dann schickt sie euch los, um uns zu schaden. Um Lügen zu verbreiten. Aber wir sind schlauer als sie.«

Frieder konnte Oberschwester Ursulas Atem riechen. Schwefel.

»Wir wissen, dass du bei ihr warst. Sie hat dem Professor das Fläschchen mit Eisenhut-Tinktur gebracht. Sie denkt, wir vergiften unsere Patienten. Aber das tun wir nicht. Im Gegenteil. Wir machen uns große Sorgen, sehr große Sorgen. Sind immer für sie da und wollen nur das Beste.«

»Ich bin nur zu ihr gegangen, weil ich diese furchtbaren Rückenschmerzen hatte«, verteidigte sich Frieder. »Und sie hat mir abgeraten, diese Tinktur zu nehmen, weil sie extrem giftig ist. Das hätten Sie mir sagen müssen. Wenn sie nicht gewesen wäre, dann würde ich womöglich nicht mehr leben.«

Oberschwester Ursulas Lippen zitterten. »Vertrauen, warum habt ihr denn kein Vertrauen? Wir wollen euch doch nur helfen. Wir wollen doch nur, dass ihr gesund werdet und ein gutes Leben leben könnt. Aber dazu gehört, dass ihr uns vertraut. Und unseren Rat annehmt. Wir wissen doch, was gut für euch ist.«

Frieder sah, wie Oberschwester Ursula eine Träne wegblinzelte.

»Es tut mir leid«, murmelte er. »Ich wollte Sie nicht verletzen.«

Ursula nickte. »Jetzt ist es zu spät«, flüsterte sie. Es lag eine ungeheure Trauer in ihrer Stimme.

»So kommen wir nicht weiter«, schaltete sich die männliche Stimme ein. »Er hat uns gesehen. Wer weiß, was er bereits herausgefunden hat. Vielleicht war es auch gar kein Zufall, dass er Chantals Ohrring gefunden hat. Vielleicht wusste er, dass sie im Wackelwald liegt, und ist uns deshalb gefolgt. Wir müssen ihn loswerden. So schnell wie möglich. Er wird bestimmt schon gesucht. Sie wissen, was zu tun ist, Oberschwester Ursula. Ich verlasse mich auf Sie. Dieses Mal müssen Sie allein klarkommen.«

Der Mann trat aus dem Lichtschein, wandte sich zur Tür. Frieder konnte nur seine Statur von hinten erkennen. Groß, schlank, graue Haare, leicht nach vorn gebeugt. Gesehen hatte er ihn noch nicht, und dennoch wusste er, wer der Komplize von Oberschwester Ursula war. So, wie er mit ihr gesprochen und wie sie auf ihn reagiert hatte, war es ganz eindeutig, um wen es sich bei dem ominösen Mann handelte.

53

»Kann i bitte draußa bleiba. Mir wird's in Krankahäuser emmer furchtbar schlecht.«

Greta Gerber sah es POM Fritz an, dass dies keine leere Worthülse war. Seine Gesichtshaut wirkte fast grau, seine Lippen waren zu dünnen, weißen Linien mutiert.

»Meinetwegen. Wenn Sie noch blasser werden, kann ich Sie gleich hier lassen«, erwiderte Greta Gerber und stieg aus dem Wagen.

Sie waren direkt zum Kreisklinikum gefahren. Nun überquerte die Hauptkommissarin den Parkplatz und näherte sich dem roten Klinkergebäude im Schein der Kugellampen.

An der Anmeldung wies sie sich aus. Eine Krankenschwester führte sie in die Intensivstation und stellte den Kontakt zum zuständigen Oberarzt her. Dieser verweigerte ihr jedoch den Wunsch, Barbara Kurz sprechen zu können. Sie sei ganz und gar nicht vernehmungsfähig, halluziniere stark, habe Herzrhythmusstörungen.

»Hat sie irgendetwas gesagt, wer ihr das Gift verabreicht hat? Oder woher sie es hat?«

Der Oberarzt zuckte mit den Schultern. »Sie murmelt ständig etwas von Aphrodites Punsch. Womöglich ein Cocktail. Die Blutprobe ergab, dass sie Alkohol getrunken hat. In Verbindung mit diesen Alkaloiden ergibt das eine fatale Mischung. Es ist ein Wunder, dass sie noch lebt.«

»Ich habe gelesen, dass die Alkaloide auch als anregende Mittel angewendet werden. Um in Stimmung zu kommen. Für Liebesdinge und so.«

Der Oberarzt zog die Augenbrauen nach oben, und Greta Gerber errötete.

»Ach ja? Keine Ahnung, aus welchen mystischen Quellen Sie Ihr Wissen haben, aber ich würde mit solchen Stoffen keine Experimente wagen. Und wenn es schon Stimulanzien bedarf, dann würde ich auf Viagra oder in Ihrem

Fall auf Flibanserin setzen. Das hat weniger Nebenwirkungen. Wenn Sie mich nun bitte entschuldigen wollen. Meine Patienten warten.«

Der Oberarzt entfernte sich rasch.

»Rufen Sie mich an, wenn Frau Kurz ansprechbar ist? Es ist wichtig«, rief sie ihm hinterher, aber er war bereits durch die Glastür verschwunden.

Auf dem Weg nach draußen wäre die Hauptkommissarin fast in Udo Kurz hineingelaufen, der in einem ziemlich derangierten Zustand war. Seine Haare standen wirr vom Kopf ab, das Hemd hing aus der Hose, seine Schnürsenkel baumelten ungebunden in den Schuhen. Wie ein Getriebener stürmte er den Gang entlang.

Greta Gerber stellte sich ihm in den Weg. Er versuchte, sich an ihr vorbeizuschieben, doch sie ließ ihn nicht passieren.

»Meine Frau. Ich muss zu ihr. Mein Schwiegervater. Er hat gesagt, er hätte sie gefunden. Ohnmächtig«, stammelte er.

»Das ist richtig. Sie leidet unter Vergiftungserscheinungen. Offenbar hat sie einen Cocktail mit Glockenbilsenkraut verfeinert. Und so wie es aussieht, haben Sie keinen gebraucht, um in Fahrt zu kommen.«

Udo Kurz schien ihr nicht folgen zu können. Er blickte an Greta vorbei und machte Anstalten, weitereilen zu wollen.

»Cocktail? In Fahrt kommen? Ich weiß nicht, wovon Sie reden. Ich war auf einem Seminar. In Köln. Ich bin direkt vom Bahnhof hierhergekommen. Und muss jetzt zu meiner Frau.«

»Und ich würde sagen, Sie besuchen uns morgen früh auf der Polizeidirektion. Es gibt ein paar dringende Fragen, die wir zu klären haben. Auch bezüglich des Einbruchs in Bad Buchau. Denn genau dort wurde ein Extrakt entwendet, unter dessen Wirkung Ihre Frau nun leidet. Komischer Zufall, was?«

Greta konnte sehen, wie es in Udo Kurz' Gehirn arbeitete. Dem Gesichtsausdruck nach zu schließen, war er mit den Informationen völlig überfordert.

»Ich habe wirklich keine Ahnung ...«, stammelte er.

Greta Gerber trat einen Schritt zur Seite und gab den Weg frei.

»Wir sehen uns morgen früh auf dem Revier«, raunzte sie.

Udo Kurz nickte und eilte davon.

»In dieser Ehe läuft etwas gehörig schief. So viel steht fest«, murmelte sie.

54

Andreas Goettle stand vor dem Tor von Miriam Luscheders Anwesen und drückte zum wiederholten Male auf den Klingelknopf. Er war sich ziemlich sicher, eine Bewegung hinter den Gardinen ausgemacht zu haben. Demnach blieb er hartnäckig.

Ein Passant blieb stehen und bedachte den Geistlichen mit einem verständnislosen Kopfschütteln. »Ein Pfarrer auf Abwegen. Wo soll des no hinführa. Sie wissat scho, was des für oine isch?«, kommentierte er die Situation.

»I will bloß schwätza, sonst nix«, brachte Andreas Goettle zu seiner Verteidigung vor.

Es war ihm ein wenig unangenehm, dass er im Verdacht stand, von Miriam Luscheder »behandelt« zu werden. Außerdem machte der ältere Herr keine Anstalten, weiterzugehen.

»Woher wissat Sie denn des, was des für oine isch? Offensichtlich sprechat Sie aus Erfahrung.«

Goettles Konfrontation zeigte Wirkung, der Zaungast schlich mit eingezogenem Kopf weiter.

»Wer von euch frei von Sünde isch, der werfe den ersten Stein. Oder er lasse es zukünftig sein«, rief ihm Biberachs Gemeindepfarrer hinterher. Er wollte sich schon abwenden und gehen, als sich eine verschlafene und reichlich genervte Stimme aus der Gegensprechanlage meldete.

»Was gibt es denn?«

Goettle beugte sich ein wenig hinunter, um direkt in das Mikrofon zu sprechen. »Grüß Gott. Mein Name isch Andreas Goettle. I hätt gern mit der Frau Luscheder g'sprocha.«

»Was wollen Sie denn von ihr?«

Das Misstrauen der Dame war deutlich hörbar, doch Goettle ließ sich nicht beirren. »Es geht um einen Freund von mir. Sie kennt ihn. Den Frieder. Seit Tagen meldet der sich net. Er arbeitet eigentlich in der Härle-Klinik, aber da isch er net, da hab i scho guckt. Jetzt mach i mir a bissle Sorga.«

»Oh mein Gott«, ertönte es erschrocken aus der Sprechanlage, und im nächsten Moment fuhr das Tor zurück.

Andreas Goettle rannte auf die geöffnete Haustür zu und stand wenig später einer ziemlich zerknautscht dreinblickenden Miriam Luscheder gegenüber. Sie war mit einem schwarzen Morgenmantel bekleidet, über dessen Vorderseite sich ein goldener Drache schlängelte. Ihre rote Löwenmähne stand ungeordnet vom Kopf ab, sie war barfuß. Sie musterte Pfarrer Goettle von oben bis unten, dann lächelte sie.

»Einen Priester habe ich hier noch nie empfangen. Das ist neu. Haben Sie keine Angst, dass Sie aus der Kirche ausgeschlossen werden, wenn Sie sich mit einer Hexe einlassen?«

Sie markierte das Wort Hexe pantomimisch mit Anführungszeichen.

»Mir macht weder der Ausschluss aus der Kirch noch eine Hexe Angst. Allein die Sorge um einen Freund treibt mich her.«

Miriam Luscheders Miene verfinsterte sich. Sie strich sich mit einer Hand durch die zerzausten Haare und schloss für einen Moment die Augen, als müsste sie sich besonders konzentrieren.

»Ihr Freund. Ist das dieser Hilfskoch in der Klinik?«
Goettle nickte.

»Ich befürchte, Sie sorgen sich zu Recht. Ich habe ihn gewarnt. Jeder, der in der Härle-Klinik nicht nach den Regeln spielt, geht ein großes Risiko ein.«

»Wie moinat Sie des?«

Miriam Luscheder setzte sich und ordnete ihren Morgenmantel, der auseinandergeklafft war und ihre nackten Beine freigab. Sie wies auf eine Sitzgelegenheit, und Goettle kam ihrer Aufforderung nach.

»Ich weiß nicht, was Ihnen Ihr Freund erzählt hat, aber es gibt gewisse Spannungen zwischen mir und Professor Thompson. Wir waren ein Paar und unsere Trennung lief nicht im gegenseitigen Einvernehmen.«

Goettle winkte ab. »Des woiß i älles. Die Kameras in Ihrem Schlofzemmer, die Erpressung von Ihre Kunda …«

Miriam erhob ihren Zeigefinger. »Die Kameras waren in meinen Praxisräumen installiert. Ohne mein Wissen. Und bei meinen Kunden handelt es sich um Patienten.«

»Mit denne Sie Sex gegen Geld hen. Ein Engel sen Sie also au net.«

Miriam Luscheder ließ sich gegen die Rückenlehne ihres Sessels fallen.

»Ich therapiere meine Patienten energetisch«, antwortete sie schnippisch. »Das hat mit Sex überhaupt nichts zu tun. Ich biete eine Lingam-Massage an, wenn der Patient es so will. Dabei können Körpersäfte freigesetzt werden. Aber es ist kein Muss. Im Gegenteil: Es ist sogar besser, wenn die aufgestaute Energie nicht abfließt …«

»Des interessiert mi net«, unterbrach Andreas Goettle. Ihm war bei der Schilderung von Miriams Behandlungsmethode ordentlich warm geworden, aber zugeben konnte er das natürlich nicht. Außerdem hatte er keine Lust, den ganzen Abend unter einer eisigen Dusche stehen oder Bilder der letzten Pilgerreise ansehen zu müssen, um seine Aufgewühltheit in den Griff zu kriegen.

»Von mir aus könnat Sie massiera, was Sie wellat. I will wissa, wo der Frieder isch ond warum er sich in Gefahr befindet.«

Die »Hexe vom Federsee« rieb sich die Augen und atmete hörbar ein.

»Ich hätte ihm meine Geschichte nicht erzählen sollen. Und vielleicht war es auch ein Fehler, Gerold mit der Eisenhut-Tinktur zu konfrontieren, die Ihr Freund bekommen hatte, um seine Rückenschmerzen zu kurieren. Aber ich kann es doch nicht zulassen, dass er als Arzt giftige Substanzen aushändigt und seine Patienten mit der Anwendung allein lässt. Das ist unverantwortlich. So handelt doch kein Mediziner, dem das Wohl der Patienten am Herzen liegt.«

»Den Ei'druck hab i au, dass es in der Härle-Klinik net bloß um das Wohl der Mensche goht«, erwiderte Andreas Goettle nachdenklich.

Miriam stieß verächtlich Luft aus und beugte sich vor.

»Gerold ist letztendlich nur am Geld interessiert. Schauen Sie sich doch an, wer sich dort aufhält. Nur feine Pinkel und steinreiche Damen. Professor Thompson ist schlau genug, seine Patienten bei der Stange zu halten. Und sei es durch eine Medikation, die abhängig macht.«

»Ach, so lauft des. Er vergiftet die Patienta, ond dann heilt er se. Wie es ihm grad passt. Ond der Frieder isch ihm auf die Schliche komma.«

Miriam Luscheders Miene versteinerte. »Sagen wir es mal so: Professor Thompson und sein Personal verschaffen den Patienten Erfahrungen, die sie so noch nicht gemacht haben. Da passieren mitunter schöne Dinge. Es entstehen Bilder, Träume, es lösen sich Spannungen, Glücksgefühle setzen ein. Nach denen kann man ganz schnell süchtig werden. Und das ist für ihn die Garantie, dass seine Patienten immer wiederkommen.«

»Aber die Patienta hen ja au diese Krämpfe.«

»Tja, zu Risiken und Nebenwirkungen fragen Sie Ihren Arzt oder die ortsansässige Hexe.« Miriam legte ihre Stirn in Falten. »Aber Sie haben recht: Ein wenig merkwürdig ist das schon. Ich kenne die Pflanzen und Kräuter, die in der Klinik angewandt werden. Die sind weitestgehend ungefährlich. Dass eine Eisenhut-Tinktur im Umlauf ist, war mir neu.«

»Womöglich gibt's da jemand, der die Behandlung des Professors boykottiert?«

Miriam blickte Andreas Goettle, der lediglich laut nachgedacht hatte, entgeistert an. Dann schnellte sie hoch und rauschte aus dem Zimmer.

»Wo wellat Sie na?«, rief ihr der Geistliche hinterher.

»Ich ziehe mir etwas an. Wir müssen Ihren Freund finden. Bevor es zu spät ist.«

55

Frieder saß mit dem Rücken an die Heizungsrohre gelehnt und schwitzte vor Anstrengung. Thompson hatte seine Bewegungsfreiheit noch mehr eingeschränkt, indem er seine Hände im Rücken an die Leitungen gebunden hatte. Die Fesseln schnitten ihm in die Handgelenke, doch schlimmer als der stechende Schmerz war die Aussichtslosigkeit, den Sendeknopf des Kruzifixes, das auf Höhe seines Solarplexus hing, zu betätigen. Da konnte er seinen Brustkorb heben und das Kinn recken, wie er wollte, er hatte keine Chance, das Kreuz zu erreichen und einen Hilferuf abzusetzen.

Frieders Gedanken wirbelten wild durcheinander. Die Oberschwester und der Professor steckten unter einer Decke. Offensichtlich hatten sie eine Dame namens Chantal umgebracht, sie im Wackelwald vergraben und waren, nachdem er den Ohrring entdeckt hatte, in Unruhe geraten. Um diese vermeintliche Spur zu verwischen, hatten sie die Leiche wieder ausgegraben, um sie an einem anderen Ort verschwinden zu lassen. Und genau dabei hatte Frieder sie beobachtet, auch wenn ihm das zu dieser Zeit nicht klar gewesen war. Er war zu einem äußerst unangenehmen Zeugen geworden. Zu einer Gefahr.

Die kalte Hand der Panik legte sich um sein Herz und drückte es zusammen. Die Oberschwester und der Professor hatten gar keine andere Wahl, als ihn zu beseitigen. Wenn kein Wunder geschah, dann war der Heizungskeller seine letzte Station im Leben. Er war nie ein besonders gläubiger Mensch gewesen, aber in diesem Moment fing er an zu beten.

Der Schlüssel drehte sich im Schloss der Stahltür, mit einem lang gezogenen Quietschen wurde sie geöffnet. Oberschwester Ursula trat ein, bückte sich, um das abgestellte Tablett wieder aufzunehmen. Frieder erkannte ein Glas mit einer hellen Flüssigkeit und eine Schale, aus der weißer

Dampf stieg, darauf. Der ganze Raum füllte sich mit dem Duft der Speise, und Frieders Magen begann wie auf Befehl zu knurren.

»Oh, da hat jemand Hunger«, säuselte Oberschwester Ursula. »Ich komme also genau zur rechten Zeit.«

Sie strahlte ihn an, als sie das Tablett neben ihm abstellte. »Es gibt etwas ganz Feines. Ein Risotto nach Art des Hauses.«

Sie strich Frieder sanft über die Wange.

Er wandte das Gesicht von ihrer Hand ab. »Sie glauben doch nicht im Ernst, dass ich davon etwas esse. Nach all dem, was ich hier miterlebt habe. Sie wollen mich vergiften.«

Oberschwester Ursulas Züge wurden hart. »Das ist aber nicht nett, was Sie sagen. Ich will Ihnen doch nur helfen. Ich will immer nur helfen, und niemand dankt es einem. Kein Vertrauen.«

Sie nahm den Löffel, schaufelte etwas Risotto darauf und hielt ihn vor Frieders Mund. Er presste die Lippen zusammen und drehte den Kopf weg. Der Löffel folgte ihm.

»Sie stellen sich an wie ein störrisches kleines Kind. Essen Sie, es wird Ihnen gut tun«, sagte die Oberschwester sanft.

Völlig unvermittelt drückte sie ihm die Nase zu, Frieder blieb die Luft weg, er öffnete den Mund, um Luft einzusaugen, der Löffel wurde ihm in den Mund hineingeschoben. Mit geübtem Griff presste Ursula seinen Mund zu, ohne die Nase freizugeben. Frieder würgte, versuchte, sein Gesicht zu befreien, indem er den Kopf hin- und herwarf, lief rot an. Der Schluckreflex beförderte die cremige Masse die Speiseröhre hinunter. Oberschwester Ursula beobachtete die Bewegung seines Adamsapfels, löste ihren Griff und lächelte.

»Brav«, sagte sie. »War doch gar nicht so schwer. Und nun noch ein Löffelchen für die Oberschwester Ursula.«

Sie schaufelte erneut Risotto auf den Löffel und schob es ihm in den Mund. Frieder spuckte ihr die Speise in das Gesicht. Ursula wischte sich mit dem Ärmel ihrer Tracht über die Wangen.

»Es ist immer das Gleiche mit euch«, sagte sie. Ihre Stimme war ruhig und gleichmäßig, fast so, als hätte sie Mitgefühl mit Frieder.

»Ihr erkennt nicht, wenn euch jemand wirklich liebt. Und ja, das tue ich. Ich liebe meine Patienten. Jeden Einzelnen von ihnen. Es erfüllt mich mit Freude, wenn ich ihnen helfen kann. Wenn ich ihnen die Schmerzen nehme, wenn ich ihnen Lebensfreude schenke. Ihr Lächeln ist mir Dank genug. Es erfüllt mich, gebraucht zu werden. Wie es eine Mutter erfüllt, wenn sie ihre Kinder umsorgen kann. Aber manchmal wollt ihr das nicht sehen. Dann muss ich euch helfen, es zu erkennen.«

Sie unterbrach, um den Löffel wieder in die Speise zu tauchen.

»Sie sind doch krank«, fuhr Frieder sie an. »Sie brauchen Hilfe.«

Sie sah ihm gütig in die Augen. Dann wandte sie erneut ihren Griff an, um ihm den Löffel in den Mund zu befördern. Frieder sah ein, dass es sinnlos war, sich gegen diese Art der Fütterung zu wehren. Die Oberschwester hatte darin ganz offensichtlich große Routine.

»Das Schlimmste ist, wenn das Vertrauen verschwindet. Es bricht mir das Herz. Ich bin doch immer da, würde alles für euch tun, kann euch doch alles geben. Und plötzlich wendet ihr euch ab. Weil andere euch Heilung versprechen. Oder Liebe. Oder schmutzige Dinge. Das ist nicht schön. Das ist gar nicht schön.«

Frieder sah, dass der Oberschwester eine Träne über die Wange lief. Er hatte es mit einer Geisteskranken zu tun, so viel war sicher.

»Jeder weiß, was Sie für die Patienten tun, Oberschwester Ursula.« Frieder versuchte, sie durch einen Strategiewechsel zu erweichen. »Ich habe das gleich bemerkt, dass Sie ein besonderer Mensch mit einem ganz großen Herz sind. Sie können mit Menschen umgehen, haben ein Gespür für ihr Leiden. Apropos. Meine Hände sind ganz taub. Die Fesseln schneiden so ein. Vielleicht könnten Sie sie ein wenig lösen. Nur ein kleines bisschen.«

Die Oberschwester lächelte gütig. »Sie werden bald keine Schmerzen mehr haben. Am Anfang vielleicht schon, aber irgendwann nicht mehr.«

Frieders Maske fiel in sich zusammen. In seinem Magen grummelte es.

»Was geben Sie mir da zum Essen, Sie Monster?«, schrie er.

Oberschwester Ursula schüttelte sich, als hätte er sie mit einer Flüssigkeit begossen. »Nein, nein, nein. Ich bin kein Monster. Ich liebe meine Patienten. Und keiner soll leiden. Auch Sie nicht. Aber die Bärbel schreibt ja nicht mehr. Dabei hatte sie immer so schöne Tipps und Rezepte. Schade, dass sie nicht mehr schreibt. Sie hätte sicher eine andere Idee gehabt, aber der Professor hat gesagt, dass wir auf Nummer sicher gehen müssen, und in Ihrem Fall ist das leicht, weil Ihre Leber angegriffen ist. Der Professor hat das in Ihren Augen gesehen.«

Sie sah ihn mitfühlend an.

»Was reden Sie denn da? Wer ist Bärbel? Und was haben Sie sich ausgedacht? Sie sind doch völlig verrückt.«

Oberschwester Ursula stocherte gedankenverloren mit dem Löffel in der beigefarbenen Masse auf dem Teller. Sie summte eine kleine Melodie. Frieder erkannte, dass es das Kinderlied »Maikäfer flieg« war.

»Wissen Sie, Pilze sind lustige Gesellen. Sie sind so bescheiden, brauchen nur den richtigen Nährboden und Wasser. Manche von ihnen sehen lustig aus, manche gefährlich. Manche schmecken großartig, manche machen das Leben eines Menschen ein bisschen bunter.«

»Das müssen Sie mir nicht erzählen. Ich kenne mich bei Pilzen und ihrer Wirkung ziemlich gut aus«, unterbrach Frieder.

Die Oberschwester ging nicht auf seine Bemerkung ein, es schien so, als hätte sie ihn gar nicht gehört. »Einige von ihnen sind jedoch hinterhältig. Sie tarnen sich, indem sie sich wie harmlose Vertreter ihrer Gattung ausgeben. Aber in Wirklichkeit sind sie abgrundtief böse. Fast wie Menschen, nicht?«

Sie hob den Löffel an, so dass Frieder darauf blicken konnte. »Sieht aus wie ein Stück Champignon, nicht wahr?«

Frieder schluckte trocken. »Aber es ist kein Champignon, oder?«, stammelte er.

Oberschwester Ursula lächelte süßlich. »Nein, natürlich nicht. Amanita phalloides, ein grüner Knollenblätterpilz. Im Gegensatz zu seinen Doppelgängern ist er ein ganz mieser Charakter.«

Frieder sackte zusammen. Das war sein Todesurteil. Schon nach wenigen Stunden begann das Gift die Leber zu zersetzen. Ihm war klar, dass er seinem Organ durch seine langjährigen Experimente mit diversen Substanzen keinen Gefallen getan hatte und dass es wohl kaum Paroli bieten konnte.

»Warum?«, flüsterte er.

Der Lippen von Oberschwester Ursula bebten. »Es tut mir so leid. Aber es geht doch nicht anders. Sie haben den Ohrring dieser dummen Pute gefunden. Wir haben ihn übersehen, als wir ihre Leiche verschwinden ließen. Dabei war es nur ein bedauerlicher Unfall. Sie ist vom Balkon gesprungen, freiwillig. Weil sie von meinen Xocolatl-Stangen gegessen hat. Dabei waren sie gar nicht für sie bestimmt.«

»Was sind denn Xocolatl-Stangen?«, fragte Frieder verwirrt.

Die Augen der Oberschwester begannen zu leuchten. Sie schob ihr Gesicht ganz nah an Frieders Ohr. »Etwas ganz Feines. Gut für die Liebe«, flüsterte sie. Mit einem Ruck wich sie zurück.

»Aber sie waren nicht für diese fette Kuh mit ihren dicken Eutern bestimmt. Sie waren ein Geschenk, für Herrn Allgaier. Aber der hat mich ja gar nicht angesehen, weil sie ihn becirct hat. Er hat die Xocolatl-Stangen mit ihr statt mit mir geteilt. Und dann ist sie gesprungen. Geschieht ihr recht. Und ihm auch.«

Die Miene der Oberschwester versteinerte. Nur kurz, dann begannen ihre Augenlider zu flattern. »Ich habe für ihn nicht als Frau existiert. Dabei habe ich doch so viel zu geben. So viel Liebe. Mehr als diese bescheuerte Chantal Möller. Aber er wollte das ja nicht sehen, er war ja blind. Und nun ist sie tot.«

Sie legte Frieder eine Hand auf die Brust.

»Bin ich so unattraktiv?«, fragte sie.

»Nein, nein, ganz und gar nicht. Sie sind eine attraktive Frau mit einem großen Herz. Intelligent. Der Mann, der Sie für sich gewinnen kann, der ist ein Glückspilz.« Frieder runzelte die Stirn über das misslungen formulierte Bild.

»Wirklich? Oh, Sie sind ein netter Mensch. Schade, dass wir uns nicht früher kennengelernt haben.«

Die Oberschwester legte eine Wange an seine Brust. Nur kurz, dann sah sie ihn irritiert an. Sie schob eine Hand unter sein Shirt und befühlte das Kruzifix. »Was ist das?«

»Ein Kreuz. Es ist meine Verbindung zu einer überirdischen Macht, die mich auch hier im Heizungskeller nicht verlässt. Gerade hier im Heizungskeller kann ich sie spüren, diese Macht. Daran glaube ich ganz fest, Oberschwester Ursula. Und vielleicht hilft mir diese Macht, das Gift des Knollenblätterpilzes unschädlich zu machen. Wenn sie sich beeilt, diese Macht.«

Oberschwester Ursula richtete sich auf und sah ihn argwöhnisch an. »Warum sprechen Sie denn plötzlich so komisch?«

»Das muss die Wirkung des Gifts sein, Oberschwester Ursula. Es macht mich schon ganz benommen. Alles verschwimmt vor meinen Augen, ich kann nicht mehr richtig sehen. Wo sind Sie, Oberschwester? Bleiben Sie bei mir. Verlassen Sie mich nicht in dieser harten Stunde.«

Frieder gab Würgegeräusche von sich. Speichelfäden liefen aus seinem Mund. Er ächzte und stöhnte.

Oberschwester Ursula packte das Tablett und schob sich auf die Stahltür zu. »Die Krämpfe lassen nach ein paar Stunden nach. Dann werden Sie nichts mehr spüren. Zumindest keine Schmerzen«, sagte sie.

Mit einem lauten Schluchzen riss sie die Stahltür auf, schob sich eilig hindurch und warf sie ins Schloss.

Frieder wartete, bis er ihre Schritte nicht mehr hören konnte. Er lächelte, musste sich auf die Zunge beißen, um nicht zu jubeln. Die Oberschwester hatte nicht gemerkt, dass sie den Sendeknopf des Kruzifixes betätigt hatte. Er drückte sein Kinn an die Brust, um möglichst nah an das Mikrofon zu gelangen. »Polarfuchs an Flipper. Polarfuchs an Flipper. Ach, zum Kuckuck. Andreas, wenn du mich hören kannst: Ich bin im Heizungskeller der Klinik gefangen und habe eine Portion Knollenblätterpilz im Magen. Beeil dich! Es geht um Leben und Tod.«

Das Kreuz gab ein leises Fiepen, dann ein Rauschen von sich.

»I ... ebbes ... schwätzt ... ganz leis ... net verstanda. Frieder ... wo ... lauter ...«

Trotz seiner kritischen Situation verspürte Frieder eine ungeheure Erleichterung, die Stimme seines Freundes zu hören. Die Verbindung war nicht optimal, aber vielleicht war Goettle einfach nur zu weit von der Klinik entfernt. Womöglich verbesserte sich der Kontakt, wenn er sich dem Heizungskeller näherte. Für einen Moment schloss er die Augen und spürte, wie ihm Tränen der Dankbarkeit die Wange hinunterliefen.

56

»Okay, fassen wir kurz zusammen, was wir wissen.«

Greta Gerber hatte eine Lagebesprechung einberufen. Kommissarin Behrmann, Polizeiobermeister Fritz und Kriminalrat Seidel saßen ihr an dem großen Konferenztisch gegenüber, Malte hatte am anderen Ende Platz genommen und verzierte die Tischplatte mit kleinen Skizzen.

Greta schickte Kriminalrat Seidel einen genervten Blick, doch der zuckte nur mit den Schultern.

»Barbara Kurz, die Tochter vom alten Kurz, der ein Elektronikfachgeschäft in Biberach betreibt, liegt mit einer Vergiftung im Krankenhaus, die von einem Elixier stammen könnte, das in Bad Buchau bei einem Einbruch gestohlen wurde. Sie murmelt etwas von Aphrodites Punsch, was sehr nach einem aphrodisierenden Getränk klingt, mit dem sie sich offensichtlich in erotische Stimmung bringen wollte. Gemäß der Aussage von Raimund Schmieder war dies mit diesem gestohlenen Elixier möglich, allerdings nur in der richtigen Dosierung.«

Greta blickte in die Runde, alle außer Malte nickten.

»Den Abend wollte sie jedoch nicht mit ihrem Mann verbringen. Der war auf einem Seminar in Köln. Bleiben zwei Fragen: Wie ist sie an das Elixier gekommen – und mit wem wollte sie die Nacht verbringen?«

POM Fritz zwirbelte an seinen Bartenden, während Laura ihre Notizen betrachtete.

Kriminalrat Seidel räusperte sich. »Ich spucke jetzt mal in die Luft.«

Malte sah von seinen Skizzen auf und grinste: »Au ja, ich mach mit.«

Er zog geräuschvoll Schleim hoch und schürzte die Lippen.

»Untersteh dich«, bellte Greta Gerber in seine Richtung und sah ihren Chef strafend an. »Sie sollten in seiner Ge-

genwart ein wenig vorsichtig mit Ihren Formulierungen sein. Malte nimmt jede Idee auf, die uns auf die Palme bringen kann.«

Malte streckte ihr die Zunge heraus.

»Das ist nur eine Redewendung, Malte«, schob der Kriminalrat zögerlich nach. »Wenn man eine Idee hat und sich nicht sicher ist, ob sie stimmt. Also, ich wage mal eine These: Es könnte doch sein, dass Frau Kurz in irgendeiner Weise mit den Einbrüchen zu tun hat. Vielleicht hat sie einem Komplizen Tipps gegeben, wie die Anlagen außer Gefecht gesetzt werden können. Vielleicht war sie auch selbst dabei.«

»Und schadet damit dem Geschäft ihres Vaters und ihres Mannes?« Laura Behrmann wiegte den Kopf hin und her. »Warum sollte sie das tun? Welches Motiv hat sie?«

»Vielleicht will se sich a neu's Leba aufbaua?«, meldete sich POM Fritz zu Wort.

»Gut möglich«, pflichtete Greta Gerber ihrem Kollegen bei. »Doch wer ist dieser ominöse Liebhaber?«

Das Telefon klingelte.

»Jetzt nicht«, knurrte die Hauptkommissarin, doch das Gerät auf ihrem Schreibtisch ließ sich davon nicht beirren.

»Malte, geh du ran. Du meldest dich mit Kriminaldirektion Biberach, dann sagst du deinen Namen und schreibst auf, was der Anrufer will. Wir rufen später zurück.«

Der Junge murrte und schleppte sich schweren Schritts zum Telefon.

»Ja?«, fragte er genervt, als er abgehoben hatte.

»Na, das hat ja super funktioniert«, spöttelte Laura Behrmann.

Hauptkommissarin Gerber baute sich neben Malte auf und entriss ihm den Hörer. »Kriminaldirektion Biberach, Haupt…«

»Ich bin es«, meldete sich Oliver. »Wenn das eben eure neue Bürokraft war, solltet ihr den Kauf eines Anrufbeantworters erwägen.«

Er lachte.

»Was willst du?«

»Ich ... äh ... rufe wegen ... also, es ist mehr geschäftlich«, stotterte Raible verlegen.

»Ich habe nichts anderes erwartet«, entgegnete Greta kühl.

»Deine Kollegin Behrmann hat darum gebeten, dass wir uns melden sollen, wenn bei uns ein Vergiftungsfall eingeliefert wird. Und gestern wurde ein Mann auf die Intensivstation gebracht, der eine äußerst seltene Intoxikation aufweist. So wie es aussieht, hat er eine ordentliche Überdosis an Alkaloiden erwischt. Außerdem wurden in seinem Blut Scopolin, Scopoletin und Chlorogensäure nachgewiesen. In dieser Konzentration kommt das nur in einer Pflanze vor ...«

Greta zog hörbar Luft ein. »Glockenbilsenkraut. Wie heißt der Patient?«

Sie hörte, wie am anderen Ende der Leitung mit Papier geraschelt wurde.

»Moment ... hier steht es. Kai Bode heißt der Mann. Ich weiß nicht, ob euch das weiterhilft, aber ...«

Greta ließ den Hörer sinken und wandte sich an ihre Kollegen, die sie gespannt anstarrten. »Jetzt wissen wir, wer der Liebhaber von Barbara Kurz ist«, sagte sie, dann drückte sie Oliver Raible weg.

Eine Stunde später saß Udo Kurz der Hauptkommissarin gegenüber. Er war sichtlich nervös, seine Füße wippten auf und ab, er rutschte auf seinem Stuhl herum und wusste nicht, wohin er blicken sollte.

»Wie geht es Ihrer Frau?«, erkundigte sich Greta.

Die Mundwinkel von Udo Kurz zuckten, er hob die Schultern und ließ sie wieder fallen. »Die Ärzte sagen, sie kommt durch«, sagte er tonlos.

»Das ist doch gut. Aber Sie scheinen sich nicht so recht freuen zu können?«

Wieder zuckte Kurz mit den Schultern und ließ seinen Blick im Raum herumstreifen. »Darf ich rauchen?«

»Nein«, entgegnete Greta unwirsch. »Herr Kurz, ich muss Ihnen die Frage stellen. Wie ist das Verhältnis zwischen Ihnen und Ihrer Frau?«

Kurz wischte sich mit einer Hand über das Gesicht und legte die Hände auf die zappelnden Oberschenkel. »Es läuft gut. Wir sehen uns zwar nicht allzu oft, weil wir viel zu tun haben. Ich bin oft unterwegs, sie hat auch ihre Termine. Aber wir streiten nicht, haben auch sonst keine Meinungsverschiedenheiten …«

»Was arbeitet denn Ihre Frau?«

»Sie erledigt mit ihrem Vater die Büroarbeiten im Betrieb. Sie nimmt Aufträge entgegen, schreibt Einsatzpläne für die Mitarbeiter, bestellt technische Komponenten, Ersatzteile, ist für Buchhaltung zuständig und all das. Und sie kümmert sich um ihren Vater. Ihm geht es manchmal nicht so gut.«

Greta Gerber musterte ihr Gegenüber. Bei der Erwähnung des alten Kurz hatte er die Arme vor dem Brustkorb verschränkt. Typische Abwehrhaltung.

»Gibt es ein Problem zwischen Ihnen und Ihrem Schwiegervater?«

Udo Kurz schob den Unterkiefer nach vorn und presste die Lippen aufeinander. Volltreffer.

»Was soll diese Frage? Was hat das mit der Vergiftung meiner Frau zu tun?«

»Das versuchen wir herauszufinden. Dazu müssen Sie mir aber meine Fragen beantworten. Also, wie stehen Sie zu Ihrem Schwiegervater?«

Ein innerer Kampf tobte in Udo Kurz. Er wusste offenbar nicht, ob er weiter forsch auftreten oder kooperieren sollte. Schließlich ließ er die Schultern sinken. Sämtliche Energie schien aus ihm zu weichen.

»Mein Schwiegervater ist der größte Kotzbrocken, den man sich nur vorstellen kann«, röchelte er.

»Er macht es Ihnen nicht gerade leicht, oder?«

Ihr Gegenüber schnaubte verächtlich. »Nein, das macht er wirklich nicht. Um genau zu sein, konnte er mich noch nie leiden. Er ist der Meinung, dass seine Tochter etwas Besseres verdient habe als mich. Dabei habe ich sie immer gut behandelt. Und ich habe auch alles getan, um den Betrieb in seinem Sinne weiterzuführen. Ich habe mich fortgebildet, habe mich mit Herstellern getroffen, habe Kontakte zu anderen Fachfirmen unterhalten. Ich habe versucht, die Firma nach vorn zu bringen. Mit neuen Konzepten, neuen Produkten. Aber er hat alles abgelehnt. Weil er mich abgelehnt hat.«

»Und Ihre Frau?«

»Sie hat auch darunter gelitten, aber sie ist nun mal seine einzige Tochter. Früher hat sie oft davon gesprochen, dass wir gemeinsam weggehen sollten und uns irgendwo ein neues Leben aufbauen können. Doch seit ihre Mutter tot ist und ihr Vater sich nicht mehr allein versorgen kann, hat sie das nicht mehr erwähnt. Womöglich ist es dem Alten endlich gelungen, einen Keil zwischen uns zu treiben.«

Greta machte sich Notizen und bereitete gedanklich die nächste Frage vor. Udo Kurz tat ihr leid, da er offenbar nicht ahnte, dass es noch schlimmer für ihn kommen sollte.

»Kennen Sie einen gewissen Kai Bode?«

Die Anspannung wich aus Udo Kurz Körper. »Ja, sicher, er ist mein bester Freund. Wir kennen uns schon seit Ewigkeiten.«

»Wissen Sie, dass er für Ihren Konkurrenten Puresafe arbeitet? Und sehr erfolgreich ist, weil er überall dort Alarmanlagen platziert, wo Ihre Anlagen versagt haben?«

Udo Kurz starrte sie mit offenem Mund an. Dann schüttelte er den Kopf. »Das muss ein Irrtum sein. Der Kai ist zwar in technischen Dingen sehr bewandert, weil er lange Zeit als Tontechniker gearbeitet hat, aber ob er wirklich so etwas Komplexes wie eine Alarmanlage einbauen kann, wage ich zu bezweifeln.«

»Und was ist mit Ihrer Frau?« Greta Gerber musterte den Befragten, der wieder anfing, nervös auf seinem Stuhl herumzurutschen.

»Wie meinen Sie das?«

»Kann Sie so etwas Komplexes wie eine Alarmanlage einbauen?«

»Theoretisch. Sie hat früher in der Montage mitgearbeitet. Dabei haben wir uns ja kennengelernt. Aber das ist lange her. Heute hilft sie nur noch aus, wenn Not am Mann ist.«

Greta Gerber blickte von ihren Notizen auf. So langsam schloss sich für sie der Logikkreis. An Zufälle musste in diesem Fall niemand mehr glauben.

»Wenn ich Sie richtig verstehe, dann heißt das, dass Ihre Frau die montierten Anlagen aus dem Effeff kennt und auch weiß, wo die Schwachpunkte liegen. Und sie problemlos ausschalten kann?«

Kurz sah sie verwirrt an. »Ich verstehe nicht …«

»Herr Kurz, wir haben berechtigten Grund zur Annahme, dass Ihre Frau ein Verhältnis mit Kai Bode hat. Darüber hinaus besitzt sie großes Fachwissen über die Anlagen, die bei den Einbrüchen in Biberach und Umgebung außer Kraft gesetzt wurden. Kurz danach wurden an allen Tatorten Alarmanlagen der Firma Puresafe installiert. Der Rechnungssteller war in jedem dieser Fälle Kai Bode. So wie es aussieht, unterstützt ihn Ihre Frau, vielleicht um mit ihm etwas Neues aufzuziehen, um sich von Ihnen und ihrem Vater zu lösen?«

Udo Kurz sprang von seinem Stuhl auf, der polternd zu Boden ging.

Er ballte die Hände zu Fäusten. »Ihre Behauptungen sind ungeheuerlich. Reine Fantasiekonstrukte, weiter nichts.«

»Wir haben Indizien, die für meine Theorie sprechen. Ihre Frau versorgt Bode mit Informationen über die Gebäude, die von Ihnen gesichert wurden. Es kommt zu einem Einbruch. Im Gegensatz zu anderen Fällen wird verschwindend wenig gestohlen. Die Täter geben sich gar keine Mühe, Bargeld oder Schmuck zu finden. Sie nehmen mit, was sie greifen können, und verschwinden. Und kurz darauf spricht Bode vor, um eine neue Alarmanlage zu verkaufen, weil die alte versagt hat.«

Udo Kurz sackte zusammen und konnte sich nur mit Mühe an der Tischkante festhalten. Greta sprang auf, stellte seinen Stuhl auf und half ihm dabei, sich zu setzen. Er schlug beide Hände vor das Gesicht.

»Aber er ist doch mein Freund. Er kann mich doch nicht mit meiner Frau betrügen. Und das Unternehmen ruinieren. Und was ist mit Babs? Will sie mich fertigmachen? Warum?«, wisperte er zwischen den gespreizten Fingern hindurch.

Greta Gerber konnte sich gut vorstellen, was in dem doppelt Betrogenen vorging. Die Trümmer seiner beruflichen Existenz, seiner Liebe und der Freundschaft zu einem langjährigen Wegbegleiter flogen ihm um die Ohren.

»Wenn das stimmt, dann ist das eine einzige Katastrophe«, flüsterte er.

Hauptkommissarin Gerber fiel kein Gegenargument ein.

57

»Des Signal isch oifach zu schwach. I versteh koi Wort«, murmelte Andreas Goettle und schüttelte das Kruzifix um seinen Hals, als könnte er damit den Empfang verbessern. Doch außer einigen Silben und kräftigen Störgeräuschen war dem Ding nichts zu entlocken. Miriam hatte den Kopf schiefgelegt und lauschte angespannt, um aus der Kakophonie einen Zusammenhang herstellen zu können.

»Keine Chance«, lautete ihr frustrierter Kommentar. »Aber immerhin wissen wir, dass er lebt.«

Die beiden durchschritten das Portal der Klinik. Der Pförtner sah sie verschlafen an. Als er Miriam erblickte, ging jedoch ein Ruck durch ihn. »Hallo, Sie hen Hausverbot. Verschwendat Sie, aber augablicklich.«

Er schoss aus seiner Loge hervor, um die Besucher aufzuhalten.

Goettle baute sich vor dem Mann auf, der ihn um einen halben Kopf überragte. Dennoch verriet die Körperhaltung des Geistlichen eine gewisse Angriffslust, die den Pförtner einschüchterte.

»Die Dame stoht unter meinem besondera Schutz, dass des klar isch.« Mit seinem Bauch bugsierte Goettle seinen Widersacher in die Loge zurück.

Dieser griff sofort zum Telefon und hämmerte hektisch auf die Tasten ein.

»Er verständigt bestimmt Gerold. Es wird keine fünf Minuten dauern, bis er und seine Gefolgschaft an Pflegern auf unserer Fährte sind.«

»Dann müssa mir uns halt beeila«, antwortete Goettle und zog die Heilerin mit sich.

Im Treppenhaus stießen sie mit Ernst Allgaier zusammen. Sein Schlafanzug schlackerte um seinen Körper, seine Haare klebten an seinem Kopf, Schweiß stand auf seiner Stirn. Er schien verwirrt zu sein. Andreas Goettle hielt ihn fest; unstet wanderten Allgaiers Blicke durch den Gang. Er zitterte.

»Fliehen, mir sen älle in Gefahr«, hechelte er. »Sie werdat ons richta.«

Er versuchte, sich an Andreas Goettle vorbeizudrücken, doch er war zu schwach, um davonzukommen. Ernst Allgaier grunzte und erhöhte seine Anstrengung. Er verströmte einen beißenden Geruch, als hätte er lange Zeit die Körperpflege vernachlässigt. Miriam rümpfte die Nase.

»No nix Narrets, Herr Allgaier. Ons richtat koiner. Ond wenn ons doch oiner zu nah kommt, dann hebat Se oifach ihre Ärm. Des wirkt besser als jedes Pfefferspray.«

Andreas Goettle wandte sein Gesicht zur Seite, um dem olfaktorischen Angriff Allgaiers zu entkommen.

Doch der Patient ließ sich nicht beruhigen. Er sah Miriam in die Augen und quiekte wie ein Schwein.

»Hexe«, wimmerte er. »Sie hat die Chantal auf'm Gwissa. Ich bin der Nächste.«

Er bildete aus seinen gekreuzten Zeigefingern ein Kruzifix und hielt sie ihr vor das Gesicht.

Miriam zuckte zurück. »Wie, Chantal? Ich kenne keine Chantal«, sagte sie und versuchte, Allgaiers Exorzismusversuche abzuwehren.

»Was isch mit der Chantal?«, hakte Goettle nach. Er hatte alle Mühe, den zappelnden Patienten festzuhalten.

»Tot, verschwunden. Im Garten. Sie lag da, als würde sie schlafen. Die Hexe hat sie auf dem Gewissen. Sie wird ons älle richta.«

Ernst Allgaier wimmerte.

»Hen Sie a Handy?«, fragte Goettle an Miriam gewandt.

Sie zog aus ihrer Hosentasche ein altes Mobiltelefon hervor und überreichte es ihm. Mit einem abfälligen Blick betrachtete Goettle das Gerät, das so ganz und gar nicht dem neuesten Stand entsprach.

»Jessas, isch des an archäologischer Fund? Mit dem hot ja scho der Rulaman telefoniert«, lautete Goettles Kommentar. Er wählte die Nummer der Kriminaldirektion in Biberach.

»Goettle hier. Frau Gerber, hörat Se zu. Sie müssat unbedingt in die Härle-Klinik komma. Diese Chantal Möller, von derra i Ihne verzählt han, isch tot. I hab einen Zeugen. Der spennt zwar a bissle, aber so bled isch er dann au wieder net ... Noi, a Leiche gibt's net. Ond mei Freind, der Frieder, wird au vermisst. Ond bringat Se an Krankawaga mit. Noi, am besta zwoi. Alles andere erklär i Ihne später. Schnell.«

Er hörte der verstörten Kriminalkommissarin nicht mehr zu, die nach mehr Information verlangte, legte auf und führte Ernst Allgaier zu einer Sitzbank.

Der Patient war zu erschöpft, um zu widersprechen, und kam der stillen Aufforderung nach.

Goettle zog Miriam zu sich. »Sie kümmrat sich um ihn, und i such den Frieder«, raunte er ihr im verschwörerischen Tonfall zu. »Aber sen Se vorsichtig ond gehat Se koi Risiko ei.«

»Sie müssen sich um mich nicht sorgen. Ich habe schon ganz andere Situationen durchgestanden«, antwortete Miriam. Es klang so, als wäre dies alles andere als eine Floskel.

58

»I fahr jetzt nach Bad Buchau. Des sen mir dem Goettle schuldig.«

Polizeiobermeister Fritz war fest entschlossen, nach dem Hilferuf von Pfarrer Goettle nach dem Rechten sehen zu wollen. Seine Kolleginnen, allen voran Hauptkommissarin Gerber, zögerten. Es war bekannt, dass der Gemeindepfarrer von Biberach nur selten Hilfe der Polizei einforderte und die Ermittlungen lieber selbst in die Hand nahm. Demzufolge war sein Anruf mehr als ungewöhnlich. Greta wagte es nicht, ihrem Kollegen zu widersprechen, denn dass in der Härle-Klinik nicht alles mit rechten Dingen zuging, war spätestens seit der Befragung des Kochs Raimund Schmieder glasnudelklar.

»Gut. Herr Fritz, Sie fahren nach Bad Buchau. Kommissarin Behrmann wird Sie begleiten.«

Sie nickte Laura zu, die sich mit entschlossenem Gesichtsausdruck ihren Pistolenhalfter umlegte. »Und ich fahre nach Ulm und versuche mit Kai Bode zu sprechen. Bin sehr gespannt, was er zu erzählen hat.«

Kriminalrat Seidel saß am Besprechungstisch und sah den Ermittlern zu, wie sie sich für ihre nächsten Einsätze bereit machten.

»Wenn Sie glauben, dass ich mich um Malte kümmere, während Sie durch die Gegend gondeln, um auf angenehmste Weise Kriminalfälle zu lösen, dann haben Sie sich aber geschnitten. Ich kann nicht auf ihn aufpassen. Ich habe auch einen wichtigen Termin. Staatsanwalt Kruse hat mich darum gebeten, ihn bei der nächsten Verhandlung zu begleiten. Es geht um ... um ... Wo ist eigentlich Malte?« Kriminalrat Seidel starrte auf den freien Stuhl, der eben noch von seinem Neffen belegt gewesen war. »Herrgott, mit dem Kerl hat man nur Schwierigkeiten. Eine elektronische Fußfessel, das ist es, was dieser Bengel braucht. Egal, ich habe jetzt keine

Zeit, ihn zu suchen. Ich verlasse mich auf Sie. Finden Sie ihn und kümmern Sie sich.«

Greta Gerber wollte protestieren, doch ihr Chef eilte schnurstracks zur Tür hinaus.

»Der hat sie doch nicht mehr alle«, lautete ihr fassungsloser Kommentar. »Der glaubt doch nicht im Ernst, dass wir uns um seinen schwer erziehbaren Neffen kümmern, während wir im Einsatz sind!«

»Dafür haben wir jetzt wirklich keine Zeit«, pflichtete Laura Behrmann bei. »Malte wird schon wieder auftauchen.«

»Des seh' i au so«, resümierte Polizeiobermeister Fritz und klimperte mit dem Autoschlüssel. »Auf geht's. Bad Buchau wartet.« Seine Bartspitzen vibrierten, und es sah so aus, als könnte er seinen Einsatz kaum erwarten.

59

Blandine hatte große Schwierigkeiten, mit Professor Thompson Schritt zu halten. Das lag mitunter daran, dass sie sich nicht an die Klinik-Anweisung hielt, die den Patienten bequemes Schuhwerk vorschrieb. Sie trug kniehohe Stiefel, die mit einem zehn Zentimeter hohen Pfennigabsatz versehen waren. Das war ihre Auslegung von Bequemlichkeit.

»Warum rennen wir denn so? Und wo gehen wir eigentlich hin?«, hechelte sie.

Thompson reagierte nicht und verschärfte das Tempo. Er hatte Blandine nicht aufgefordert, ihm zu folgen. Im Gegenteil. Der Anruf des Pförtners hatte ihre intime Begegnung unterbrochen, und er hatte sie gebeten, in seinem Büro zu warten, bis er zurück wäre. Er war hinausgestürmt und hatte nicht damit gerechnet, dass sich Blandine seinem Wunsch widersetzte.

»Was ist denn los?«, fragte Blandine atemlos. »Wer war das am Telefon?«

Abrupt blieb der Professor stehen. Blandine lief auf ihn auf. Er packte sie fest an den Oberarmen und schüttelte sie. Blandine schrie kurz vor Schmerz auf, dann sah sie diesen unbändigen Hass in seinen Augen.

»Gerold-Bärchen, was ist denn?«, wimmerte sie.

»Miriam und Pfarrer Goettle sind in der Klinik. Und so, wie es aussieht, ist ihnen Allgaier in die Arme gelaufen. Jetzt fliegt alles auf. Wir sind erledigt, begreifst du das?« Seine Stimme überschlug sich.

Blandine nickte, obwohl sie sich nicht sicher war, ob sie wirklich verstand, was den Klinikleiter so aufbrachte. Professor Thompson lockerte seinen Griff und stieß sie von sich.

»Geh zurück in mein Büro. Ich komme später nach«, raunte er ihr zu.

»Die Hexe ist hier?« Blandines Augen funkelten. »Du willst mich loswerden, weil du mit ihr allein sein willst«, setzte sie nach. »Genau wie Peter. Was habt ihr nur alle mit ihr?«

»Rede keinen Unsinn!«, knurrte Thompson und drehte sich ab.

»Ich komme auf jeden Fall mit!«, kreischte Blandine. »Die Schlampe kauf ich mir!«

Unbeholfen stöckelte sie dem Professor hinterher, sah jedoch ein, dass sie ihm in diesem Schuhwerk nicht folgen konnte. Schweren Herzens trat sie so fest auf, dass die Absätze abbrachen.

»Die wirst du mir ersetzen, Freundchen«, wisperte sie in Thompsons Rücken.

»Frieder, kannsch du mich höra? Sag doch ebbes.«

Andreas Goettle irrte durch den Gang im Erdgeschoss, das Kruzifix nah am Mund. Es gab immer wieder Geräusche von sich, so, als hätte man einen Radiosender nicht richtig eingestellt. Und inmitten des Rauschnebels war Frieders Stimme zu vernehmen. Einzelne Silben nur, die keinen Zusammenhang ergeben wollten.

»Knoll… Pil… Hei…ler …ell …«

Der Pfarrer schwitzte, sein Brustkorb hob und senkte sich schnell, sein Puls raste. »Lieber Gott, wenn des guat ausgoht, dann singt der Chor zu Weinachta und zu Ostra den Messias vom Händel.«

»Bitte … nicht«, tönte es aus dem Kruzifix.

Goettle sah die Devotionalie ehrfürchtig an. Dann begriff er, dass es keine göttliche Botschaft war, die er da empfangen hatte. Er hatte Frieders Worte ganz deutlich verstanden. Was eigentlich nur bedeuten konnte, dass er sich dem Versteck näherte. Er hechtete weiter, auf eine Glastüre zu, und befand sich im nächsten Moment in einem Treppenhaus. Er zögerte. Hinauf oder hinunter, lautete die Frage.

»Das Böse wohnt in der Hölle«, murmelte Goettle. »Außerdem isch Trepp nonder net so anstrengend.«

Die Tachonadel züngelte an der 160-Stundenkilometer-Marke. POM Fritz trat das Gaspedal des Passats ganz durch, während sich Kollegin Behrmann mit beiden Händen an der Halteschlaufe oberhalb ihrer Tür festkrallte. Sie hatte ihren Kollegen noch nie so entschlossen erlebt. Dementsprechend hatte er ihre Bitte nach einer besonneneren Fahrweise ignoriert. Die Birken entlang der Oggelshauser Straße flogen an ihr vorbei, brachten dem Klang des Martinshorns stehende Ovationen.

»Boah, fett, Alter. Hätte nicht gedacht, dass die Kiste das hergibt«, ertönte es hinter ihnen.

Maltes Antlitz tauchte zwischen den Vordersitzen auf.

Polizeiobermeister Fritz erschrak, verriss das Steuer, der Wagen brach nach links aus, drehte sich einmal um sich selbst, drohte von der Fahrbahn abzukommen. Laura Behrmann stieß sich mit beiden Armen vom Armaturenbrett ab, presste sich in den Sitz und schrie. Maltes Kopf prallte hart gegen die Rückenlehne des Fahrersitzes, der Junge verlor das Bewusstsein. POM Fritz kuppelte den Gang aus, betätigte die Bremse, ließ sie wieder los und steuerte der Drehbewegung entgegen.

»Komm scho!«, brüllte er. Der Passat drehte sich noch einmal um die eigene Achse, rutschte dabei weiter auf eine Birke am rechten Straßenrand zu. Qualm stieg auf, Laura Behrmann schloss in Erwartung des Aufpralls die Augen. Wie durch ein Wunder kam das Fahrzeug zum Stillstand, allerdings entgegen der Fahrtrichtung.

»Sapperlott, des war knapp«, murmelte Polizeiobermeister Fritz. Seine Bartspitzen zitterten.

Laura Behrmann blinzelte ihn an. »Respekt, Herr Fritz, an Ihnen ist ja ein richtiger Rallyefahrer verlorengegangen.«

Sie zitterte am ganzen Körper, und ihr Magen schien sich von der letzten Mahlzeit verabschieden zu wollen.

»Schleuderkurs beim ADAC. Da hot sich jeder Cent g'lohnt, dät i sage«, erwiderte ihr Kollege.

»Aua«, tönte es vom Rücksitz. Malte hielt sich die Schläfe und verzog schmerzerfüllt das Gesicht.

POM Fritz drehte sich zu dem Jungen um und packte ihn am Kragen. »Woisch du, was i mit dir am liebsta mache dät?«, fauchte er ihn an.

Kollegin Behrmann legte ihm eine Hand auf die Schulter und hinderte ihn daran, seine unheilvolle Fantasie umzusetzen. Der Polizist hielt den Jungen fest im Griff und schüttelte ihn zweimal. Malte schien in seinem Kapuzenpulli zu versinken. Er drehte den Kopf weg, als erwartete er einen Schlag.

»Tschuldigung«, wimmerte er.

»Bist du eigentlich völlig übergeschnappt?«, brüllte Laura Behrmann. »Was zum Teufel machst du hier?«

»Ich dachte ... ich wollte ... mal was erleben«, schluchzte Malte. »Immer nur blöd im Büro rumsitzen ist doch langweilig.«

Noch immer hielt er sich die Schläfe, und Laura Behrmann sah, dass Blut durch seine Finger sickerte. Sie schob seine Hand zur Seite, entdeckte den Riss unter seiner Augenbraue, zog ein Taschentuch hervor und drückte es ihm auf die Wunde.

»Halt das fest«, herrschte sie ihn an.

»Ond vor allem, halt ab jetzt dei Gosch«, fügte Polizeimeister Fritz hinzu. Er ließ den Kragen des Jungen los, drehte sich um und startete den Wagen.

»Da vorne. Ist sie das? Dieses Mistvieh, das du in der Besenkammer vernascht hast?«, kreischte Blandine. Ihre Schlauchbootlippen zitterten, sie beschleunigte ihren Schritt.

Professor Thompson hielt sie fest. »Halt deinen Mund! Das hier geht dich überhaupt nichts an.«

Er stieß sie von sich, doch Blandine dachte nicht daran, zurückzubleiben.

Miriam Luscheder, die neben Ernst Allgaier auf einer Bank saß und beruhigend auf ihn einredete, erhob sich, als sie Professor Thompson und Blandine auf sich zurauschen sah. Die beiden machten einen entschlossenen Eindruck, auch wenn sie nicht wusste, wie dieser Entschluss aussehen konnte. Einen Augenblick dachte sie an Flucht, doch mit dem Blick auf Ernst Allgaier verwarf sie diesen Gedanken. Sie konnte ihn nicht allein lassen. Er saß gekrümmt auf der Bank und wiegte sich hin und her.

Viel Zeit, eine Alternative zur Flucht zu suchen, blieb ihr nicht. Blandine raste auf sie zu, hatte ihre rot lackierten Krallen ausgefahren und zielte damit geradewegs auf ihr Gesicht. Miriam hob die Arme und drehte sich zur Seite, um den Angriff abzuwehren.

»Du dreckige Hure!«, schrie Blandine schrill und schlug auf Miriam ein.

»Blandine, hör auf damit«, ermahnte Thompson und versuchte, seine Geliebte von der Kräuterfrau wegzuziehen. Miriam gab ihre Verteidigungsstellung auf und zog ihre Widersacherin an den Haaren. Mit einem knackenden Geräusch lösten sich die Verbindungen der Extensions. Mit den Haarteilen in der Hand erinnerte Miriam Luscheder an eine Indianerin, die einen Skalp erobert hatte.

Blandine blickte sie entsetzt an, griff sich an den Hinterkopf und damit ins Leere.

»Sie hat meine Frisur ruiniert!«, brachte sie tonlos hervor. »Ich bin kahl wie Bruce Darnell.«

Miriam nutzte die Verblüffung von Blandine und Thompson, boxte sich den Weg frei und flüchtete.

Thompson nahm die Verfolgung auf.

»Töte diese Nutte«, kreischte Blandine. »Töte sie!«

Andreas Goettle folgte den Stufen nach unten. Die Signale aus dem Kruzifix waren deutlicher geworden, und mittlerweile konnte er auch Frieder besser verstehen. Allerdings wurde er nicht recht schlau aus dem, was sein Freund von sich gab.

»Zwischen Leber und Milz passt immer ein Blätterknochenpilz.«

Frieder kicherte irr und fing an zu singen. »Marmor, Stein und Eisen bricht, aber meine Leheber nicht.«

»Jessas, so schlecht isch es ihm ja no nie ganga«, sagte Andreas Goettle leise. Er kam an eine Stahltür. Er drückte die Klinke vorsichtig herunter, presste sich gegen das Türblatt und stolperte in einen dunklen, fensterlosen Raum. Er atmete die muffige, abgestandene Luft ein, in die sich der beißende Geruch von Heizöl gemischt hatte. Goettle suchte nach einem Lichtschalter, fand und betätigte ihn. Eine trübe Funzel spendete genug Licht, um zu erkennen, dass weitere Stahltüren von dem Raum abgingen.

»Frieder, sing, so laut du kannsch«, flüsterte er in das Kruzifix und kurz darauf hörte er die Stimme seines Freundes.

»Ganz in Weiß, mit einem Knollenpilz …«

Frieders heiserer Gesang ertönte nicht nur aus dem Kruzifix, sondern auch, etwas leiser, etwa zehn Meter entfernt, hinter einer Stahltür. »Gelobt sei Jesus Christus«, flüsterte Andreas Goettle und bekreuzigte sich.

Im nächsten Moment traf ihn ein harter Gegenstand an der Schläfe. Er ging zu Boden, doch bevor er aufblicken konnte, spürte er den Luftzug des Gegenstands, der sich zum zweiten Mal gegen seinen Kopf senkte und ihm das Bewusstsein nahm.

Mit kreischenden Reifen brachte Polizeiobermeister Fritz den Wagen vor der Adalbert-Härle-Klinik zum Stehen. Laura Behrmann öffnete den Sicherheitsgurt und stieg aus. Ihr Kollege drehte sich zu dem auf dem Rücksitz kauernden Malte um.

»Du bleibsch hier ond rührsch dich net vom Fleck. Wenn i di draußa verwisch, dann sorg i dafür, dass du ein lebenslanges Handyverbot kriegsch. Hasch des kapiert?«

Malte nickte und zog eine schmerzverzerrte Grimasse.

Polizeimeister Fritz stieg aus. Auf dem Weg zum Eingang entdeckte er ein ganz in Schwarz gekleidetes Mädchen, das gelangweilt auf dem Display ihres Smartphones herumwischte. Sie schien ungefähr im Alter von Malte zu sein und ähnlich unmotiviert, ihre Zeit sinnvoll zu vertreiben. »He du. Willsch fünf Euro verdiena?«, fragte Polizeiobermeister Fritz.

Das Mädchen sah kurz auf, allerdings schien ihr Interesse gering zu sein. »Pass mol gschwend auf den Kerle im Auto uff. Der darf den Karra net verlassa.«

Das Mädchen sah erst POM Fritz, dann Malte an.

»Für nen Zehner mach ich's«, sagte sie.

Der Polizist zischte einen schwäbischen Fluch, drückte ihr den Schein in die Hand und eilte seiner Kollegin hinterher, die bereits beim Portal der Klinik stand. Ein ausgemergelter Mann trat aus der Eingangstür und wankte auf sie zu.

»Die Hexe. Haltet sie auf!«, schrie er und fuchtelte wild mit den Armen. Dann brach er zusammen.

Panisch rüttelte Miriam an den Klinken der Türen, die vom Flur abgingen, doch sie waren verschlossen. Thompson näherte sich zusehends. Er fuchtelte und rief ihren Namen, befahl ihr stehenzubleiben. Diesen Gefallen wollte sie ihm nicht tun. Sie hatte den kalten Blick in seinen Augen gesehen, und niemand wusste so gut wie sie, wozu der Professor in der Lage war.

Eine Tür öffnete sich und Miriam huschte über die Schwelle. Es war ein schlicht eingerichtetes Notversorgungszimmer, lediglich mit einer Liege, einem Schreibtisch und einem Stuhl ausgestattet. Durch das milchverglaste Fenster fiel schummriges Licht, die abgestandene Luft zeugte davon, dass der Raum selten benutzt wurde.

Miriam stürzte ans Fenster, zog am Griff, um es zu öffnen. Es bewegte sich nicht. Verzweifelt suchte sie nach einem anderen Ausweg und wurde sich in diesem Moment bewusst, dass sie sich in eine Sackgasse hineinmanövriert hatte. Als müsste er diese Erkenntnis untermauern, füllte Gerold Thompson den Türrahmen.

»Miriam, Süße, endlich. Lass uns reden«, schnaufte er und lächelte kühl. Langsam bewegte er sich auf sie zu.

Die Kräuterfrau sah sich nach einem Gegenstand um, mit dem sie sich verteidigen konnte. In ihrer Verzweiflung griff sie nach einem Stift, der verlassen in einem Köcher auf dem Schreibtisch stand.

»Ach, wie süß«, raspelte Thompson. »Willst du mir einen Brief schreiben? Oder dein Testament?«

Er überraschte sie mit einem schnellen Schritt nach vorn, einem Schlag gegen den Brustkorb. Sie taumelte nach hinten, verlor das Gleichgewicht und stürzte. Thompson setzte sich auf ihren Brustkorb und hielt ihre Hände fest. Seine Mundwinkel zuckten.

»Immer nur Ärger. Was soll ich nur mit dir machen?«, wisperte er. Miriam versuchte, ihre Hände aus seiner Umklammerung freizubekommen, doch ihre Kraft reichte nicht. Durch das Gewicht auf ihrem Oberkörper bekam sie immer weniger Luft.

»Es ist aus«, brachte sie mühsam hervor. »Ich gehe zur Polizei und werde alles sagen. Alle werden von deinen üblen Machenschaften erfahren. Dir geht es nicht um das Wohl der Menschen. Dir geht es nur um den Profit und um Macht. Du bist besessen von diesem Schuppen hier. Von dieser Klinik. Du bist der Teufel in der Maske eines Halbgottes in Weiß.«

Thompson schob sein Gesicht ganz nah an ihres. Seine Augen funkelten zornig, auf seiner Oberlippe hatten sich kleine Schweißtropfen gebildet. »Wer soll dir das glauben? Die Leute nennen dich eine Hexe, schon vergessen? Oder auch Hure. Du hast nicht den besten Ruf im Ort. Wie oft sollen sie dir das noch an die Hauswand schreiben? Waren die Warnungen nicht deutlich genug? Das eingeworfene Fenster? Hätte ich den Jungs sagen sollen, dass sie dich persönlich aufsuchen sollen? Womöglich hätte dir das gefallen.«

Miriam spuckte ihm ins Gesicht, der Professor zuckte zurück, wischte sich reflexartig mit einem Ärmel über die getroffene Wange. Miriam nutzte seine Verwirrung, um ihn von sich herunterzustoßen. Sie kroch in Richtung Tür. Eine Hand umklammerte ihr Fußgelenk, sie trat nach ihr.

Sein Schmerzensschrei war Beleg dafür, dass sie ihn getroffen hatte. Sie kroch weiter, versuchte in die Senkrechte zu kommen. Sie hörte Gerold keuchen, krabbelte auf allen Vieren auf die Tür zu, sah hoch. Blandine füllte den Rahmen, ihren Gürtel in der Hand. Ehe es sich Miriam versah, wurde sie von der Stahlschnalle im Gesicht getroffen, dann spürte sie, wie sich eine Schlinge fest um den Hals legte. Sie krallte sich in das Leder und versuchte, den Druck abzuschwächen.

»Stirb, du widerwärtige Schlampe!«, spie Blandine aus. Eine Ader war an ihrer Schläfe hervorgetreten, mit aller Kraft zog sie an dem Ende des Gürtels.

»Das reicht, Blandine. Ich übernehme das. Du hast damit nichts zu tun.«

Gerold tauchte neben der Furie auf, konnte ihr jedoch den Gürtel nicht entreißen. Er sah Miriam mitleidig an, die mit gerötetem Kopf und hervortretenden Augen um ihr Leben rang.

»Ich habe dich geliebt, Miriam. Wie keine andere Frau zuvor. Gemeinsam hätten wir die Welt aus den Angeln heben können. Doch du wolltest ja unbedingt deinen Weg gehen. Ohne mich. Das war hart, es hat mich sehr getroffen. Und es hat auch etwas in mir kaputt gemacht.«

»Quatsch nicht!«, schrie Blandine. »Bei Peter warst du auch nicht so zimperlich. Gib ihr, was sie verdient. Sie hat uns betrogen!«

Der Professor zog eine Einwegspritze und eine Ampulle aus seinem Kittel. Er entfernte die Verpackung, brach das kleine Fläschchen auf, tauchte die Nadel in die Flüssigkeit und zog den Kolben auf.

»Was ist das?«, krächzte Miriam. »Was machst du?«

Thompson hielt die Nadel der Spritze in die Höhe, klopfte dagegen, betätigte den Kolben und beobachtete, wie eine dünne Fontäne herausspritzte.

»Du kennst das doch«, sagte er wie beiläufig, ohne seinen Blick von der Spritze zu nehmen. »Blauer Eisenhut. Es wird so aussehen, als hättest du einen Kreislaufkollaps erlitten. Wäre ja nicht verwunderlich, so, wie du dich aufregst.«

»Hast du so auch Grossmann und Seethaler umgebracht?«, ächzte Miriam. Noch konnte sie die Lederschlaufe auseinanderziehen, aber sie spürte, dass ihre Kräfte nachließen.

»Grossmann war schon in einem reichlich angeschlagenen Zustand, als du ihn mit Jean-Luc hergebracht und vor der Tür abgelegt hattest. Du liebe Zeit, er hatte fast keinen Puls mehr. Da frage ich mich schon, was ihr da getrieben habt. Oder nein, vielleicht ist es besser, wenn ich es nicht weiß.«

»Das Schwein hat versucht, mich zu vergewaltigen.«

»Sie lügt. Mach ihr endlich den Garaus!«, kreischte Blandine. »Ich will sie verrecken sehen!«

»Halt jetzt endlich die Fresse!« Thompsons Stimme überschlug sich und Blandine wich erschrocken einen Schritt zurück. »Wir alle wissen, dass Grossmann ein Idiot war. Genau wie Seethaler. Diese Möchtegern-Casanovas, die es auf ihre alten Tage noch mal krachen lassen wollten und nichts anbrennen ließen. Die sich hier im Ort mit ihren Ruhmestaten brüsteten. Die behaupteten, die Härle-Klinik wäre ein Reha-Zentrum, in dem man sich an keine Regeln zu halten hatte. Und die damit angaben, wie oft sie bei dir waren, Miriam. Du hättest hören müssen, was sie über dich gesagt haben. Und dann hatte Oberschwester Ursula diese perfide Idee mit den Kräutern. Und dieser Hohlkopf Schmieder hat sie umgesetzt. Weil er Pflanzen besaß, die er von seinen Reisen mitgebracht hat. Hat ein bisschen was gekostet, aber die Methode war wirksam. Indem man den Patienten immer wieder vor Augen führt, wie es ist, Schmerzen zu haben, erzeugt man Dankbarkeit für die schmerzlosen Phasen. Gesundheit ist immer auch eine Kopfsache. Doch Seethaler und Grossmann haben sich immer mehr verweigert. Ich musste da ein wenig nachhelfen, oder nicht?«

Er senkte die Nadel in Richtung ihrer Halsschlagader, die aufgrund der Gürtelschlinge deutlich hervorgetreten war.

Miriam schloss die Augen. »Damit kommst du nicht durch«, flüsterte sie. »Es gibt Menschen, die über dich und deine Machenschaften Bescheid wissen.«

Gerold Thompson lachte laut auf. »Du meinst diesen Hilfskoch? Der verabschiedet sich gerade von seiner Leber. Knollenblätterpilz. Ich sage es dir: Er hat keinen so schönen Tod wie du.«

Miriam spürte den Einstich an ihrem Hals und schluckte. Tränen verschleierten ihre Sicht. Der Raum begann sich zu drehen, schneller und immer schneller, eine asiatische Melodie mischte sich in den Wahrnehmungsreigen. Abrupt brachen die Eindrücke ab. Die Schlaufe um ihren Hals lockerte sich, gierig sog sie die nachströmende Luft ein. Sie hob den Kopf und sah, wie Blandine im Schwitzkasten einer jungen Polizistin zappelte, die eine Pistole auf den Professor richtete.

»Lassen Sie sofort die Spritze fallen«, schrie sie ihn an.

Der Professor war erstarrt, machte aber keine Anstalten, der Anweisung Folge zu leisten. Mit letzter Kraft trat Miriam zu und erwischte ihn zwischen den Beinen. Mit einem japsenden Laut sackte Thompson zusammen.

»Schöne Maid, hast du heut für mich Zeit, hojahojaho.«

Goettle erwachte von Frieders atonalem Getöse. Er drehte den Kopf und sah seinen Freund schweißüberströmt neben sich sitzen und aus Inbrunst Stimmungshits trällern. Goettles Schädel brummte, als würde ein Rasenmähwettbewerb darin ausgetragen; sein linkes Auge war zugeschwollen, er konnte das Lid nur einen Spalt öffnen. Seine Hände waren hinter seinem Rücken gefesselt. Er drehte die Handgelenke, konnte sich jedoch nicht befreien. Er lauschte in die Dunkelheit und vernahm ein leises Röcheln. Es war noch eine dritte Person im Raum.

»Grüezi wohl, Frau Stirnimaa«, plärrte Frieder und entlockte der unbekannten Seele ein Glucksen.

»Er ist so lustig«, sagte eine Frauenstimme.

Goettle drehte den Kopf und erkannte Oberschwester Ursula, die vor Frieder stand und ihn liebevoll betrachtete.

»So einen Mann habe ich mir immer gewünscht. Intelligent, humorvoll, nur für mich da. Wie schade. Wenn ich ihn nur früher kennengelernt hätte.«

Goettle hüstelte und zog damit Ursulas Aufmerksamkeit auf sich.

»Herr Pfarrer, Sie sind auch wieder wach. Wie schön. Tut mir leid, dass ich Sie so hart getroffen habe. Aber ich kann es doch nicht zulassen, dass Sie ihn mir wegnehmen.«

Sie wandte sich Frieder zu, beugte sich zu ihm hinunter und streichelte ihm die Wange. Der quittierte es mit einem »Sind so kleine Hände ...«

»Ursula, Sie sen doch a vernünftige Person. Die Polizei isch onderwegs und kann in jedem Moment da sei. Wenn Sie ons freilasset, dann isch des gut für sie. Dann hen Sie koi Strof zum fürchta.«

Die Oberschwester richtete sich auf, strich ihre Arbeitskleidung glatt.

»Die Polizei kann uns nichts anhaben. Hat der Herr Professor gesagt. Wir haben nichts Unrechtes getan. Wir haben uns immer um unsere Patienten gekümmert, wenn es ihnen schlecht ging. Rund um die Uhr.«

»Und vorher hen Sie dafür gsorgt, dass es den Patienta schlecht goht. Indem Sie denne ebbes ins Essa gmischt hen.«

Oberschwester Ursula entließ einen Laut der Missachtung. »Kräuter, Herr Pfarrcr. Es waren Kräuter. Und wie immer im Leben gilt: Auf die Dosierung kommt es an. Viel hilft nicht viel. Außerdem mussten wir einige Patienten bestrafen, wenn sie sich nicht an den Behandlungsplan hielten. Manche Menschen muss man zu ihrem Glück zwingen. Aber irgendwann erkennen auch sie, dass wir es nur gut mit ihnen meinen. Dann sind sie voller Dankbarkeit. Das ist es, wofür ich arbeite. Und am Ende ging es ja allen wieder gut. Den meisten zumindest.«

Oberschwester Ursula lächelte selig. »Und nun, Herr Pfarrer, wird es Zeit, dass auch Sie etwas essen.«

Sie näherte sich mit einem Teller. Ein köstlicher Duft stieg in Goettles Nase.

»Davon ess i gwieß nix.« Er presste die Lippen zusammen.

Oberschwester Ursula nickte. »Kein Problem«, sagte sie und presste dem Geistlichen die Nase zu.

»Binden Sie ihm das um die Hände und ziehen Sie fest zu.«

Laura Behrmann warf Miriam Luscheder einen Kabelbinder zu. Sie näherte sich dem stöhnenden Professor, der gekrümmt am Boden lag und seine Weichteile hielt. Miriam drehte ihm die Hände auf den Rücken und legte ihm die Fessel an. Sie stellte sich dabei gar nicht ungeschickt an, wunderte sich Laura.

»Aufstehen und mitkommen«, befahl die Kommissarin. Die Anweisung richtete sich an den Professor wie an die am Boden liegende Blandine, deren Hände mit Handschellen umschlossen waren. Mühsam berappelten sich die beiden Gefesselten und trotteten vor Laura Behrmann her zum Ausgang. Miriam Luscheder folgte dem Trio.

»Was wird jetzt aus mir?«, fragte sie zögerlich.

»Sie bleiben hier. Ich rufe einen Krankenwagen, dann soll sich ein Sanitäter die Wunde an Ihrem Hals ansehen. Außerdem haben wir sicher noch ein paar Fragen an Sie«, antwortete die Kommissarin, ohne sich umzudrehen.

Am Fahrzeug angelangt, betätigte sie das Funkgerät und orderte einen Streifen- und einen Krankenwagen an.

»Das ist ja cool. Der Professor und Blandine sind verhaftet«, tönte es vom Rücksitz. Ein junges Mädchen drückte ihr Gesicht gegen die Scheibe des Wagens, während Malte Fotos mit seinem Smartphone schoss.

»Was macht ihr denn hier?«, fragte Laura Behrmann. »Raus, aber sofort.«

»Das geht nicht. Ich muss auf Malte aufpassen. Das hab ich dem alten Polizisten versprochen«, sagte das Mädchen, ließ jedoch die Gefangenen nicht aus den Augen.

»Und ich darf das Auto nicht verlassen. Sonst bekomme ich Handyverbot«, ergänzte Malte.

»Und ich sage, dass ihr euch einen anderen Platz sucht, um das zu tun, was ihr bisher getan habt«, wetterte Laura Behrmann und öffnete die Hintertür des Wagens.

»Wir haben gar nichts getan«, erwiderte das Mädchen empört und schlängelte sich aus dem Wagen.

»Genau, gar nichts«, pflichtete ihr Malte bei. Es war ihm allerdings anzumerken, dass er seine sonst an den Tag gelegte Lethargie ein wenig eingebüßt hatte. Seine Augen leuchteten, seine bleichen Wangen glänzten in Altrosa, und er war sichtlich bemüht, schnell aus dem Wagen zu kommen.

»Und was sollen wir jetzt machen?«, fragte das Mädchen.

»Das ist mir wurscht«, antwortete Laura Behrmann unwirsch. »Geht zum See, beobachtet Vögel und Enten oder lass dich von ihm malen. Das kann Malte ziemlich gut.«

Das Mädchen warf einen abfälligen Blick auf Malte.

»Okay, aber den Zehner behalte ich, dass das klar ist«, sagte sie und schlenderte davon. Nicht ohne sich umzusehen, ob ihr Malte folgte.

Laura Behrmann entging nicht, dass sie es sehr genoss, dass der Junge ganz offensichtlich Gefallen an ihr fand. »So jung müsste man noch einmal sein«, murmelte sie, dann setzte sie ihren Funkspruch ab.

Polizeiobermeister Fritz traf im Treppenhaus auf Oberschwester Ursula. Sie kam aus dem Keller und trug ein Tablett mit einem fast unberührten Teller vor sich. Sie erschrak, als sie den Polizeibeamten sah, fand aber schnell ihre Haltung wieder und wollte sich an ihm vorbeischieben.

»Wo kommat Sie denn mit dem Essa her?«, erkundigte sich der Polizist misstrauisch.

»Ein Patient, ganz spezieller Fall. Verweigert die Nahrung schon seit Tagen«, ließ Oberschwester Ursula verlauten.

»So speziell, dass er im Keller essa muaß?«

Der Kriminalbeamte glaubte der Krankenschwester kein Wort, stieß sie zur Seite und eilte an ihr vorbei. Sie kreischte vor Schreck, ließ das Tablett fallen, der Teller zerbrach, die klebrige Speise spritzte über den Boden. Ursula setzte dem Polizisten nach.

Fritz stieß die Stahltür auf, trat hindurch, schloss sie wieder und blockierte sie durch die Handschellen, die er als Keil zwischen Türblatt und Boden klemmte. Nur wenige Sekunden später hämmerte Oberschwester Ursula gegen die Tür.

»Machen Sie auf! Es ist nicht so, wie Sie denken. Die Patienten brauchen ihre Ruhe«, krakeelte sie.

»Ach, jetzt sind es scho mehrere Patienta«, erwiderte Fritz. Er zog die Waffe aus seinem Halfter, entsicherte sie und schlich vorsichtig voran. Er hörte Geräusche, Stimmen. Offensichtlich befanden sich Menschen in einer großen Notlage, denn ihr Geheul war markerschütternd. Vor einer weiteren Stahltür blieb er stehen und lauschte. Es war kein Wehgeschrei, das er vernahm.

»Im kühlen Keller sitz ich hier …«, tönten zwei Männerstimmen.

POM Fritz riss die Tür auf und konnte sich ein Grinsen nicht verkneifen. Pfarrer Goettle und sein Freund Frieder saßen am Boden, an Heizungsrohre gefesselt, und intonierten das Trinklied in einer Inbrunst, dass ihnen der Schweiß über das Gesicht rann. Sie bedachten den Polizisten nur mit flüchtigen Blicken, so als gälte es, den Song auf jeden Fall zu Ende zu bringen.

»… füllt mir das Glas, ich halt's empor und trinke, trinke, trinke.«

»Ihr sen mir so zwoi Vögel«, murmelte der Polizeiobermeister und machte sich dran, die beiden zu befreien.

»Kommt ein Vogel geflogen, nimmt die Schnur von meinem Fuß«, lautete die sangesfreudige Antwort von Andreas Goettle.

»Fischers Fritz frisch fische Pilze«, erwiderte Frieder.

Dann brachen die beiden Gefangenen in Gekicher aus.

60

Greta Gerber stand am Bett von Kai Bode und beobachtete die Kurve auf dem Display, die in regelmäßigen Amplituden, von leisen Piepstönen untermalt, den Herzschlag des Patienten anzeigte. Wie es aussah, war er über den Berg.

»Bitte, fasse dich kurz«, hatte ihr Oliver mit auf den Weg gegeben. »Er ist noch ziemlich schwach und sollte sich nicht aufregen.«

»Letzteres kann ich nicht garantieren«, schnappte die Hauptkommissarin. Das Zusammentreffen mit ihrem Ex-Geliebten war seltsam gewesen. Greta war ihm begegnet wie einem Schulkameraden, den sie schon seit Jahren nicht mehr gesehen hatte. Sie wusste nicht, was sie sagen sollte, und er offensichtlich auch nicht. Schweigend waren sie sich im Gang gegenübergestanden, fast so, als würden sie sich in der U-Bahn begegnen. Sie hatten versucht, sich nicht anzusehen, hatten sich in Alltagsgeplänkel geübt, bis Greta die Frage gestellt hatte, ob sie Bode sehen könnte. Oliver hatte zugestimmt, wohl auch, um sich aus der seltsamen Lage zu befreien.

Der Patient öffnete kurz die Augen. Als er die Hauptkommissarin erblickte, huschte ein Schatten des Erstaunens über sein Gesicht.

»Wie geht es Ihnen?«, fragte Hauptkommissarin Gerber.

Bode hob eine Hand und wiegte sie schwach hin und her. Seine Gesichtsfarbe changierte zwischen grau und grün.

»Sind Sie in der Lage, mir ein paar Fragen zu beantworten?«

Bode schloss die Augen, der Verlauf seiner Herzfrequenz veränderte sich. Die Herztöne waren deutlicher zu hören, und auch sein Puls schlug schneller. Greta Gerber interpretierte das als ein »Ja«.

»Herr Bode, im Biberacher Klinikum liegt eine Frau, die genau die gleichen Vergiftungssymptome hat wie sie. Barbara Kurz heißt sie. Kennen Sie die Dame?«

Bode schüttelte schwach den Kopf, schloss die Augen.

»Herr Bode, Sie müssen uns nichts vormachen. Das kostet uns beide nur Zeit. Ich will Ihnen ein bisschen auf die Sprünge helfen: Sie arbeiten für Puresafe, haben sich an die Frau Ihres besten Freundes Udo Kurz herangemacht, haben von ihr wichtige Details zu den Baugruppen der Alarmanlagen erhalten, die Elektro Kurz installiert hat. Sie haben diese Anlagen ausgeschaltet, Einbrüche initiiert und konnten auf diese Weise Neuakquise betreiben, indem Sie Produkte aus dem Hause Puresafe verkauft haben. Liege ich bis hierher richtig?«

Kai Bode schüttelte den Kopf und stöhnte.

»Bei einem Einbruch in Bad Buchau haben Sie eine Flasche mit getrocknetem Glockenbilsenkraut gestohlen, das laut Etikett neue erotische Erfahrungen versprach«, fuhr Greta Gerber fort. »Das haben Sie mit Ihrer Geliebten ausprobiert und offenbar die Dosierung falsch eingeschätzt. Jetzt liegen Sie hier mit einer Vergiftung und Barbara Kurz mit denselben Symptomen im Krankenhaus in Biberach.«

»Ich weiß nicht, wovon Sie reden«, sagte Kai Bode schwach. »Bitte gehen Sie, ich fühle mich sehr schlecht.«

»Den Gefallen kann ich Ihnen nicht tun«, erwiderte Greta Gerber. »Zumal wir Ihre Geliebte befragt haben, die schwere Anschuldigungen gegen Sie erhoben hat. Sie hat gesagt, es sei alles Ihre Idee gewesen, sie habe nur die Adresse und die Baupläne besorgt. Die Einbrüche hätten Sie allein durchgeführt.«

Der Patient zuckte sichtbar zusammen; die Notlüge der Hauptkommissarin zeigte Wirkung. Greta wusste, dass sie sich auf rechtlich dünnem Eis bewegte, aber manchmal, so hoffte sie, heiligte der Zweck die Mittel. Bode rang mit sich, aber noch schwieg er.

»Warum sind Sie darauf eingegangen? Wir wissen, dass Sie mit Udo Kurz befreundet sind. Was hat er Ihnen getan? Wollen Sie ihn ruinieren? Geht man so mit Freunden um?«

»Es war ihre Idee«, platzte es aus Bode heraus. Er richtete den Oberkörper auf und spie seine Worte in den Raum. »Sie hat andauernd gejammert, dass ihr Vater eine Belastung für sie darstellt, weil er sie und Udo ständig drangsaliert. Sie hat sich darüber beklagt, dass Udo eine Flasche sei, weil er sich nicht gegen ihren Vater durchsetzen konnte. Sie hat ständig gejammert, dass zwischen ihr und Udo nichts mehr laufe, dass sie sexuell geradezu ausgehungert sei. Sie hat es darauf angelegt, mich zu verführen, und ja, sie hat es geschafft.«

Bode ließ sich in die Kissen zurücksinken und starrte zur Decke.

»Ach, dann sind Sie also das Opfer einer liebeshungrigen Frau. Und um die Schmach für Ihren besten Freund noch größer zu machen, graben Sie ihm auch noch geschäftlich das Wasser ab«, hakte Greta Gerber nach.

»Nein, also ja. Mir ging es nicht so gut. Die Scheidung von meiner Frau, die Unterhaltszahlungen für meine Kinder haben mich finanziell mitgenommen. Ich musste die Anteile meiner Firma verkaufen, habe eine Weile freiberuflich als Tontechniker gejobbt. Aber die Aufträge wurden immer seltener. Eines Tages stand Babs vor meiner Tür. Sie hat geweint. Sie hatte sich mit Udo gestritten. Wollte mit ihm neu anfangen, aber er hat sich geweigert. Er wollte ihrem Vater beweisen, dass er es draufhat. Dabei hat er Babs mehr und mehr vernachlässigt.«

»Und Sie haben sie getröstet. Wie ritterlich. Bleibt die Frage: Wie kam der Kontakt zu Puresafe zustande?«

»Babs hatte die Annonce in der Zeitung gelesen. Die haben Leute als Vertriebspartner gesucht und damit geworben, dass man bis zu zehntausend Euro im Monat machen kann. Babs wollte sich dort melden, schließlich hat sie Ahnung und ist vom Fach. Aber ich habe sie gewarnt. Wenn Udo oder ihr Vater davon Wind bekommen hätten, dann wäre es zur Katastrophe gekommen. Also habe ich mich dort gemeldet, obwohl ich ja keine Ahnung von Einbruchmeldeanlagen habe. Sie wollte mir bei der Akquise helfen. Und dann hat sie mir von der Idee mit den Einbrüchen erzählt. Es hörte sich so einfach an. Und ich habe mich doch in sie verliebt. Verdammte Scheiße.«

Kai Bode drehte das Gesicht zur Seite und entließ ein Schluchzen.

Oliver Raible trat durch die Glastür und legte Hauptkommissarin Gerber eine Hand auf die Schulter. »Das muss für den Moment genügen. Er ist noch nicht stabil genug«, flüsterte er.

Hauptkommissarin Gerber nickte. »Kai Bode, Sie sind vorläufig festgenommen. Sobald Sie wieder auf dem Damm sind, werden Sie dem Haftrichter vorgeführt«, sagte sie an Bode gewandt, dann drehte sie sich zu Oliver Raible um.

»Auf einen Polizeiposten vor der Tür können wir wohl verzichten. Ich nehme an, es besteht keine allzu große Fluchtgefahr.«

»Nein, zur Zeit würde er nicht weit kommen.«

»Gut, dann wäre dieser Fall ja geklärt«, erwiderte Greta Gerber und wollte sich an Oliver Raible vorbeidrücken.

Er hielt sie am Arm fest. »Hast du noch einen Moment?«, fragte er.

Die Hauptkommissarin riss sich los und sah ihn mit zusammengekniffenen Augen an. »Was ist denn noch?«

»Nicht hier«, antwortete Raible und schob sie sanft zur Glastüre hinaus.

Draußen auf dem Gang wies er auf eine Besucherbank. Sie setzte sich, er ließ sich neben sie sinken und starrte die Wand gegenüber an. Wie er so neben ihr saß, den Oberkörper vornübergebeugt, die Hände im nervösen Ringkampf, schwer atmend – Greta spürte, dass er ihr etwas sagen wollte. Unter anderen Umständen wäre sie ihm durch das Haar gefahren, um ihm zu signalisieren, dass er über alles mit ihr reden konnte. Doch gab es da noch etwas, was es zu bereden gab?

»Ich habe den Job in den USA nicht angenommen«, fing Oliver Raible an. Er atmete tief aus, so als fiele eine tiefe Last von ihm ab. Er sah sie müde an.

Greta entdeckte den erschöpften und traurigen Zug um seine Augen. Er tat ihr leid, und dennoch fiel ihr nichts ein, das sie ihm zum Trost hätte sagen können.

»Um genau zu sein, die Forschungsgelder wurden gestrichen. Ich hätte schon an dem Projekt mitarbeiten können, aber zu einem Gehalt, das bei uns Praktikanten bekommen.«

Er nickte, als müsste er sich seine Bemerkung bestätigen. Greta erwiderte nichts.

»Ich werde der Gegend also noch ein Weilchen erhalten bleiben. Ich meine, auch hier werden Spezialisten benötigt. Und so schlecht lebt es sich hier ja auch nicht.«

Er lächelte sanft, versuchte nach einer Hand von Greta zu greifen, doch sie entzog sie ihm.

»Ich hätte dich ja angerufen, um es dir schon früher zu sagen. Aber ich habe mich nicht getraut. Wir sind so im Unguten auseinander, es blieben so viele Fragen ungeklärt. Aber vielleicht gäbe es ja eine Möglichkeit, dass wir, also du und ich, einen Neustart …«

Greta sprang wie von der Tarantel gestochen von der Bank auf und sah nun von oben auf ihn herab. Sie schnaubte, öffnete und schloss die Fäuste, und einen Moment lang sah es so aus, als wollte sie den Mediziner schlagen. Schließlich wies sie mit dem Kopf in Richtung Glastür.

»Da drinnen liegt einer, der einer Frau einen Neustart ermöglichen wollte. Er hat sogar Verbrechen für sie begangen. So weit hätte er nicht gehen dürfen, das ist klar. Aber er hat es aus Liebe getan. Das wird den Richter zwar nicht interessieren, aber es macht die Dimension klar, wie ernst es ihm war, diese Frau zu beeindrucken. Der Neustart, den du meinst, basiert auf deiner verletzten Eitelkeit. Und da kleben wir jetzt einfach ein Trostpflaster namens Liebe drauf, dann tut es nicht mehr so weh, oder wie? Tut mir leid, dafür stehe ich nicht zur Verfügung.«

Greta drehte sich ab und rannte den Gang entlang.

»Greta, bleib. So ist es nicht. Ich habe einen verdammten Fehler gemacht. Das weiß ich. Gib uns noch eine Chance!«, hörte sie Oliver rufen.

Doch sie blieb nicht stehen. Auch weil er nicht sehen sollte, dass sich ihre Augen mit Tränen gefüllt hatten.

61

Die Fassade der Adalbert-Härle-Klinik war in blaues, blinkendes Licht getaucht. In zwei Rettungswagen kümmerten sich Sanitäter um Andreas Goettle und seinen Freund Frieder. Deren überschwängliche Laune war gewichen, beide hatten sich erbrochen und wurden nun von heftigen Schüttelfrostschüben ereilt. In Decken gehüllt saßen sie auf den Krankenpritschen und klapperten mit den Zähnen.

Laura Behrmann sah den medizinischen Versorgern zu, wie sie die beiden Männer für den Transport ins Krankenhaus vorbereiteten. »Machen Sie schnell«, sagte sie und wies mit dem Kopf auf Thompson, Oberschwester Ursula und Blandine Geffert, die gefesselt vor dem Streifenwagen standen. »Diese Unmenschen haben ihnen Knollenblätterpilze verabreicht.«

»Oh Gott, hoffentlich ist es nicht schon zu spät«, entfuhr es einem der Sanitäter. Er sah seinen Kollegen besorgt an.

»Machen Sie sich keine Gedanken«, rief Oberschwester Ursula. »Meine Lieblinge sind in Sicherheit. Alles wird gut.«

Sie kicherte wie ein kleines Mädchen, das zu viel von den elterlichen Schnapspralinen genascht hat. Polizeimeister Fritz trat neben sie, schubste sie in Richtung Hintertür seines Streifenwagens, öffnete sie und bugsierte die Krankenschwester unsanft auf den Rücksitz.

»Alles wird gut. So ein bledes Gschwätz«, grummelte er. »Wenn die zwoi verreckat, dann kriegat Sie's mit mir zum doe, des sag i Ihne.«

»Nein, nein, keine Gefahr«, sagte Oberschwester Ursula und schüttelte den Kopf. »Den Schätzelchen kann nichts passieren. Oberschwester Ursula hat alles im Griff. Hat sich einen Scherz erlaubt.«

»Was soll des hoißa, koi Gefahr?«, schrie POM Fritz sie an.

»Fliegenpilze, ganz harmlos«, brabbelte sie. »In fünf bis sechs Stunden sind sie wieder normal. Lustige Gefährten. Knollenblätterpilze sind zu gefährlich. Viel zu gefährlich für meinen Liebsten. Ich liebe meine Patienten, alle, sie dürfen nicht zu viel leiden. Nur ein bisschen, damit ich mich kümmern kann.«

»Blöde Kuh!«, kreischte Professor Thompson. Sein Gesicht war stark gerötet, eine Ader an seinem Hals war hervorgetreten. »Ich habe gesagt ...« Er verstummte.

Laura Behrmann schoss auf ihn zu. »Was haben Sie gesagt? Dass die Oberschwester den beiden ein tödliches Gericht einflößen sollte? Warum? Weil sie zu viel wussten?«

Thompson blickte der Polizistin direkt ins Gesicht, er bemühte sich um Ruhe, nahm Haltung an.

»Ich habe Oberschwester Ursula gesagt, dass sie ein gefährliches Spiel treibt«, presste er zwischen den Zähnen hervor. »Ständig hat sie den Patienten irgendetwas ins Essen gemischt, damit sie ihre besondere pflegerische Gabe einsetzen konnte. Sie ist psychisch krank, leidet unter einem Helfersyndrom. Wehe, wenn es den Patienten zu gut ging. Und jetzt würde ich gern mit meinem Anwalt sprechen. Ich habe nämlich mit all diesen Vorfällen nichts zu tun. Es handelt sich um ein großes Missverständnis.«

»Ein Missverständnis?«, schrie Miriam Luscheder. Sie saß auf dem Tritt des Rettungswagens. Ihre Wunde am Hals wurde von einem Sanitäter versorgt. Sie erhob sich und schritt auf Thompson zu.

»Dann war der Tod von Peter Grossmann und Alexander Seethaler also auch ein Missverständnis? Und es war wohl auch ein Missverständnis, dass du mir vor einer halben Stunde noch eine Spritze an den Hals gehalten hast. Du bist ein Tier, Gerold. Du bist es, der psychisch krank ist. Brutal und ohne Gewissen.«

»Und du bist eine Hure!«, kreischte Blandine. Sie versuchte nach Miriam zu treten, doch Laura Behrmann hielt sie fest.

»Sie steigen jetzt mal schön in den Wagen und fahren mit uns aufs Revier. Da klären wir dann, welche Rolle Sie in diesem Spiel spielen.«

Laura Behrmann zog die zierliche Frau von Miriam Luscheder weg. Widerwillig ließ sich Blandine auf den Rücksitz befördern. Als sie an Gerold Thompson vorbeifuhr, schürzte ihre Lippen zu einem Kussmund. Er beachtete sie nicht.

»Na, willst du den Kuss deiner Liebsten nicht erwidern?«, fragte Miriam.

Professor Thompson reagierte nicht auf ihre spitze Bemerkung. Er wies mit dem Kopf auf das Klinikgebäude.

»Ich habe das alles nur für dich getan«, sagte er leise. »Wir hätten glücklich sein können. Die Klinik hätte uns reich gemacht. Wir waren auf einem so guten Weg, und dann hast du alles in Gefahr gebracht. Das konnte ich doch nicht zulassen. Ich musste reagieren. Ich habe es aus Liebe getan. Aus Liebe zu dir.«

Miriam lachte heiser. »Und da heißt es immer: Liebe muss schön sein. Hör bloß auf, sonst wird mir schlecht.«

Sie drehte sich ab. »Kann ich jetzt gehen?«, fragte sie Laura Behrmann.

Die Kommissarin nickte. »Ja, aber melden Sie sich morgen früh auf der Kriminaldirektion in Biberach. Wir brauchen Ihre Aussage.«

Die Hexe vom Federsee nickte, trat auf Professor Thompson zu und sah ihn schweigend an. Sie holte aus und schlug dem Professor mit der flachen Hand ins Gesicht.

»Hey. Jetzt reicht es aber.«

Laura Behrmann packte Miriam Luscheder an den Armen und hielt sie fest.

»Ich will dich nie wiedersehen«, brüllte Miriam Luscheder, befreite sich aus dem Griff der Polizistin und ging.

Die Heckklappen der beiden Rettungswagen schlossen sich, die Fahrzeuge setzten sich in Bewegung. Dann folgte der Streifenwagen, der Thompson zur Kriminaldirektion nach Biberach abtransportierte. Polizeiobermeister Fritz lehnte an der Fahrertür seines Dienstfahrzeugs und sah der Karawane hinterher.

»Jessas, war des an Tag«, stöhnte er. »Des braucht au koi Mensch.«

Er stutzte, dann sah er sich suchend um. »Wo isch eigentlich der Jong?«

»Da drüben sitzt er.« Laura Behrmann wies auf eine Holzbank im Kurpark. Das Mädchen aus der Klinik, das der Polizeiobermeister mit der Aufsicht beauftragt hatte, saß neben Malte, warf sich lachend in Pose, während der Junge mit behänden Bewegungen seinen Zeichenblock bearbeitete.

»Hoffentlich molt der net wieder Schweinereia«, brummte POM Fritz.

Laura Behrmann schüttelte den Kopf. »Ich glaube nicht«, sagte sie und lächelte. »So wie das aussieht, hat sich unser Malte ein bisschen verliebt. Schauen Sie, er lacht sogar. Das ist echt neu. Und es bricht mir zwar das Herz, aber ich glaube, ich muss die junge Liebe jetzt trennen, sonst kommen wir hier nie weg.«

62

»Das ist ja schön, dass ich Sie alle hier antreffe. Das kommt ja in letzter Zeit nicht allzu oft vor.«

Kriminalrat Seidel lächelte säuerlich, als er das Büro seiner Ermittler betrat, die gerade dabei waren, die Erkenntnisse der vergangenen Stunden zusammenzutragen.

»Wären Sie unter Umständen so freundlich, mich ins Bild zu setzen, was Sie in Sachen Einbruchsserie herausgefunden haben, Frau Hauptkommissarin? Für morgen früh ist nämlich eine Pressekonferenz anberaumt, und ich wüsste gern, was ich den Damen und Herren von der schreibenden Zunft erzählen kann.«

Er zog einen Stuhl heran, setzte sich, schlug die Beine übereinander, verschlang die Arme vor der Brust und betrachtete Greta Gerber mit einer Miene, als erwartete er von ihr einen Vortrag über die richtige Handhabung eines Staubsaugers.

Die Hauptkommissarin räusperte sich schuldbewusst. Bislang hatte sie es vermieden, ihrem Vorgesetzten Bescheid zu sagen, weil sie auch von Barbara Kurz ein Geständnis einholen wollte, bevor sie den Fall dem Staatsanwalt übergab. Das ergaunerte Bekenntnis von Kai Bode konnte unter Umständen nicht für die Anklage verwendet werden.

»Wir haben quasi ein Geständnis von Kai Bode«, fing sie an. »Er arbeitet für die Firma Puresafe und ist der heimliche Geliebte von Barbara Kurz, deren Vater und Ehegatte Elektro Kurz betreiben. Sie hat Kai Bode die technischen Daten beschafft, und es ist anzunehmen, dass die beiden die Einbrüche begangen haben.«

»Was soll das heißen, es ist anzunehmen, dass die beiden die Einbrüche begangen haben. Haben sie oder haben sie nicht?«

»Nun ja.« Die Hauptkommissarin zeichnete mit dem Finger einen Kreis auf die Tischplatte und verfolgte die Bewegung mit ihren Augen, als müsste sie besonders darauf achten, die perfekte Rundung zu erzielen.

»Von Kai Bode wissen wir es. Wir haben einige der Gegenstände, die bei den Einbrüchen entwendet worden waren, in seiner Wohnung gefunden. Und er hat auch gesagt, dass Barbara Kurz bei den Einbrüchen dabei war. Dafür spricht, dass sie die Anlagen kannte und daher wusste, wie man sie unschädlich machen konnte.«

Kriminalrat Seidel legte die Stirn in Falten: »Und was sagt sie?«

»Noch nichts. Sie ist noch nicht vernehmungsfähig.«

Der Leiter der Kriminaldirektion Biberach verdrehte die Augen. »Und was soll ich der Presse erzählen?«

»Dass der Fall kurz vor Abschluss steht, dass jedoch noch einige wichtigen Details geklärt werden müssen. Und um diese Ermittlungen nicht zu gefährden, können wir noch nicht zu viel sagen.«

Greta Gerber schob die Hände in ihre Hosentaschen und schaute ihren Chef zufrieden an. Er zuckte mit den Schultern, dann nickte er.

»Gut. Und was ist mit diesen ominösen Vorfällen in der Härle-Klinik?«

»Das gestaltet sich etwas schwieriger«, meldete sich Kommissarin Behrmann zu Wort. »In dieser Klinik wurden Wildkräuter, Heil-, aber auch Giftpflanzen eingesetzt, um den etwas anderen Therapieansatz zu unterstreichen. Ich will es mal so sagen. Die Patienten schwebten ständig zwischen Rausch und Schmerz. Diejenigen, die sich der Therapie verweigerten oder aus dem Programm ausbrachen, wurden bestraft. Es wurde einfach die Dosis der Giftpflanzen erhöht. Wenn es den Patienten schlecht ging, wurden sie wieder hochgepäppelt.«

»Aber zwoi Herra hot des net gfalla. Und sen zu der Hexe vom Federsee ganga. Und wurdat von ihr behandelt. Des wiederum hot dem Professor der Klinik net gfalla«, fügte Polizeimeister Fritz an.

Kriminalrat Seidel hob die Hand. »Moment, ich verstehe nur Bahnhof. Was ist das für eine Geschichte mit dieser Hexe und warum hat dem Professor das nicht gefallen? Mag er keine Märchen?«

Kommissarin Behrmann sprang für ihren Kollegen ein. »Die Hexe heißt mit bürgerlichem Namen Miriam Luscheder und ist eigentlich eine Physiotherapeutin. Allerdings ist sie auch in Kräuterkunde bewandert und bietet darüber hinaus ganzheitliche Massagen an. Die vor allem den Herren gefällt.«

»Was, um alles in der Welt, sind ganzheitliche Massagen?«, fragte Kriminalrat Seidel ungeduldig. »Können Sie ein bisschen konkreter werden? Wir sind hier doch nicht in einer Quizsendung.«

Laura Behrmann errötete. »Gut, ganz konkret. Miriam Luscheder bietet Tantra-Massagen an. Da werden auch die Geschlechtsteile der Patienten mitmassiert, um den Energiefluss anzuregen.«

Ihr Chef sog deutlich hörbar Luft ein. »Sie ist also eine Prostituierte?«

»Quatsch«, insistierte Greta Gerber energisch. »Es geht um Entspannung, um die Lösung von Blockaden, um die Erfahrung der Berührung, die tiefliegende Emotionen wecken kann.«

Ihre Kollegen starrten sie erstaunt an.

»Habe ich gelesen«, fügte sie schnell hinzu und senkte den Blick.

Laura Behrmann nutzte die entstandene Pause, die lang genug war, um die Peinlichkeit der Situation zu verdeutlichen, um mit der Schilderung des Falls fortzufahren.

»Wie Herr Fritz schon gesagt hat, sind zwei Patienten der Härle-Klinik abgesprungen, um sich von Frau Luscheder behandeln zu lassen. Offenbar wollten beide auch mehr von ihr. Sie haben sich in Miriam Luscheder verliebt. Der Professor konnte das nicht akzeptieren. Zum einen, weil er seine Heilmethode als die richtige ansieht, zum anderen, weil er furchtbar eifersüchtig war. Miriam Luscheder und er waren früher ein Paar, und offensichtlich liebte er sie immer noch.«

»Eifersucht ist zwar nicht schön, aber kein Verbrechen. Was werfen Sie denn dem Professor vor?«, setzte Kriminalrat Seidel nach.

»Er steht im Verdacht, die beiden Herren umgebracht zu haben. Ich kam dazu, als er dabei war, Miriam Luscheder aus dem Weg zu räumen. Er wollte ihr eine Eisenhut-Tinktur injizieren, die er offenbar auch den Herren Grossmann und Seethaler gespritzt hatte. Oberschwester Ursula bestätigt das auf ihre ureigene Weise. Sie spricht davon, dass die beiden vom Professor bestraft worden sind. Aber ihre Aussage ist nicht wirklich verlässlich. Es wurde bei ihr eine posttraumatische Belastungsstörung diagnostiziert, die wohl eine Amnesie zur Folge hat.«

Laura Behrmann unterbrach ihren Vortrag, um die Informationen sacken zu lassen. Sie sah zu Greta Gerber und sie nickte ihr zu.

»Laut Totenschein sind die beiden Herren an Herzversagen gestorben«, fuhr sie fort. »Das ist nicht unwahrscheinlich, weil sie beide bereits vor ihrem Aufenthalt in der Klinik Herzinfarkte erlitten hatten.«

»Und die Totenscheine hot natürlich der Professor ausg'stellt. Deshalb isch da nix an die Öffentlichkeit komma«, ergänzte Polizeimeister Fritz, der dabei war, sein Frühstücksbrot auszupacken, und es geradezu liebevoll ansah.

»Inzwischen bestreitet der Herr Professor natürlich alles und schiebt die Schuld auf seine Ex-Geliebte«, fuhr Laura Behrmann fort. »Er behauptet doch glatt, sie hätte die beiden auf dem Gewissen.«

Kriminalrat Seidel pustete die Backen auf und lockerte seine Krawatte.

»Dann müssen wir wohl eine Exhumierung der Leichen anordnen«, sagte er.

»Die Anfrage bei der Staatsanwaltschaft läuft, und die Familien wurden auch informiert«, antwortete Laura Behrmann.

»Was für ein außergewöhnlicher Fall.«

Kriminalrat Seidel lehnte sich zurück.

»Mir sen no net fertig«, sagte POM Fritz und kaute hektisch, um den Mund wieder freizubekommen.

»Das stimmt. Es gibt noch eine Tote«, sprang ihm Kollegin Behrmann zur Seite. »Chantal Möller. Ihr Leichnam wurde im Kräutergarten gefunden. Offensichtlich Genickbruch. Oberschwester Ursula hat ausgesagt, sie sei vom Balkon gefallen, und ein Mitpatient namens Allgaier bestätigt das. Allerdings kann der sich nicht an den Tatverlauf erinnern, weil er irgendwie zugedröhnt war. Genau wie Chantal Möller. Um den Vorfall zu vertuschen, haben die Oberschwester und der Professor die Leiche vergraben.«

»Und dieses blonde Gift? Wie hieß die doch gleich?«, fragte Hauptkommissarin Gerber.

»Sie meinen Blandine Geffert?«

Greta nickte. »Was ist mit ihr? Welche Rolle spielt sie in diesem Fall?«

»Des isch die Klinik-Matratze«, bemerkte POM Fritz trocken.

»Herr Fritz, ich muss doch sehr bitten«, maßregelte ihn Kriminalrat Seidel.

»Das ist zwar hart ausgedrückt, aber leider richtig. Blandine Geffert hatte sowohl mit Seethaler als auch mit Grossmann ein Verhältnis, weil sie so ›nett‹ zu ihr waren. Beide Männer wollten nichts mehr von ihr wissen, als Miriam Luscheder die Behandlung übernahm. Sie fühlte sich zurückgewiesen. Zumindest im Fall Grossmann hat sie es mitbekommen, dass der Professor nachgeholfen hatte, und weil der so nett zu ihr war, hat sie nichts gesagt.«

»So, jetzt reicht es mir aber. Die Klinik wird sofort geschlossen«, brach es aus Kriminalrat Seidel hervor. »Das Gesundheitssystem mutet uns eine Menge zu, aber das ist nicht zu akzeptieren. Sorgen Sie dafür, dass diese Höllenklinik nie wieder aufgemacht wird.«

Polizeimeister Fritz wollte eigentlich gerade einen Biss in sein Brot setzen, doch er erstarrte in seiner Bewegung.

»Was isch jetzt des?«, fragte er und zog mit spitzen Fingern einen länglichen Pilz mit kleinem Hut, an dem schon ein Stück fehlte, aus seinem Sandwich.

Greta beugte sich nach vorn, um ihm über die Schulter sehen zu können. »Sieht aus wie ein Pilz. Aber so einen habe ich noch nie gesehen. Und ehrlich gesagt: So klein der auch sein mag, irgendwie hat er etwas Gefährliches an sich.«

POM Fritz schluckte trocken. Er ließ das Brot sinken und sah es mit Abscheu an. »I muss dringend mit meiner Bärbel schwätza. Im Moment experimentiert die mir in der Küche zu viel rom.«

63

»Hab i einen Honger. Woisch, auf was i jetzt richtig Lust hätt, Frieder? Auf Linsa mit Spätzla und a bissle Rauchfloisch.«

Andreas Goettle drehte sich zu seinem Freund, der neben ihm in seinem Krankenbett lag und sich mit der Fernbedienung seines vollautomatischen Bettes beschäftigte. Er stocherte mit dem Zeigefinger auf der Tastatur herum, um alle Liegemöglichkeiten auszuprobieren. Im Moment bewegten sich seine Beine gegen die Zimmerdecke und sein Kopf nach unten.

»Schau dir das an. In diesem Bett ist sogar ein Kopfstand möglich. Irre, oder?«

»Du machsch des Bett no he«, grantelte Goettle und sah zu, wie Frieder sich wieder in die Waagrechte brachte. »Herrgott, wann kommt denn des Essa?«

Frieder ließ sein Rückenteil ansteigen, bis er aufrecht saß. »Dass du diesen Mahlzeiten hier so entgegenfieberst. Wir bekommen doch eh nur Aufbaukost. Möhren und Kartoffelbrei.«

»Ja, aber i hab meiner Frau Münzenmaier ang'rufa, dass sie ons was G'scheids kocha und mitbringa soll.« Goettle grinste schelmisch. »I ben halt an Fuchs.«

»Ich dachte, du bist Flipper. Ich war doch der Fuchs«, entgegnete Frieder und versuchte, die Rückenlehne, die seinen Oberkörper gegen seine Oberschenkel drückte, wieder zurückzufahren.

Es klopfte an der Tür.

»Herein«, ächzte Frieder und hämmerte auf die Fernbedienung ein.

Frau Münzenmaier huschte durch die Tür, schenkte Frieder einen kurzen, sorgenvollen Blick und eilte weiter zum Bett des Pfarrers. Mit gekonnten Griffen zauberte sie die Tischplatte aus dem Sideboard hervor und begann, den Inhalt ihrer Stofftasche darauf zu verteilen. Ein Teller, ein Löffel, ein kleiner Topf, aus dem es herausdampfte. Sie hob den Deckel und Goettle sog den Duft auf, der aus dem Gefäß stieg.

»Hmmmm, Linsa mit Spätzla. Frau Münzenmaier, Sie sind a Wucht.«

»Riecht gut«, kam es gepresst vom Nebenbett. Noch immer war Frieder zwischen den Hälften seiner Matratze eingeklemmt und erinnerte an einen Hot Dog.

»Gebat Se Matratza Ghandi au an Teller. Sonst fällt er noch durch den Lattarost«, frotzelte Goettle und begann zu essen.

Renate Münzenmaier richtete auch Frieder einen Teller und sah ihm dabei zu, wie er sich wieder entfaltete. Schließlich zog sie einen Briefumschlag aus der Manteltasche und hielt ihn ihrem Dienstherrn hin. »Isch heut früh komma. Per Einschreiba«, sagte sie mit zitternder Stimme.

Pfarrer Goettle besah sich den Umschlag, entdeckte das Wappen des Bistums Rottenburg-Stuttgart und legte den Brief ungeöffnet zur Seite.

»Jetzt ess i erst mol was. Lesa kann i immer no.«

Frau Münzenmaier stemmte die Hände in die Hüften. »Des könnat Se jetzt net macha. Mich so auf die Folter spanna.«

Sie zog einen Brieföffner aus ihrem Mantel und hielt ihn Andreas Goettle hin. »Uffmacha! Sofort!«, befahl sie ihm.

Mit betont langsamen und umständlichen Bewegungen öffnete der Geistliche den Brief, zog das Schreiben aus dem Kuvert, überflog es und warf es achtlos auf die Bettdecke.

»Was stoht dren?«, flüsterte Renate Münzenmaier.

Goettle winkte ab, aber die Haushälterin kannte ihren Chef gut genug, um zu erkennen, dass ihn der Inhalt keinesfalls kalt ließ. Mit spitzen Fingern nahm sie das Blatt und las. Dann schlug sie sich die Hand vor den Mund.

»Was ist denn los? Was schreibt der Bischof? Wirst du zu seiner persönlichen Geheimpolizei ernannt?«

Frieder sah in das besorgte Gesicht von Renate Münzenmaier und verstummte. Sie reichte ihm das Schreiben. Er las es, seine Augen weiteten sich. »Oh Mann, Andreas, das sieht aber gar nicht gut für dich aus.«

64

»Darf ich das Bild jetzt sehen?«, fragte Natascha.

Das Mädchen saß neben Malte auf einer Bank, am Ende des Holzstegs, der in den Federsee hineinragte. Enten zogen lautlos durch das Wasser, die Stille wurde nur von gelegentlichem Flügelschlagen und unaufgeregtem Geschnatter durchbrochen.

Es gefiel ihr gut, dass er den Weg von Biberach mit dem Fahrrad auf sich genommen hatte, um sie zu besuchen. Das hatte bislang noch kein Junge für sie getan. Und es hatte sich auch noch kein Junge darum gerissen, ein Porträt von ihr zu malen.

»Tata«, sang Malte und drehte den Block zu ihr um.

Natascha legte den Kopf schräg, betrachtete ihr Porträt kritisch.

»Das soll ich sein?«, fragte sie mit belegter Stimme.

Malte zog ein unglückliches Gesicht, sah auf die Zeichnung.

»Ja, wieso? Gefällt es dir nicht?«

Natascha ließ das Bild nicht aus den Augen. Es zeigte eine junge, schöne Frau mit markanten Zügen und einem traurigen Blick. Das Mädchen wurde von einer enormen Gefühlswelle aus Glück und Traurigkeit erfasst und konnte nicht verhindern, dass ihr eine Träne über die Wange lief. »Doch, das Bild ist wunderschön. Aber das bin nicht ich.«

Malte starrte sie an, als wäre sie soeben aus dem See gestiegen.

»Logisch bist du das, Mann. Oder siehst du hier noch ein anderes Mädchen, das ich hätte malen können?«

Natascha schniefte. »Nein, hier ist kein anderes Mädchen. Aber sie ist so schön.«

»So wie du«, sagte Malte und lächelte. Er zog eine Tafel Schokolade aus seiner Umhängetasche, entfernte das Papier und hielt Natascha die Süßigkeit hin.

Sie schüttelte den Kopf. »Schokolade macht dick«, flüsterte sie.

Malte schüttelte den Kopf. »Das stimmt nicht. Nur Schokolade, die man allein isst, macht dick. Wenn man traurig ist oder so. Aber wenn es einem gut geht und man teilt die Schokolade mit jemandem, dann macht Schokolade überhaupt nichts. Dann schmeckt sie einfach nur gut. Ich schwör!«

Natascha sah noch einmal ihr Porträt an, lächelte Malte zu, gab ihm einen flüchtigen Kuss auf die Wange und brach dann ein großes Stück von seiner Tafel Schokolade ab.

ENDE

Danksagung

Mit diesem Buch trete ich den Beweis an, wie gefährlich das Leben ist. Um uns herum sprießen und gedeihen Pflanzen und Gewächse, als harmlose Kräuter oder Früchte getarnt, die uns Menschen schweren Schaden zufügen können. Zum Glück gibt es Expertinnen und Experten, die uns an ihrem Wissen teilhaben lassen, um gegen diese Risiken gewappnet zu sein. Mein Dank geht an die Diplom-Biologin und Autorin Bärbel Oftring, die mir durch ihr geschriebenes Werk und auch persönlich beratend zur Seite stand. Inzwischen kann ich nur vor mir warnen: Ich weiß, wo der Schierling wächst.

Vielen Dank auch an meine eifrigen Testleserinnen Nina und Silke für die hilfreichen Tipps. Ganz herzlich danke ich Gunter Schmidt, der einmal mehr die literarische Polizeiarbeit auf ihre Realitätsverträglichkeit prüfte.

Ich danke meinem Lektor Michael Raffel für seine empathische Arbeit an meinem Skript, das dadurch den letzten Schliff erhielt.

Ebenso möchte ich dem gesamten Silberburg-Team für die vertrauensvolle Zusammenarbeit meinen Dank aussprechen.

Last but not least bedanke ich mich bei meiner Lebensgefährtin Regina, die mir in allen Lebenslagen und insbesondere beim Schreiben den Rücken stärkt und freihält.

PS: Das Liebesmenü auf Seite 60 ist frei erfunden und aufgrund meiner mangelnden Kochkünste noch nicht erprobt. Fakt ist, dass sich das Rezept aus angeblich aphrodisierenden Zutaten zusammensetzt. A bissle dran glauba muss mr wahrscheinlich scho. Sollten Sie, liebe Leserinnen und liebe Leser, Gelegenheit haben, das Rezept auszuprobieren, würden mich Ihre Erfahrungen interessieren. Womöglich lässt sich so das Klischee entkräften, dass sich »schwäbisch« *und* »erotisch« sein ausschließen.

Oberschwaben

In Ihrer Buchhandlung

Olaf Nägele

Goettle und der Kaiser von Biberach

Ein Baden-Württemberg-Krimi

In einem Badesee bei Biberach wird ein Toter gefunden. Der Mann ohne Papiere wurde erschossen, in einen Sack mit Steinen gesteckt und versenkt. Hauptkommissarin Greta Gerber und ihr Team tappen im Dunkeln. Als ein Foto des Opfers veröffentlicht wird, kann der unkonventionelle Pfarrer Andreas Goettle einen entscheidenden Hinweis geben: Der Tote war ein wichtiger Mäzen des 1. FC Oberschwaben. Mysteriös genug, denn dieser ertrank schon vor Jahren bei einem Segeltörn. Schnell wird klar: Beim 1. FC Oberschwaben stimmt etwas nicht. Aber Greta Gerber kann auf den Goettle'schen Beistand bauen.

256 Seiten.
ISBN 978-3-8425-1397-6

www.silberburg.de

Ehingen an der Donau

In Ihrer Buchhandlung

Walter G. Pfaus
Kindstod
Ein Baden-Württemberg-Krimi

In einem kleinen Dorf bei Ehingen (Donau) geht das Leben seinen ruhigen Gang – auch für Polizeioberkommissar Hanno Köberle. Als aber in der Garage der größten Tratschtante die Leiche eines Neugeborenen gefunden wird und tags darauf ein Unfall geschieht, dem die Entdeckung eines grausigen Verbrechens auf dem Friedhof folgt, ist es mit der Beschaulichkeit vorbei. Gut, dass wenigstens Dorfpolizist Köberle die Ruhe bewahrt und beharrlich jeder noch so kleinen Spur nachgeht …

288 Seiten.
ISBN 978-3-8425-1247-4

www.silberburg.de

Ulm

In Ihrer Buchhandlung

Manfred Eichhorn

In der Asche schläft die Glut

Ein Baden-Württemberg-Krimi

Ein leicht zerlegbares Präzisionsgewehr mit Schalldämpfer, eine Pistole der Marke Ceská, 5000 Euro, ein Behälter mit nuklearen Substanzen und der tote, international gesuchte Auftragsmörder Artur Schwinn in einem Ulmer Hotel: Diese Funde stellen Kommissar Klaus Lott und seine Soko vor viele Fragen. Wen hatte der Killer im Visier? Hat die Postkarte mit dem Foto der altsteinzeitlichen Löwenmensch-Statuette, die bei dem Toten gefunden wird, eine tiefere Bedeutung? Als dann ein Mitarbeiter des Isotopenlabors der Universität ermordet wird, müssen sich Lott und sein Team fragen, wer eine tödliche Rechnung offen hat …

256 Seiten.
ISBN 978-3-8425-1349-5

Silberburg·Verlag

www.silberburg.de